Karl Herbert Mandel
Anita Mandel
Hans Rosenthal

Einübung der Liebesfähigkeit

Praxis der Kommunikationstherapie
für Paare

Einübung in Partnerschaft
durch Kommunikationstherapie
und Verhaltenstherapie

Verlag J. Pfeiffer · München

Veröffentlichung des »Instituts für Forschung und Ausbildung in Kommunikationstherapie e. V.«, München

Mitglied der »verlagsgruppe engagement«

Nr. 12
Reihe »Leben lernen«
herausgegeben von
Lorenz Wachinger

Druck: H. Mühlberger, Augsburg
Umschlagentwurf: Hermann Wernhard
© Verlag J. Pfeiffer, München 1975
ISBN 3-7904-0149-8

Inhalt

Kein Liebespartner kann den anderen immerzu in die Un-endlichkeit entführen. Aber das Miteinander-dort-gewe-sen-Sein zu vergeistigen, die Glut der jungen Jahre in Güte und Menschenfreundlichkeit zu verwandeln, das gibt eben-so viel vom Geheimnis des Paares kund wie die auf Leben und Tod beschworenen Pakte der Jugend. In Wahrheit su-chen Tristan und Isolde den Tod, weil sie nicht Philemon und Baucis werden können. »Willst du mit mir alt wer-den?« hieß im alten Japan die Formel, mit der ein junger Mann um die Hand des Mädchens warb.

(BRUNO MOSER, Das Geheimnis des Paares)*

---

* Vortrag im Bayer. Rundfunk am 25. Dezember 1968.

Vorbemerkungen

Im Februar 1971 veröffentlichten wir ein neues, integratives Konzept für die Psychotherapie von Ehekonflikten: »Einübung in Partnerschaft durch Kommunikationstherapie und Verhaltenstherapie«. Wir verfaßten es in erster Linie für Fachleute und ahnten damals nicht, welche Wirkung diese jetzt in 7. Auflage vorliegende Publikation entfalten würde, die über hundert Rezensionen in allen Fachzeitschriften und zahlreichen Zeitungen fand.

Die Kommunikationstherapie ist inzwischen in der Fachwelt anerkannt, sie findet sich bereits in der Sekundärliteratur, in Lexika und Dissertationen, wird an Universitäten, auf Kongressen und Tagungen des In- und Auslands vorgestellt und diskutiert. Ihre Konzepte haben nicht nur Eingang in die Psychotherapie und Eheberatung, sondern auch in die Pädagogik, Gruppendynamik, Sozialarbeit und Seelsorgepraxis gefunden, als Alternative zu einseitig psychoanalytischen oder verengten verhaltenstherapeutischen Betrachtungsweisen.

Die Entwicklung führte uns zur Gründung des »Instituts für Forschung und Ausbildung in Kommunikationstherapie«, das seit Januar 1974 einen vierjährigen Lehrgang für Psychologen und Ärzte zum Psychotherapeuten für Partnerkonflikte durchführt, unseres Wissens der ersten Ausbildung für professionelle Ehetherapeuten in Europa. Wie notwendig eine solche Ausbildung geworden ist, sehen wir tagtäglich anhand von Überweisungen chronischer Partnerkonflikte durch andere Psychotherapeuten sowie Fachärzte, die erkannt haben, daß es sich bei diesen Symptomatiken um einen therapeutischen Sektor von einem Schwierigkeitsgrad handelt, der des professionellen Spezialisten bedarf (vgl. auch JUNKER 1973).

Wir haben in den vergangenen Jahren unsere Konzepte in der Praxis weiterentwickelt. Zum Beispiel wurden psychoanalytische Befunde der speziellen Neurosenlehre noch expliziter integriert (siehe z. B. Kapitel 3), das Systemkonzept (vgl. LEDERER und JACKSON 1972; WILLI 1973) fand verstärkt Anwendung. Das Selbstgespräch der Klienten und seine therapeutische Veränderung, deren Bedeutung erst kürzlich wieder von DIRK ZIMMER (1974) experimentell überzeugend nachgewiesen worden ist, wurde viel stärker beachtet, ebenso anthropologisch-daseinsanalytische Dimensionen (siehe z. B. Kapitel 11 und 12).

Der vorliegende Band II bringt also Ergänzungen und Weiterentwicklungen, die notwendig geworden sind.

Die vorliegenden zwölf Arbeiten gliedern sich in drei Teile. Zunächst bringen wir Übungen, die in Band I noch gar nicht oder nur in Andeutungen dargestellt worden sind. Auch der interessierte Laie wird sie verstehen und unter bestimmten Voraussetzungen, d. h. bei nur leichten Konflikten, wie es sie in jeder Partnerbeziehung gibt, selbst mit seinem Partner erfolgreich durchführen können, also ohne die Hilfe durch einen Berater oder Therapeuten (nach dem überraschend starken Echo auf Band I gerade auch von Nicht-Fachleuten sind wir diesbezüglich inzwischen optimistischer geworden). Wir konzipieren unsere Übungen in der Kommunikationstherapie so, daß sie nach Möglichkeit für nicht gestörte wie für schwer gestörte Paarbeziehungen geeignet sind. Außerdem sind sie in einer Weise gestaltet, daß sie möglichst viel Realitätsnähe aufweisen, also an Verhaltens- und Erlebnismuster anknüpfen, die zwischen Partnern häufig vorkommen und von zentraler Bedeutung für die Beziehung sind. Und schließlich haben wir sie, im Unterschied zu manch blindwütigem Aktionismus in der gruppendynamischen Bewegung, wissenschaftlich abgeleitet bzw. begründet. Sie wurden bis zu der hier vorgelegten Form sowie in zahlreichen Varianten in Partnertherapien entwickelt und klinisch erprobt, bedürfen allerdings noch der strengen experimentellen Überprüfung bzw. Messung. Trotzdem veröffentlichen wir sie in diesem Stadium, weil wir genügend Hinweise haben, daß sie für Therapeuten und Laien jetzt schon sehr hilfreich sein können.

Der Fragebogen (Kapitel 1) empfiehlt sich ganz besonders für den Selbstversuch, auch bei schwereren Konflikten. Wesentliche

Anregungen bei seiner Entwicklung verdanken wir unseren Kollegen Prof. RICHARD B. STUART (jetzt Universität Vancouver, Kanada) und Dr. WILLIAM LEDERER (Harvard University).

(Dieser Fragebogen findet sich in zwei Exemplaren als Beilage am Ende des Buches, so daß beide Partner ihn gleichzeitig und unabhängig voneinander ausfüllen können, bevor sie miteinander darüber sprechen.)

Die Integrationsübung (Kapitel 3) wird im Selbstversuch nicht leicht gelingen, aber sie lohnt die Mühe, da sie im allgemeinen die tiefste und nachhaltigste Wirkung für die Partnerbeziehung hat. Als vorbereitende Hilfe, um unbewußte Fehlhaltungen leichter zu erkennen, empfehlen wir zuerst die Lektüre von FRITZ RIEMANNS »Grundformen der Angst« (Verlag Reinhardt, München 1975⁹) und anschließend das Ausfüllen des Fragebogens.

Die vier ausführlichen Fallschilderungen im zweiten Teil sollen veranschaulichen, wie eine Kommunikationstherapie in ihrer Vielschichtigkeit verlaufen kann. Wir halten diese Ergänzung zum ersten Band für wichtig, da dort keine ganzen Fälle, sondern nur Teilprozesse beschrieben sind. Selbstverständlich bilden diese vier Fälle nur einen kleinen Ausschnitt aus dem gesamten Spektrum an Symptomen und neurotischen Paarbeziehungen, die mit Kommunikationstherapie behandelt werden. (Zur Ergänzung der Kasuistik verweisen wir auf den Schluß von Kapitel 10, der einige recht unterschiedliche Fallepisoden bringt, sowie auf die Tonbandabschrift einer Sitzung mit Angstüberflutung in Kapitel 11.) Bei jeder der vier Partnertherapien mußten auch sexuelle Störungen behandelt werden, z. T. sehr extensiv. Der Leser wird bemerken, daß es sich dabei weniger um grobe Symptome, sondern eher um subtile und komplexe Erlebnisprobleme handelt, die für die betroffenen Patienten nicht minder belastend sind. Diese komplizierten Formen aber sind in der Praxis am häufigsten.

Kommunikationstherapie ist inzwischen erprobt und bewährt bei allen Neuroseformen, die überhaupt in der psychotherapeutischen Ambulanz als behandelbar gelten. Ihre Durchführung bei motivierbaren Klienten mit einfachem Bildungsniveau ist vielleicht sogar erfolgreicher als bei Akademikern, deren Abwehrpanzer meist komplizierter ist (ähnliches berichtet R. TAUSCH von der Gesprächspsychotherapie, 1974). Daß bereits ein standardisiertes Kommunikationstraining zu bemerkenswerten und

anhaltenden Heilungseffekten bei Partnerkonflikten führen
kann, haben KLAUS GRAWE (1974) sogar bei psychiatrischen Patienten und SIMONE GRAWE (1974) bei Eltern verhaltensgestör-
ter Kinder nachgewiesen.

Im dritten Teil bringen wir Beiträge, die die Weiterentwicklung
kommunikationstherapeutischen Denkens veranschaulichen sollen; sie sind in den Jahren 1972 bis 1974 entstanden. (Dabei
kommt es zu einigen Wiederholungen, die, wie wir hoffen, der
Verdeutlichung dienen.)
Hinsichtlich der Fachliteratur brachten wir in Band I eine um-
fangreiche Bibliographie, die Arbeiten etwa bis Sommer 1970
enthält. Auf eine umfassende Nennung der inzwischen erschie-
nenen Arbeiten haben wir hier in Band II verzichtet. Die zitier-
ten ausgewählten Veröffentlichungen sind jeweils am Ende jedes
Kapitels aufgeführt.

»Einübung der Liebesfähigkeit« ist auch in der Partnertherapie
ein weites Feld. Wir sind uns bewußt, hier nur einen Ausschnitt
dieser zentralen Fragestellung zu bearbeiten, wenngleich wir
hoffen, einige wesentliche Dimensionen erfaßt zu haben.
Was den Begriff »Kommunikationstherapie« anlangt, so verweisen wir auf den Schluß von Kapitel 12 sowie auf die Vorbemerkungen und das Glossar in Band I.
Ihre Stellung zur Verhaltenstherapie haben wir in Kapitel 10
dargelegt (vgl. auch BRUNNER und WELTER-ENDERLIN 1973).
Hinsichtlich ihrer Beziehung zur Familientherapie ist folgendes
zu sagen: Die Therapie des Elternpaares stellt »eine kausale
Therapie der ›kranken‹ Familie dar, an der auch die Kinder
teilhaben, selbst wenn sie nicht daran *teilnehmen*« (PREUSS 1973,
S. 128).
Gruppenbewegung und Gruppentherapie sind in Mode (vgl. die
vorzügliche Darstellung und Kritik des Psychoanalytikers RUI-
TENBEEK, 1974). Dabei wird manchmal übersehen, daß nichts
die Menschen so sehr berührt wie die Begegnung mit einem intimen Partner. Denn »das Intime zwischen Menschen ist Nach-
sicht, Duldung, Zuflucht für Eigenheiten« (ADORNO, 1951).
Wir bevorzugen den Ausdruck »Partnertherapie« gegenüber dem
Terminus »Ehetherapie«, weil er eine umfassendere Perspektive
hat. Wir zitieren zu diesem Fragenkreis die treffende Stellungnahme JOSEF DUSS-VON WERDTS (des Leiters des »Instituts für

Ehe- und Familienwissenschaft« in Zürich): »Wenn wir in Verbindung mit Therapie von Ehe reden, richten wir unsern Blick ganz allgemein gesagt auf die Beziehung zweier Menschen, auf das Paar. Es spielt dabei aber gar nicht so sehr eine Rolle, ob es sich um ein verheiratetes Paar handelt oder nicht, ob dieses allein lebt oder in einer Kommune. Die Dyade ist ein Grundelement im sozialen Leben der Geschlechter. Sie kann nicht mit Ehe gleichgesetzt oder verwechselt werden. Auch wenn die Institution abgeschafft würde, gäbe es Paare und hätten Paare Konflikte. Und das so lange, als die ›Gefahr‹ besteht, daß Menschen sich verlieben, daß es persönliche Motivationen zur Partnerwahl gibt. Ein Ende dieser so reizvollen ›Gefahr‹ ist nicht abzusehen . . .«

Viele Einsichten, die in diesem Buch verarbeitet sind, verdanken wir unseren Patienten, nicht weniger erbrachten uns Gespräche mit Freunden und Mitarbeitern.
Ernst Stadter hat der Kommunikationstherapie ein neues Anwendungsfeld erschlossen: die Gruppendynamik und Pädagogik. Er ist inzwischen durch seine »Kommunikationstrainings« bekannt geworden und wird demnächst in einer Veröffentlichung darüber berichten.
Wir widmen das vorliegende Buch unserem Freund Bill Lederer.

München, im Oktober 1974

Karl Herbert und Anita Mandel

(Kapitel 9 schrieb Hans Rosenthal. Die Kapitel 6 und 8 verfaßte Anita Mandel; sie ist auch Mit-Autorin des Fragebogens zur Partnerschaftstherapie [Kapitel 1]. Die übrigen Beiträge stammen von Karl Herbert Mandel.)

LITERATUR

ADORNO, T. W.: Minima Moralia, Berlin 1951

BRUNNER, V. und WELTER-ENDERLIN, R.: Verhaltenstherapie in der Sozialarbeit, Bern 1973 (Schweizerischer Berufsverband der Sozialarbeiter)

DUSS-VON WERDT, J.: Ehe und Paar – Institution und Beziehung, Ehe – Zentralblatt für Ehe- und Familienkunde, 1974, 11, 1, 1–2

GRAWE, K.: Die »indirekte« Behandlung psychiatrischer Patienten durch die Verbesserung der Kommunikation mit ihren Partnern, bisher unveröff. Manuskript, Hamburg 1974

GRAWE, S.: Ehepaartherapie in Gruppen (Kommunikationstraining mit Eltern von verhaltensgestörten Kindern, Vortrag beim 1. Europäischen Kongreß für Gesprächspsychotherapie, Würzburg 1974

JUNKER, H.: Ehe- und Familienberatung in den deutschsprachigen Ländern ohne Anschluß an die anglo-amerikanischen Standards, Ehe – Zentralblatt für Ehe- und Familienkunde, 1973, 10, 2, 78–83

LEDERER, W. J. und JACKSON, D. D.: Ehe als Lernprozeß (aus dem Amerikanischen übersetzt), München 1972 (Pfeiffer, 2. Aufl. 1974) (der hier relevante Aspekt bezieht sich vor allem auf Kapitel 10 der amerikanischen Ausgabe, das in der deutschen Übersetzung fehlt).

PREUSS, H. G.: Ehepaartherapie, München 1973 (Kindler)

RIEMANN, F.: Grundformen der Angst, München 1961 (Reinhardt)

RUITENBEEK, H. M.: Die neuen Gruppentherapien (aus dem Amerikanischen übersetzt), Stuttgart 1974 (Klett)

TAUSCH, R.: Ergebnisse und Prozesse der Klienten-zentrierten Gesprächspsychotherapie. Vortrag auf dem 29. Kongreß der Deutschen Gesellschaft für Psychologie, Salzburg 1974

WILLI, J.: Kollusionstherapie, Vortrag beim Dritten Internationalen Gamologischen Symposion, Zürich 1973

ZIMMER, D.: Zur Bedingungsanalyse des Selbstsicherheitstrainings, Dissertation, Münster 1974

Erster Teil

Partnerliches Gespräch und körperlicher Kontakt: Einige Übungen für Paare

1.

Fragebogen zur Partnerschaftstherapie

Bitte füllen Sie diesen Fragebogen *sehr ausführlich und ganz allein* aus (beantworten Sie die Fragen unbedingt in der numerierten Reihenfolge)! Das erfordert Zeit und Anstrengung, kann aber auch Spaß machen. Sprechen Sie erst anschließend miteinander über die einzelnen Fragen und über die schriftlichen Antworten, die Sie und Ihr Partner gegeben haben.

Nehmen Sie sich zwei bis drei Abende Zeit für das gemeinsame Gespräch über diese »Zwischenbilanz« Ihrer Beziehung. Einigen Sie sich nach und nach, welches Problem jeder bei sich selbst als erstes bearbeiten sollte. Machen Sie einander Vorschläge, wie Sie diese Ziele konkret erreichen könnten, aber bedrängen Sie einander nicht – das hemmt nur eine vielleicht mögliche Entwicklung.

Wenn Sie die genannten Regeln beachten, werden Sie einander wahrscheinlich ein Stück weit besser verstehen als zuvor.

Füllen Sie den Fragebogen nach längerer Zeit (einigen Monaten) erneut aus und vergleichen Sie dann mit Ihren früheren Antworten.

Beratungsstellen und Ausbildungskurse können für ihre Praxis weitere Exemplare des Fragebogens direkt beim Verlag J. Pfeiffer, 8 München 2, Herzogspitalstraße 5, unter der Nr. 159 bestellen (Mindestabnahme 10 Stück, pro Fragebogen DM –,50).

Mich belasten zur Zeit folgende Probleme: (Datum:)
(bitte bei *jedem* Problem die für Sie zutreffende
Spalte ankreuzen!)

	gar nicht	ein wenig	mittel	stark	unerträglich
Streit mit dem Partner					
Krankheit des Partners					
eigene Krankheit					
eigene seelische Probleme					
seelische Probleme des Partners					
Eigenarten des Partners					
eigene Eigenarten					
Untreue des Partners					
eigene Sexualität					
Sexualität des Partners					
Freizeitgestaltung					
nächster Urlaub					
religiöse Fragen					
Sinn des Lebens					
Umgang mit den Kindern					
eigene Eltern					
Schwiegereltern					
Bekannte und Freunde					
Nachbarn					
Wohnverhältnisse					
Geldsorgen					
eigene berufliche Überbelastung					
Ärger im eigenen Beruf					
eigene berufliche Zukunft					
Berufssituation des Partners					

Weitere Sorgen:

1. =
2. =
3. =

Falls Sie und Ihr Partner *zu wenig* Zeit miteinander verbringen, schildern Sie kurz dieses Problem:

1. Schwierigkeiten unter der Woche: ....

2. Schwierigkeiten am Wochenende: ....

Was läßt Sie an der gemeinsam verbrachten Zeit *unbefriedigt?*

1. ....

2. ....

Was befriedigt Sie an der gemeinsam verbrachten Zeit?

....

Schreiben Sie zehn Verhaltensweisen und Eigenschaften Ihres Partners auf, die Ihnen *gefallen:*

1. ....

2. ....

3. ....

4. ....

5. ....

6. ....

7. ....

8. ....

9. ....

10. ....

Über welche für Sie wichtigen Themen können Sie *zur Zeit* mit Ihrem Partner *kaum oder gar nicht* sprechen?

1. . . . .
_____

2. . . . .
_____

3. . . . .
_____

Über welche für Sie wichtigen Themen haben Sie bisher *noch viel zu wenig* mit Ihrem Partner gesprochen?

1. . . . .
_____

2. . . . .
_____

3. . . . .
_____

Über welche für Sie wichtigen Themen können Sie mit Ihrem Partner *gut* sprechen?

1. . . . .
_____

2. . . . .
_____

3. . . . .
_____

Welche Zusammenhänge sehen Sie zwischen Ihrer eigenen Lebensgeschichte (Kindheit, Jugendzeit und später) und Ihren heutigen Schwierigkeiten?

A = ...
hat wahrscheinlich zur Folge, daß ich . . . .
_____

B = ...
hat wahrscheinlich zur Folge, daß ich . . . .
_____

C = ...
hat wahrscheinlich zur Folge, daß ich . . . .

am schwerwiegendsten für meine heutigen Schwierigkeiten betrachte ich die unter Buchstabe .... beschriebenen Ereignisse.

Welche Zusammenhänge sehen Sie zwischen der Lebensgeschichte Ihres *Partners* (Kindheit, Jugendzeit und später) und seinen heutigen Schwierigkeiten?

A = ...
hat wahrscheinlich zur Folge, daß er ....

B = ...
hat wahrscheinlich zur Folge, daß er ....

C = ...
hat wahrscheinlich zur Folge, daß er ....

am schwerwiegendsten für seine heutigen Schwierigkeiten betrachte ich die unter Buchstabe .... beschriebenen Ereignisse.

Schreiben Sie die für Sie wichtigsten Verhaltensweisen auf, die Ihr Partner nach Ihrer Meinung *häufiger* zeigen sollte:
(*Erwünschte* Verhaltensweise genau beschreiben: Was soll Ihr Partner tun?)

A = ...
Ich wäre zufrieden, wenn mein Partner dieses Verhalten
... mal pro Woche/... mal pro Monat zeigen würde.

B = ...
Ich wäre zufrieden, wenn mein Partner dieses Verhalten
... mal pro Woche/... mal pro Monat zeigen würde.

C = ...
Ich wäre zufrieden, wenn mein Partner dieses Verhalten
... mal pro Woche/... mal pro Monat zeigen würde.

D = ...
Ich wäre zufrieden, wenn mein Partner dieses Verhalten
... mal pro Woche/... mal pro Monat zeigen würde.

am allerwichtigsten ist mir das unter Buchstabe ... beschriebene Verhalten,
am zweitwichtigsten ist mir das unter Buchstabe ... beschriebene Verhalten,
am drittwichtigsten ist mir das unter Buchstabe ... beschriebene Verhalten,
am viertwichtigsten ist mir das unter Buchstabe ... beschriebene Verhalten.

Schreiben Sie fünf positive Dinge über sich *selbst* auf:

1. ....
2. ....
3. ....
4. ....
5. ....

Was könnten Sie selbst in Ihrem *eigenen* Verhalten ändern, um Ihre Partnerbeziehung vielleicht zu verbessern?

A = ...

B = ...

C = ...

---

am ehesten könnte ich das unter Buchstabe ... beschriebene Verhalten fertigbringen,
am schwersten fällt mir das unter Buchstabe ... beschriebene Verhalten.

Welche *Krankheiten* und Beschwerden haben Sie zur Zeit?
1. ....
etwa seit (Datum, Ereignis): ....
verschärft seit (Datum, Ereignis): ....
zur Zeit in Behandlung bei: ....
Diese Krankheit belastet mich: kaum ( ) mittel ( ) stark ( )
Diese Krankheit belastet meinen Partner: kaum ( ) mittel ( )
stark ( )

2. . . . .
etwa seit (Datum, Ereignis): . . . .
verschärft seit (Datum, Ereignis): . . . .
zur Zeit in Behandlung bei: . . . .
Diese Krankheit belastet mich: kaum ( ) mittel ( ) stark ( )
Diese Krankheit belastet meinen Partner: kaum ( ) mittel ( )
stark ( )

---

3. . . . .
etwa seit (Datum, Ereignis): . . . .
verschärft seit (Datum, Ereignis): . . . .
zur Zeit in Behandlung bei: . . . .
Diese Krankheit belastet mich: kaum ( ) mittel ( ) stark ( )
Diese Krankheit belastet meinen Partner: kaum ( ) mittel ( )
stark ( )

Welche Krankheiten und Beschwerden hat Ihr *Partner* zur Zeit?
1. . . . .
Das belastet mich: kaum ( ) mittel ( ) stark ( )

---

2. . . . .
Das belastet mich: kaum ( ) mittel ( ) stark ( )

---

3. . . . .
Das belastet mich: kaum ( ) mittel ( ) stark ( )

2.
Paradoxes Rollenspiel

In den letzten Jahren ist eine kaum noch zu überblickende Flut
von Übungen (vor allem in der amerikanischen Encounter-
Gruppenbewegung) erdacht und ausprobiert worden, die den
zwischenmenschlichen Kontakt verbessern sollen. Wir selbst haben im ersten Band »Einübung in Partnerschaft« 1971 eine größere Zahl solcher Bausteine für den Bereich der Partnertherapie
dargestellt.
Wer lange mit Paaren gearbeitet hat, dessen Repertoire verdich-
tet sich mit der Zeit auf einige Übungen, die besonders wirksam
und auch bei vielen Paaren indiziert sind, um das Gespräch
zwischen den Partnern wieder in Gang zu bringen und fruchtbar zu gestalten. Er wird überdies die Übungen auch nach wissenschaftlichen Kriterien beurteilen, auswählen und modifizieren
(vgl. Vorbemerkungen sowie z. B. Kapitel 5).

Neben unserer kommunikationstherapeutischen Standardübung
(d. h. der schrittweisen Formung eines Dialogs bei gleichzeitiger
Bewußtmachung emotionaler Hintergründe), die wir im ersten
Band mit zahlreichen Beispielen veranschaulicht haben, hat sich
in der Behandlungspraxis eine Variante zunehmend bewährt,
die wir aufgrund ihrer Kommunikationsstruktur als »paradoxes
Rollenspiel« bezeichnen.

Die Partner sprechen in der Therapiesitzung über ein Problem,
das ihnen emotional zu schaffen macht. Es kann sich dabei um
ein vergangenes oder ein bevorstehendes Ereignis handeln, das
für dieses Paar einen Konfliktherd darstellt. Der Therapeut läßt
nun die Rollen tauschen, jedoch nicht so, daß jeder den anderen
einfach imitieren soll, wie er ihn sieht und erlebt (nebenbei führt
das leicht zu einem aggressiven Karikieren des Partners). Viel-

mehr soll jeder versuchen, den anderen *einerseits* so zu spielen, wie er ihn gerne hören würde, aber *andererseits* auch so, daß er glaubt, ein solches Verhalten wäre seinem Partner möglich, ohne daß dieser dabei bzw. dadurch seine eigenen Bedürfnisse, Ärgerreaktionen und Ängste verleugnen müßte. Jeder Partner soll also bei seinen Verhaltens-Vorschlägen (die vor allem in direktem Wortlaut, also nicht bloß in Form von Umschreibungen gegeben werden müssen) so verfahren, daß er die Überzeugung hat: »*Das wäre drin!*« (in der Realsituation außerhalb der Therapiesitzung). Diese Leitlinie der Instruktion wird zweckmäßigerweise während der Übung wiederholt.

Interventionen seitens des jeweils zuhörenden Partners und/ oder des Therapeuten erfolgen, wenn vermutet wird (oder gar offensichtlich ist), daß der gerade verbal reagierende Partner entweder den anderen mit seinem Vorschlag überfordert bzw. verkennt oder er sich selbst zu sehr verleugnet, d. h. einen Vorschlag macht für das Verhalten des anderen, der ihn selbst dann doch nicht befriedigen würde. Beide erfahren dabei voneinander, warum sie in einer gewünschten Weise nicht reagieren können.

Der zuhörende Partner kann dabei Hinweise sowohl für den Inhalt als auch für die Form einer günstigeren Kommunikation geben. Er soll konkrete Vorschläge in wörtlicher Rede machen. Manchmal geht dabei das paradoxe Rollenspiel wieder organisch über in die kommunikationstherapeutische Standardübung, bei der jeder sich selber spielt, aber so, wie er *realistisch* gesehen *besser* reagieren könnte.

Ein wichtiger Gegenstand ist bei solchen Übungen die explizite Metakommunikation, d. h. eine ausdrückliche direkte Aussage darüber, wie die Partnerbeziehung in verschiedenen Momenten und Hinsichten empfunden wird. Die Partner werden aufgefordert, einmal auszusprechen, was sie sich um die strittige Situation herum bisher nur gedacht haben.

In therapeutischen Gruppen von Paaren können an einem solchen paradoxen Dialog zweier Partner alle Teilnehmer aktiv mitarbeiten, entweder in zwei Untergruppen für je einen Partner oder nach Belieben. Dabei wird diagnostisch und therapeutisch wichtiges Material auch bei den anderen Paaren sichtbar, vorzugsweise solches, das in der psychoanalytischen Tradition als projektiv bezeichnet wird.

Für spontan auftretende häusliche Konfliktsituationen können

Partner das Signalwort verwenden »Sag mir doch, wie ich es dir sagen soll!«, wenn sie mit diesem Hilfsmittel des paradoxen Rollenspiels unproduktiven in sinnvollen Streit verwandeln möchten.

Schwere Konflikte aktualisieren im allgemeinen geradezu einen »Hunger« nach Gerechtigkeit, die man sich vom Partner und vom Therapeuten erhofft. Partner sind häufig davon überzeugt, der andere könnte sich sehr wohl so verhalten, daß man selbst befriedigt, wenn nicht gar glücklich wäre. Und sie meinen auch, ziemlich genau zu wissen, durch welches Alternativ-Verhalten ihres Partners solches zustande käme. Ist diese motivationale Ausgangslage gegeben, kann das beschriebene paradoxe Rollenspiel als therapeutische Doppelbindung (vgl. WATZLAWICK et alii, 1969 und 1974) fungieren und damit ein wirksamer Baustein im Behandlungsverlauf werden: Modelliert der Partner Reaktionsmuster, die vom anderen realisierbar sind, so trägt das motivierend zur Veränderung in positiver Richtung bei. Deklariert er jedoch jetzt, auch nach wiederholten Aufmunterungen und Hilfestellungen, er wisse keinen Vorschlag, so räumt er damit ja ein, daß eine Konfliktlösung durch Aktivität seines *Partners* dessen Möglichkeiten übersteigt, daß dieser das Problem also nicht wesentlich mildern könne. Damit aber wird es für ihn sehr viel schwieriger, den anderen mit Vorwürfen einzudecken und Streitverläufe so zu »interpunktieren« (vgl. WATZLAWICK et alii 1969), als ob diese immer beim anderen ihren »Anfang« nähmen.

Paradox ist an dieser Übung u. a., daß jeder Partner zugleich den Anwalt seiner eigenen Bedürfnisse wie derjenigen des anderen spielen muß, die ja zunächst beiden als mehr oder weniger unvereinbar, als nicht versöhnbar erscheinen.

Die Übung strengt meist beide Partner sehr an, weil ja jeder als Vertreter der ganzen Partnerbeziehung in ihren reifen Möglichkeiten fungieren soll. Die Übung verläuft meist nur stockend (bei ihr gilt besonders: weniger ist mehr!), doch wird sie selten verweigert; mutmaßlich ist das stärkste Motiv für die Durchführung, daß man dabei dem anderen ja auch demonstrieren soll, wie er sich befriedigender verhalten könnte.

Nicht wenige Partner sind sehr überrascht, wenn während dieses erdachten und reflektierten Dialogs mit vertauschten Rollen sichtbar wird, wie gut einen der andere eigentlich versteht (eine Spontanäußerung nach einer solchen Übung: »Warum versteck' ich bloß meine Gefühle, wenn's der andere ja doch weiß?!«). Erstaunlich, wie oft der andere sehr wohl spürt, was in einem vorgeht. Emotionen werden bewußt; man versteht sich danach oft besser. Auch auf der rationalen Ebene werden Probleme jetzt klarer erkannt. Wenn man sieht, wie gut einen der andere versteht, ist man viel bereiter, über weitere, bisher verborgene Gefühlsreaktionen zu sprechen. Es wird aber auch häufig entdeckt, daß man auf Anhieb gar nicht weiß, was man nun wirklich vom anderen will, weil man oft Unvereinbares gleichzeitig erwartet (Doppelbindung!). Da heißt es nun, Farbe zu bekennen und *eine* realisierbare Erwartung zu konkretisieren.

Mit dieser Methode kann manchmal eine Verständigung über lange zurückliegende Konflikte erzielt werden, die die Gegenwart eines Paares schwer belastet haben. Auch als Intervention in akuten Krisen erscheint sie uns spezifisch indiziert, wenn Partner erregt und tief enttäuscht über einen gerade erlebten destruktiven Streit ankommen. Dabei darf jedoch nicht versäumt werden, die emotionalen Hintergründe wiederkehrender Konfliktverläufe (v. a. kindhafte Anspruchshaltungen) zu analysieren und solche neugewonnenen Bewußtseinsinhalte mit Hilfe gezielter Selbstregulationsprogramme therapeutisch auch fruchtbar, d. h. verhaltens- und einstellungswirksam zu machen (siehe Kapitel 3). Schließlich kann die Gestaltungsplanung unmittelbar bevorstehender konfliktträchtiger Situationen (z. B. von Wochenenden, typischen Situationen am Werktag früh und abends, Besuchen und Einladungen) mit paradoxen Rollenspielen motivational wie hinsichtlich eines erweiterten Verhaltensrepertoires gut vorbereitet werden.

LITERATUR

WATZLAWICK, P., WEAKLAND, J. H. und FISCH, R.: Lösungen. Zur Theorie und Praxis menschlichen Wandels, Bern 1974 (Huber)

WATZLAWICK, P., BEAVIN, J. H. und JACKSON, D. D.: Menschliche Kommunikation. Formen, Störungen, Paradoxien, Bern 1969 (Huber)

3.
Einübung der Liebesfähigkeit: Kommunikationstherapeutische Integrationsübung

Zwei Dimensionen tiefenpsychologischer Sachverhalte beim einzelnen Partner sind es vor allem, die Störungen in der Beziehung zueinander verursachen.

Erstens ist es die Überbetonung einer Kindes- oder Eltern-Haltung (vgl. BERNE 1967). In einem gewissen Sinne können beide Haltungen als »Regression« interpretiert werden. Beide verhindern auf die Dauer eine befriedigende Partnerschaft, bleiben aber in Kraft, weil sich neurotische Partner unbewußt gerne so wählen, daß sich diese Fehlhaltungen komplementär ergänzen (vgl. PREUSS 1973; WILLI 1973): wer Kind bleiben will, sucht zunächst vor allem jemand, der sich seinerseits nur wohl fühlt, wenn er den anderen überwiegend bemuttern oder bevatern darf. Aus verschiedenen lebensgeschichtlichen Hintergründen haben beide Angst, diese einseitigen Verhaltensmuster aufzugeben. Doch bleiben dabei Bedürfnisse unbefriedigt, sich als reifer, liebesfähiger Erwachsener zu verhalten, zu fühlen und bestätigt zu sein. Je länger jene eingeengte Beziehungsform andauert, um so größer wird der Hunger nach dieser reicheren Lebensform. Dann aber kommt es zum Konflikt mit dem Partner wie auch mit den eigenen Ängsten, folglich wird das Verhalten hochgradig ambivalent (seine Innenseite besteht also in gemischten Gefühlen): beide ermutigen *und* entmutigen einander fast gleichzeitig in bezug auf Weiterentwicklung. Diese Art von Doppelbindung macht einen »verrückt«, beide haben das Gefühl vom anderen: »Was ich auch tu' – es ist immer verkehrt. Man kann es dir nie recht machen!« Beide möglichen Alternativen führen also in einer solchen Beziehungsfalle (WATZLAWICK et alii 1969) oder Zwickmühle, lernpsychologisch gesehen, zur Bestrafung. Schon aus der Laborforschung wissen wir, daß derartige Lernsituationen, wenn sie wichtige Lerninhalte betreffen und länger andauern, schwere und nachhaltige Schäden im Vegetativum wie im Verhalten zur Folge haben.

Die zweite tiefenpsychologische Dimension, die uns als Ursache von Partnerkonflikten besonders gewichtig erscheint, betrifft die vier Persönlichkeits- bzw. Neurosestrukturen, wie sie besonders anschaulich von RIEMANN (1961 und 1974) beschrieben worden sind. In vielerlei Hinsicht sind sie nur Besonderungen, also individuelle, biographisch fundierte Verhaltensmuster der Angst-vermeidung, mit denen ein Partnerkonflikt, vor allem also jenes Kind-Sein-Wollen oder An-der-Elternrolle-Festhalten, beantwortet wird. Der Schizoide etwa reagiert mit verletzender Kälte und narzißtischem Rückzug; sein Partner fühlt sich vor den Kopf gestoßen und verstoßen. Der Depressive zeigt Ohnmachtsjammern und Sich-Anklammern, bis dem Partner die Luft ausgeht. Der Zwanghafte bringt einen mit seiner Rechthaberei und Prinzipienreiterei zur Weißglut. Auf den Hysteriker schließlich ist oft kein Verlaß, er verdreht und stellt die Welt auf den Kopf, wie es ihm gerade paßt; sein Partner kriegt das Gefühl: Wenn ich ein Loch gestopft habe, sind dafür schon wieder drei neue da!

Die Sache wird dadurch noch komplizierter, daß sich polare Strukturen häufiger zu einer Partnerschaft zu verbinden scheinen als ähnliche, woraus in Konfliktehen ein zusätzliches Verstehensproblem wird.

Die Beispielsammlung ließe sich erheblich erweitern, doch kommt es uns hier darauf an zu schildern, wie solche diagnostizierten tiefenpsychologischen Sachverhalte (die sich freilich auch als verstärkungsabhängige äußere und innere Verhaltensmuster analysieren lassen; doch verlören sie in einer funktionellen Terminologie ihre Bildhaftigkeit, die uns hier wichtiger ist) im Prozeß der Kommunikationstherapie von Paaren ausgewertet werden können.

Ein erster großer Schritt muß beide Partner dazu bewegen, daß sie ihre diesbezüglichen Abwehrmaßnahmen aufgeben wollen. D. h., der Therapeut wird darauf hinarbeiten, oft zunächst mit jedem Partner im Einzelgespräch, daß beide diese Störungsmuster und die dahinterliegende Angst erkennen, ihren eigenen Anteil akzeptieren, die Langzeitfolgen für ihre Beziehung begreifen und schließlich diese Muster ihrer Beziehungsrolle bei sich selbst ändern möchten.

Diese motivierenden Prozesse fordern vom Klienten einen

schrittweisen Verzicht auf eine gehörige Portion Narzißmus, manchmal aber auch zusätzlich einen gezielten Abbau bestimmter Ängste vor den implizierten Änderungen der Beziehung zum Partner. Unter Umständen kann hier eine Angstüberflutungstechnik erforderlich werden (vgl. Tonbandbeispiel in Kapitel 11). Immer jedoch ist in gewissem Ausmaß ein fruchtbarer Umgang mit seelischen Schmerzen die ermöglichende Bedingung, sei es nun stärker der Narzißmus oder mehr eine Angst, woraus Widerstand gegen reifere, und das heißt eben: auf längere Sicht befriedigendere Beziehungsformen und -inhalte entstanden ist. (Vielleicht ist hier kritisch zur modischen Urschreitherapie anzumerken, daß es mehr weh tun kann und änderungsträchtiger sein kann, sich seinen Schatten einzugestehen, als den Schmerz schreiend zu agieren.)

Sind also Partner dahin gelangt, ihren unreifen Verhaltensanteil zu sehen und ihn ändern zu wollen, machen sie häufig die Erfahrung, daß sie trotz »guter Vorsätze« immer wieder in die gleichen, durch viele Jahre bestens eingeschliffenen, unbewußten Formen des Umgangs mit sich und dem Partner zurückfallen. Das hat lernpsychologische Gründe: meist erbringen jene alten Muster *sofort* eine spürbare Entlastung oder einen wenigstens kleinen seelischen Lustgewinn (vgl. Band I). Und das hält sie am Leben. Die mittelfristigen und langfristigen verhängnisvollen Folgen für die Gefühle, die man füreinander hat, werden so nicht lernwirksam.

Deshalb ist es oftmals sehr hilfreich, manchmal unerläßlich (will man das Lernziel einer stabilen befriedigenderen Beziehung erreichen), daß beide Partner über längere Zeit neue Haltungen einüben, die mit jenen alten Mustern unvereinbar sind. In verschiedenen Kommunikationsübungen (vgl. Band I sowie den Übungsteil in diesem Band) kann das Repertoire des Umgangs miteinander erweitert und verfeinert werden; das genügt jedoch nicht. Denn jene Fehlhaltungen manifestieren sich in »Keimsituationen« (RIEMANN), die individuell verschieden, aber für jede Persönlichkeitsstruktur und Form der Paarbeziehung sehr typisch sind, sie »passieren« unter emotionalem Druck. Ist nun die Abwehr durch therapeutische Einsicht aufgehoben, wird also eine solche Keimsituation im Augenblick ihres Entstehens erkannt, und besteht jetzt ein Bedürfnis, sich anders als bisher zu verhalten, dann sind die Voraussetzungen für gezielte Selbstregulationsprogramme gegeben.

Reiferes Verhalten bedeutet in der Regel den zeitlichen Aufschub einer Sofortbefriedigung zugunsten einer späteren, aber wichtigeren, größeren Befriedigung. Diese wird oft in der Reaktion des Partners bestehen, jedoch ist ganz unmittelbar die gelungene Durchführung eines neuen, selbstgewünschten Verhaltens eine Bestätigung für die eigene Person bzw. ihr Selbstwertgefühl. Verhalten aber, das die Selbstachtung fördert, wird künftig häufiger. Damit aber ist Selbstregulation auch ein Weg zur teilweisen emotionalen Unabhängigkeit vom Partner, ein Kennzeichen »bedingungsloser« Liebe, ein Schritt zu größerer Liebesfähigkeit.

Wir haben gefunden, daß die Wahrnehmung des eigenen Verhaltens dem Partner gegenüber besser gelingt und dieses auch erfolgreicher verändert werden kann, sofern bei solchen »Integrationsübungen« (zu dieser Bezeichnung näheres am Ende dieses Kapitels) mit gezielter Selbstbeobachtung, also noch ohne explizite Änderungsabsicht, begonnen wird, wenn außerdem die Wahrnehmung eigener Gestimmtheiten, eigener Gefühle (aus denen eine Vielfalt äußerlich scheinbar divergenter Verhaltensweisen resultieren kann) geübt wird. (Oft unentbehrliche Hilfe dabei sind z. B. Strichlisten und kleine Handzähler, schon weil ihre Anwendung immer wieder an die Aufgabe erinnert.) Äußerst wichtig ist auch die Registrierung bisher unbemerkter Selbstgespräche (vgl. MEICHENBAUM, in HARTIG 1973). So wird beispielsweise, für jeden Tag gesondert, festgehalten: »Kindliche Anspruchshaltung a) im Selbstgespräch b) im Verhalten gegenüber dem Partner.«

Der nächste Schritt leitet dann die Änderung ein. Die beiden Spalten in der Strichliste für eine Fehlhaltung lauten dazu etwa: »a) ausgelebt b) reguliert«. Selbsteinstufungsskalen können sehr aufschlußreich sein und als Selbstverstärker wirksam werden. Sie erfassen z. B. die subjektive Antriebsstärke von 0 bis 10 (und damit die unterschiedliche Schwierigkeit im Einzelereignis, den Impuls zu regulieren) sowie das Gefühl danach (Unbehagen bis Wohlgefühl von -3 bis $+3$).

Der Partner arbeitet gleichzeitig und unabhängig an seinen meist komplementären Verhaltensmustern bzw. an ihrer Wahrnehmung und Veränderung (die, in diesem Beispiel, die kindliche Anspruchshaltung bisher verstärkt hatten).

Es gibt einige wichtige Lernhilfen, die die Ausführung unterstützen. Das vorstellungsmäßige Heranholen der längerfristigen

negativen bzw. positiven Folgen modifiziert bei der Selbstregulation die Verstärkungskontingenzen (vgl. Glossar im Anhang
von Band 1). – Weniger ist mehr, d. h. die Vereinbarung kleiner
und im Zweifelsfall lieber nur einiger weniger Lernschritte erhöht die Wahrscheinlichkeit des unentbehrlichen Erfolgserlebnisses. – Nicht selten können einfache Entspannungstechniken (vgl.
Band 1 und Kap. 11), in der Keimsituation ausgeführt, die
Selbstregulierung erleichtern. – Und schließlich kann der entscheidende Anreiz bzw. die größte Selbstverstärkung darin liegen, daß der Patient versucht, gerade auch dann, wenn der Partner ihm (noch) nicht verstärkend entgegenkommt, eine möglichst
große Anzahl der neuen alternativen Reaktionen zustande zu
bringen, und zwar als eine lange Kette ohne Unterbrechung
durch alte Muster. Dadurch wird gleichzeitig auch intermittie-
rende Verstärkung früherer Reaktionen verhindert, was lernpsychologisch sehr wichtig ist (HOLLAND und SKINNER 1971).
Man darf bei dieser Übung auch nicht unterschätzen, welch bedeutsame Regulationswirkung allein von der scheinbar banalen
Tatsache ausgeht, daß da eine Strichliste geführt wird, wodurch
nämlich immer wieder an den psychischen Beobachtungsgegen-
stand erinnert wird.
Meist wird die sukzessive Durcharbeitung einiger Konflikt-
muster erforderlich, wobei die Dauer für die einzelnen Integrationsübungen zwei bis sechs Wochen beträgt, bis ein neues inneres
und äußeres Reagieren sich eingespielt hat.
Werden die Integrationsübungen richtig angesetzt, folgt daraus
nicht nur eine tiefere Harmonie der Partner, sondern auch die
mehr individuellen Gefühle von Autonomie und innerer Freiheit.
Wir sprechen aus einer Reihe von Gründen bei dem geschilderten
Ansatz von »Kommunikationstherapeutischer Integrationsübung«: Inhaltlich geht es dabei so unmittelbar wie bei keiner
anderen Übung um die seelisch-geistige wie verhaltensmäßige
Einübung reifer Liebesfähigkeit, dem bedeutsamsten Lernziel
für Partnerbeziehungen; diese Fähigkeit bildet dann auch die
erfahrungsgemäß beste emotionale Grundlage für eine beglük-
kendere sexuelle Beziehung.
Formal faßt sie vorausgehende therapeutische Prozesse zusammen und verbindet grundlegende Erkenntnisse der vier derzeit
wichtigsten psychotherapeutischen Schulrichtungen: Von der
Psychoanalyse erkannte seelische Störungsursachen bzw. Keim-

situationen in Partnerbeziehungen, die gegen Widerstände bewußtgemacht worden sind (technisch ähnlich praktiziert wie in der »Dynamischen Psychotherapie« von DÜHRSSEN, 1972), werden in einem systematischen Prozeß des Umlernens mittels verhaltenstherapeutischer Strategien und Techniken gezielt verändert, wodurch unökonomischere Heilungsvorgänge (in der psychoanalytischen Literatur u. a. als »Wiederholungszwang« figurierend) offenbar erheblich verkürzt werden können. Die Art und Weise aber, in der verbale Kommunikation gegenüber dem Partner bei zunehmender Liebesfähigkeit verwirklicht wird, ähnelt sehr den »psychologisch hilfreichen Verhaltensweisen« (Annemarie TAUSCH und Reinhard TAUSCH, 1974), die in der Gesprächspsychotherapie praktiziert und untersucht werden. (Vorbereitende Kommunikationsübungen streben immer auch solche Grundformen mitmenschlichen Verhaltens an, die vor allem gegenseitiges Akzeptieren, Wärme und Echtheit enthalten.)

Grundlegende Erkenntnisse der Kommunikationstherapie im engeren Sinne (WATZLAWICK et alii 1969) sind ansatzweise in verschiedener Hinsicht verwirklicht, beispielsweise hinsichtlich »Interpunktion« (für beide Partner realisiert die Integrationsübung, daß eine unerwünschte Kettenreaktion nicht nur beim anderen, sondern genauso bei einem selber ihren »Anfang« nimmt, den es im strengen Sinne beim Regelkreis gar nicht gibt); aber auch bezüglich des überragenden Gewichts »analoger Kommunikation« gegenüber der »digitalen« = sprachlichen (der Ansatz der Integrationsübung liegt bei Gefühlen und Stimmungen, die hinsichtlich des eigenen Ausdrucks bzw. Verhaltens für den Partner viel wirksamer werden als ein Änderungsprozeß, der nur direkt beim Verbalverhalten ansetzt); schließlich in einer »paradoxen« therapeutischen Kommunikationsform. (In der Anfangsphase wird ganz dezidiert von den Partnern verlangt, sie sollen ihr eigenes inneres Verhalten nur beobachten, also nicht verändern, wodurch im allgemeinen bereits kleine, aber wichtige Veränderungen in Richtung des Therapieziels erfolgen, die eine neue Kreisverstärkung, in deren Folge aber verstärkte Motivierung für weitere Veränderungen bewirken.)

In der bisherigen Erprobung von Integrationsübungen bei konfliktreichen Partnerbeziehungen fanden wir, daß auf die genannten Elemente der vier Psychotherapien nicht verzichtet werden kann.

LITERATUR

BERNE, E.: Spiele der Erwachsenen. Psychologie der menschlichen Beziehungen (aus dem Amerikanischen übersetzt), Hamburg 1967 (Rowohlt)

DÜHRSSEN, A.: Analytische Psychotherapie in Theorie, Praxis und Ergebnissen, Göttingen 1972 (Vandenhoeck und Rupprecht)

HOLLAND, J. G. und SKINNER, B. F.: Analyse des Verhaltens (aus dem Amerikanischen übersetzt), München 1971 (Urban & Schwarzenberg)

MEICHENBAUM, D. H.: Veränderung der Selbstgespräche von Klienten, in HARTIG, M. (Hrsg.) Selbstkontrolle. Lerntheoretische und verhaltenstherapeutische Ansätze, München 1973 (Urban & Schwarzenberg)

PREUSS, H. G.: Ehepaartherapie, München 1973 (Kindler)

RIEMANN, F.: Grundformen der Angst, München 1975[9] (Reinhardt)

RIEMANN, F.: Grundformen helfender Partnerschaft. Ausgewählte Aufsätze, herausgegeben und eingeleitet von K. H. MANDEL, München 1974 (Pfeiffer)

TAUSCH, A. et alii: Erzieher-Kind-Interaktion in Kindergarten und Familie, Vortrag auf dem 29. Kongreß der Deutschen Gesellschaft für Psychologie, Salzburg 1974

TAUSCH, R.: Ergebnisse und Prozesse der Klienten-zentrierten Gesprächspsychotherapie, Vortrag auf dem 29. Kongreß der Deutschen Gesellschaft für Psychologie, Salzburg 1974

WATZLAWICK, P., BEAVIN, J. H. und JACKSON, D. D.: Menschliche Kommunikation (aus dem Amerikanischen übersetzt), Bern 1969 (Huber)

WILLI, J.: Kollusionstherapie, Vortrag beim Dritten Internationalen Gamologischen Symposium, Zürich 1973

4.
Kommunikationstherapeutische Übungen zum Muskelkontakt: Elemente der Modifikation aggressiven Verhaltens und sexueller Störungen

Unter Bauern und Handwerkern, aber auch zwischen Eltern und Kindern wie bei Paaren kann man körperliche Kontakte beobachten, die zweifelsfrei so etwas wie »wohlwollenden Ärger« ausdrücken. Sie geben sich beispielsweise einen leichten Schubs oder packen und rütteln einander an Schultern und Oberarmen u. ä. In jedem Fall handelt es sich um ein Zweifaches: Ärger auf eine Weise zu zeigen, die den anderen nicht verletzt, zugleich aber den guten Kontakt zum anderen wieder zu verstärken. Die Reaktionen des Empfängers solcher extraverbaler Botschaften zeigen im allgemeinen, daß diese beiden Wirkungen erzielt worden sind. – Daneben gibt es eine Fülle »aggressiver« körperlicher Kontakte in glücklichen Partnerbeziehungen, die die Intensität erotisch-sexueller Interaktionen steigern bzw. untrennbar eine Dimension derselben sind.

In der Therapie von Ehepaaren findet man recht häufig, daß solche elementaren Formen des körperlichen Kontakts, bei denen die Muskeln bzw. Kraftanwendung, Schwere und Wucht der Körper eine dominierende Rolle spielen, verkümmert sind oder anscheinend nie verwirklicht waren.

Wir praktizieren bei solchen Fällen, angeregt durch Beobachtungen und Erfahrungen wie die eingangs genannten, eine Übungsfolge, die in etwa folgenden Verlauf nimmt und zuerst in der Therapiesitzung, später zu Hause ausgeführt wird:

Sich im Gegenüberstehen an der Schulter packen und gegenseitig wegschieben;

sich abwechselnd wegschieben, wobei einer seinen Standort zu halten sucht;

einer liegt auf dem Bauch, der andere packt ihn bei der Schulter und rüttelt ihn (Achtung: nicht hochreißen, um den Hals nicht zu verrenken!);

Fortsetzung Bauchlage, der andere packt ihn am Gesäß und rüttelt ihn;
Rückenlage eines Partners am Boden, der andere kniet über ihm, hält ihn fest, versucht, sich nicht abwerfen zu lassen.
Evtl. ergänzende Übungen: Schubsen, Beißen, Balgen. Unerläßlich sind einige Instruktionen des Therapeuten: Bei den Übungen im Wegschieben und Abwerfen sollen die Partner zwar so viel Kraft wie möglich einsetzen, aber über längere Zeit ein Kräftegleichgewicht halten.
Die Übungen werden so aneinandergereiht, daß die aktivere Rolle abwechselnd der eine, dann der andere Partner innehat; über die Reihenfolge von aktiv und passiv einigen sich die Partner untereinander.
Der andere soll weder körperlichen noch seelischen Schmerz erleiden; ist dies doch der Fall, soll er es sofort signalisieren, worauf die Übung unterbrochen oder abgeändert wird. Andererseits sollen die Übungen so intensiv wie überhaupt möglich ausgeführt werden, ohne Nachdenken und Diskutieren.
Der Akzent liegt auf dem Zupacken, also beim Muskelkontakt; der Ausschlag einzelner Bewegungen wird hingegen eher klein gehalten. Die Aufmerksamkeit beider Partner soll auf die Körperempfindungen gerichtet bleiben, dafür ist günstig, zwischendurch mit Bewegungen zu pausieren, um nur das Packen und Gepacktwerden zu fühlen, um ein Gespür für den Körper des andern wie seinen eigenen zu gewinnen.
Sie sollen sich so anpacken, daß zwar ggf. ein Ärger einfließt, der andere es aber noch als liebevoll empfinden kann.

In vielen Fällen muß der Therapeut während des Übungsablaufs Einzelheiten der Instruktion wiederholen, Hinweise geben und ermutigen zu einer intensiveren Ausführung: denn nur so können irrationale Ängste, den anderen zu verletzen oder gar Aggressionsdurchbrüchen zu erliegen, gelöscht werden.
Die Übungsdauer soll nicht unter 10 bis 20 Minuten betragen, will man die beabsichtigten Effekte erreichen (s. u.).
Fast immer lachen beide Partner während der Übungen, wenn sie richtig angeleitet werden. Sie sind anschließend merklich erschöpft, aber sehr entspannt, gelöst und heiter (vorausgesetzt, man hat auch den richtigen Zeitpunkt im Therapieverlauf gewählt, s. u.).
Viele sagen nach der ersten Sitzung mit diesen Übungen, so et-

was habe ihnen gefehlt, sie würden sich jetzt anders miteinander fühlen.

Übungen zu Hause scheinen u. a. die Häufigkeit kleinlichen Alltagsstreits erheblich zu reduzieren.

Schließlich lassen sich erlahmte oder gehemmte sexuelle Kontakte mit Hilfe dieser Übungen beleben, die somit auch einen wichtigen Baustein in der Behandlung bestimmter sexueller Störungen bilden.

In der amerikanischen Encounter-Gruppen-Bewegung sind als aggressive Körperkontaktübungen vor allem BACHs Ansätze (1971) bekannt geworden: er inszeniert verschiedene Schlage-Szenen mit weichen Gummiknüppeln (sog. Batacas). Andere Gruppen praktizieren auch Schläge mit der Hand.

Abgesehen davon, daß sich dabei ein Gespür für den Körper des Partners schlecht entwickeln kann, halten wir beide Ansätze für therapeutisch nicht vertretbar, weil sie von der Lerngeschichte jedes Menschen bzw. den Modellen in den Massenmedien her eindeutig mit Feindseligkeit assoziiert sind, also unweigerlich entsprechende Empfindungen bei Sender wie Empfänger auslösen. Aus der Aggressionsforschung aber wissen wir, daß durch »erfolgreiche« Ausübung solcher Handlungen die destruktive Aggressionsbereitschaft nicht reduziert, sondern erhöht wird (BANDURA 1969). Das aber widerspricht eindeutig den Zielen einer Partnertherapie. Auch als Teilziel hätte unseres Erachtens die Emission solcher Reaktionen keine verwertbare Funktion (vgl. auch die Vorbemerkungen zu diesem Buch).

Ziel kann weder die Abreaktion sein, weil sie Aggression vermehrt, noch aber die völlige Unterdrückung aggressiver Spannungen, weil dies in der menschlichen Realität mißlingt. Es ist aber möglich zu lernen, Ärger wohlwollend auszudrücken, sowohl im Dialog (vgl. Kapitel »Aggressionen« in Band I) wie im direkten Körperkontakt, so daß sich Partner einerseits von innerem Aggressionsdruck entlastet fühlen, sich andererseits aber ihr Kontakt sogar verbessert. Das entspricht in etwa auch psychoanalytischen Überlegungen zur kontaktstiftenden Funktion des Aggressionstriebs (ELHARDT 1974).

Für welche Störungsphänomene sind nun die Muskelkontaktübungen in der Partnertherapie indiziert?

Wie schon erwähnt, scheint es möglich, leichtere Spannungen damit abzubauen, Gereiztheiten, hinter denen kein großer Konflikt steht, der bewußt gemacht und durchgesprochen werden müßte, die aber bekanntermaßen doch zu erheblicher Verstimmung führen, wenn sie regelmäßig zum überflüssigen »Streit um Kaisers Bart« oder zum Nörgeln und Raunzen führen. So kann man etwa beobachten, daß nach einer körperlich anstrengenden Arbeit oder sportlichen Unternehmung der Ärger bzw. die Ärgerbereitschaft gegen den anderen verflogen ist. Oft erlaubt aber die häusliche Situation eine solche Aktivität nicht – dann können solche Übungen helfen. Auch mit Kindern gestalten sich kritische Stimmungen besser, wenn die Eltern manchmal mit ihnen balgen, statt zu argumentieren.

Viele allzu verkopfte Akademikerpaare könnten lernen, Spannung auf partnerliche Art auch körperlich auszutragen, statt sich in häufig wirklichkeitsferne Argumentationsgebäude zu versteigen, was meist mit einem ergebnislosen Streit endet.

Die Muskelkontaktübungen können auch als *ein* Baustein zur Behandlung jener Probleme beitragen, die wir als *»ehebedingte Sexualstörung«* bezeichnen möchten. In vielen Ehen nimmt im Lauf der Jahre Häufigkeit wie Intensität sexueller Kontakte bedrohlich ab, obwohl die körperliche Beziehung einigermaßen oder sogar ziemlich befriedigend angefangen hatte. Die Sexualtherapie befaßte sich bisher fast ausschließlich mit Störungen, die wesentlich durch die Vorgeschichte verursacht sind (primäre), oder mit »partnerabhängigen« (sekundäre), d. h. solchen, die durch eine offensichtlich sehr ungünstige Partnerwahl bedingt sind. Weitaus häufiger sind jedoch jene »ehebedingten Sexualstörungen«. Sie scheinen uns vorwiegend durch zwei Ereignisfolgen zu entstehen:

– Das ständige Zusammenleben schafft Sättigung und Einengungsgefühle. (Mehr Deprivation, d. h. häufigere Entbehrung des seelischen und körperlichen Kontakts könnte den gesunden »Hunger« nach dem Partner, der für die erotische Spannung wichtig ist, aufrechterhalten sowie das Gefühl des Beengtseins, das Aggression bedingt, mildern.)

– Der Alltag bringt unweigerlich Spannungen mit sich, die nicht auch am Partner auszulassen nur sehr reife Persönlichkeiten zustande bringen. Dadurch aber werden viele Partner einander via klassischer Konditionierung (vgl. Kapitel 10 und Band I) allmählich zum aversiven Stimulus, den man schließlich reflexartig meidet, was eine automatische körperliche und emotionale Distanz mit sich bringt, die dann sogar noch bei engstem körperlichen Kontakt als Gefühlssperre, zu-

mindest als Gleichgültigkeit empfunden wird. (Jene aversiven
Reize durch Alltagsbelastungen können allerdings schon dadurch weitgehend neutralisiert werden, daß man sie gedanklich im Selbstgespräch anders, »reifer« auswertet. Man ist hier
also keineswegs blindwaltenden Konditionierungs-Automa-
tismen ausgeliefert! Ein verändertes inneres Gespräch aber ist
die wirkungsvollste Voraussetzung für einen befriedigenderen
Dialog mit dem Partner.)
Mit dem Begriff »ehebedingte Sexualstörung« soll keineswegs
die Lebensform »Ehe« denunziert werden, denn offensichtlich
gibt es hierzu kaum befriedigende Alternativen, da Liebesbezie-
hungen von sich aus Dauerhaftigkeit anstreben, unabhängig von
der Weltanschauung der Partner. Der Weg aus dem Dilemma
besteht unseres Erachtens in der Kultivierung der Dauerbeziehung, d. h. im Erlernen einer befriedigenden Gestaltung des Gesprächs und des sexuellen Kontakts.
Nun sind die sexuellen Beziehungen vieler Paare offensichtlich
durch jene Gegebenheiten der Dauerbeziehung belastet, bzw.
viele Partner sind dafür anfällig, diese Hauptquelle emotionaler
Gemeinsamkeit versiegen und somit das stärkste Band schwächer
werden zu lassen. Sie können die seelisch-körperliche Schwelle
zueinander nicht mehr oder nur noch höchst selten überschreiten
(– selbst dann, wenn ihr Gespräch wieder ganz gut gelingt,
bleibt oft die erworbene körperliche Vermeidung als eingeschliffene Gewohnheit aufrecht! –), leiden sehr darunter und resi-
gnieren schließlich.
Muskelkontaktübungen sind offensichtlich ein wichtiger Vor-
stoß, um diese Mauer einzureißen. Wir haben erst begonnen, sie
in größerem Umfang mit Patienten zu praktizieren. Aber schon
jetzt zeichnet sich ab, daß sich diese Technik wahrscheinlich zu
einem wichtigen therapeutischen Instrument entwickeln wird.
Ganz speziell indiziert scheinen solche Muskelkontaktübungen
bei Partnern, die schon von ihrer Vorgeschichte her aggressiv
gehemmt sind, speziell im sexuellen Kontakt. Viele Männer z. B.
haben als Kinder gelernt, mit Mädchen sanft umzugehen und
»ehrbare« von »nicht ehrbaren« Frauen zu unterscheiden. Von
ihren Ehefrauen werden sie dann aber als lahm, zu sanft, lang-
weilig, leidenschaftslos empfunden. (Nicht wenige dieser Frauen
haben aus eigenen sexuellen Hemmungen gerade einen solchen
Mann als Partner gewählt. Mit der Zeit kommt es jedoch wieder
zum Durchbruch ursprünglicher Bedürfnisse, zunächst etwa in

Vergewaltigungsträumen und -phantasien. Dann wird die Sanftheit ihres Partners fast nur noch als Nachteil empfunden.) Umgekehrt meinen manche Frauen, nur Prostituierte dürften bei Männern richtig zufassen. Bei ihnen ist in den aktiven Übungen ganz besonders auf die Bejahung der eigenen Empfindungen zu achten.

Bei der dritten Indikation wäre es natürlich ganz besonders verfehlt, vor Beginn der Übungen viel Federlesens zu machen über ihren Sinn und Zweck. Der Therapeut fängt einfach mitten in der Sitzung damit an: »So, jetzt stellen Sie sich bitte mal hin und fassen sich bei der Schulter an« usw. Solche Männer haben wirklich sehr viel Angst und Scheu, die eigene Frau fest anzufassen, ihr weh zu tun, körperlich und seelisch. Sie sind dann sehr erstaunt, wie wohl ihren Partnerinnen ein fester Zugriff tut und bekommen im Verlauf der Übung nach und nach das richtige Gespür dafür.

Kontraindiziert sind die Übungen wahrscheinlich bei psychotischen Zuständen und deren Grenzfällen.

Hat man eine der drei genannten Indikationen vorliegen, dann ist zu beachten, daß die Übungen zum Muskelkontakt nur dann eingesetzt werden dürfen, wenn nicht gerade eine massive Ärgersituation oder Feindseligkeit zwischen den beiden Partnern liegt (ganz besonders, wenn noch Unterlegenheitsgefühle hinzukommen); denn in einer solchen Stimmung herrschen zwei diametrale Impulse vor: den anderen zu schlagen, oder aber jeglichen Kontakt mit ihm wie die Pest zu meiden. Beides aber ist mit therapeutischen Körperkontaktübungen unvereinbar. Der Therapeut muß also in solchen Fällen oder Situationen zuerst wieder eine Gesprächsbrücke herstellen helfen.

Die Hautkontaktübung (siehe Kapitel 5) schließt sich zweckmäßigerweise den Muskelkontaktübungen an, da eine vorausgehende Spannungsabfuhr die Bereitschaft zu zärtlichen Empfindungen freilegt, falls diese durch aversive Gefühle blockiert war.

Haut- und Muskelkontakt enthält die beiden wichtigsten Dimensionen körperlichen Sexualempfindens, die Oberflächensensibilität und die Tiefensensibilität, auf der phänomenologischen Ebene: Zärtlichkeit und (konstruktive) Aggression.

Auch als Diagnostikum erweisen sich die Muskelkontaktübungen als brauchbar, um Art und Grad von Aggressionshemmungen abzuschätzen.

Ein häufiger Effekt dieser Muskelkontaktübungen: die Partner
sind erstaunt, wie ängstlich – oder aber zugriffig der andere ist
bzw. wie sehr er sich wünscht (oder jetzt auf einmal den bisher
nur vorbewußten Wunsch verspürt), gepackt zu werden. Meist
erleben sich beide neu, sind voneinander überrascht, was im allgemeinen bereits die Anziehung erhöht.
Gelegentlich werden auch traumatische Erinnerungen bzw. deren
Affekte plötzlich durch die Übung mobilisiert. Dann empfiehlt
sich eine sofortige Unterbrechung: Die Partner müssen Gelegenheit bekommen, über diese Erinnerungen zu sprechen, bevor die
Vermeidung intensiven Körperkontakts durch Fortsetzung der
Übungen gelöscht werden kann. Reminiszenzen an Situationen
des Gedemütigt-, Bedroht-, Gefangengehalten- und Geschlagen-
werdens können hier aufsteigen und als Grund bewußt werden,
warum einem intensiven Kontakt mit dem Partner bisher ausgewichen wurde: weil er nämlich bisher infolge Reizgeneralisie-
rung mit einem früheren Aggressor unbewußt verwechselt
wurde. – Muskelkontaktübungen haben also auch die Funktion,
Material für motivierende biographische Analysen auszulösen,
ja sie können gezielt hierfür eingesetzt werden (vgl. auch Kap.
5). Partner, die aneinander Interesse haben und nicht gerade von
stärkeren Feindseligkeitsgefühlen gegeneinander beherrscht werden, können solche Muskelkontaktübungen ohne professionelle
Anleitung im Selbstversuch durchführen, sofern sie es beide wollen. Beim ersten Mal müssen sich viele gegenseitig helfen, die
Anfangshemmung zu überwinden. Dieser Bann ist aber gerade
bei diesen Übungen sehr rasch gebrochen. Eine sorgfältige Beobachtung der geschilderten Instruktionen ist für das Gelingen unerläßlich. Dafür sollten sich am besten beide Partner die Regeln
der Durchführung einverleibt haben. Wir wiederholen nochmals
ein wichtiges Moment: Wenn ein Partner den Impuls verspürt,
auszusteigen, muß ihm sofort Gelegenheit zu einem Gespräch
gegeben werden.

LITERATUR

BACH, G.: Aggression lab, Dubuque (Iowa) 1971

BANDURA, A.: Principles of behavior modification, New York 1969 (Holt, Rinehart & Winston)

ELHARDT, S.: Aggression als Krankheitsfaktor, Göttingen 1974 (Vandenhoeck & Rupprecht)

5.
Kommunikationstherapeutische Übung zum Hautkontakt — ein Baustein in der Behandlung sexueller Erlebnisstörungen*

a. Das Störungsphänomen

Eine weitverbreitete Störung: Die körperliche Vereinigung hinterläßt ein Gefühl ziemlichen Unbefriedigtseins, des Unerfülltseins. Das kann vielerlei Gründe haben (Spannungen zwischen den Partnern, körperliche Krankheit, äußere Belastungen, Potenzstörungen, Frigidität, nicht zuletzt »ehebedingte Sexualstörungen«, siehe Kap. 4). Eine wichtige Bedingung ist bisher jedoch als eigener Gegenstand psychotherapeutischer Forschung viel zu wenig bearbeitet worden. Es sind Störungen im Hautkontakt, im Erlebnis der Berührung, des Gestreicheltwerdens und des Streichelns. Äußerlich unauffällig (»Nein, nein, wir streicheln uns schon!«), deshalb leicht übersehen und unterschätzt, haben sie häufig die eingangs genannten Folgen, die auf die Dauer zum Absterben der Gefühlsbeziehung beitragen. Wahrzunehmen ist eine solche Sperre eher »von innen«. Da sie oft auch nicht voll bewußt ist, kann man das Paar durch einen praktischen Versuch darauf bringen: »Jetzt erst spüre ich, daß ich sie (ihn) eigentlich noch nie ganz an mich herangelassen habe. Immer habe ich eine Distanz dazwischen aufgebaut, mich innerlich gewehrt, oder einfach eine Wand gespürt. Jetzt merke ich erst, daß mir das Liebkosen eigentlich immer peinlich war!« Partnerbeziehungen sind glücklich, wenn ein Reichtum an Gefühlen lebendig ist, wenn die beiden füreinander nicht nur Geliebter und Geliebte, sondern wechselseitig (je nach Bedürfnislage) auch »Mutter« und »Kind« sein können. Hierzulande tun sich besonders die Männer recht schwer, der Partnerin gegenüber

---

* Ein Vorabdruck erfolgte in der Zeitschrift Ehe, 1974, Heft 2. Die hier vorliegende Fassung ist ergänzt.

mütterliche Gefühle zum Ausdruck zu bringen und kindliche Bedürfnisse selbst frei zu erleben.

b. Entstehungsbedingungen der Störung

Sie können bis ins erste Lebensjahr zurückreichen (vgl. Bowlby 1972; Harlow 1958; Riemann 1975; Spitz 1957). Wahrscheinlich hat ihre Genese folgende Bedingungen: Zu wenig Körperkontakt dürfte ein Erlebnis der Fremdheit, des mangelnden Vertrautseins beim Anschmiegen nach sich ziehen. Aber auch eine Überflutung mit Reizen kann problematisch werden, wird wohl ein übermäßiges Distanzbedürfnis gegenüber dem Partner mit sich bringen.

Später ergibt sich eine weitere Gefährdung in der Entfaltung dieses elementaren Kontakts: wenn das Kind von sich aus zärtlich wird und keine entsprechende Resonanz findet. Entweder kommt dieses Verhalten in der Umwelt nicht an, verschwindet folglich wieder. Oder es wird durch Zurückgestoßen-, Beschämt-, Blamiertwerden (besonders bei Jungen) unterdrückt, kommt gar nicht zur Entfaltung und Ausformung durch differentielle Verstärkung.

Ähnliche Löschungsvorgänge und Bestrafungsmechanismen können dann in der Zeit erster Freundschaften und in der Frühgeschichte der gestörten Partnerbeziehung selbst auftreten.

Nun enthielte gerade die erste Zeit intensiver Liebe erhebliche Heilungschancen, wird oft auch als Möglichkeit der Überwindung früheren Leids empfunden. Doch die »Erlösung« durch den Partner mißlingt, wenn er diesbezüglich nicht sehr einfühlsam ist oder wenn er gar selbst in diesem Kontaktbereich eine ungünstige Lerngeschichte hat.

c. Bedeutung des Hautkontakts

Die Verhaltensforscher sind erst seit relativ kurzer Zeit dabei, den Hautkontakt in seiner Bedeutung für das soziale und sexuelle Verhalten voll zu erkennen (Montague 1971; Morris 1972). Der Mensch scheint danach ein ebenso elementares, ein primäres Bedürfnis zu haben wie nach sexuellen Empfindungen im engeren Sinn. Versuche mit Rhesus-Affen haben gezeigt, daß

schwere und kaum behebbare Störungen im sozialen und sexuellen Kontakt zurückbleiben, wenn das Affenjunge während seiner Entwicklung jeden zärtlichen Körperkontakt entbehren muß (HARLOW 1958).
Bezeichnend für unsere logozentrische Kultur mit ihrer Überbewertung des Denkens und Sprechens, daß sie so spät erst diese anthropologisch wichtige Entdeckung macht! Sie übersieht, daß ein Mensch, der Zärtlichkeit auskosten und geben kann, auf andere Gedanken kommt, Gewichtungen anders setzt, die Welt anders gestaltet.

d. FOLGEN FÜR DIE PARTNERBEZIEHUNG

Partner, die dieses elementare Bedürfnis nicht wechselseitig leben, können einander fremd und gleichgültig werden. Neigen sie zum Reden, so verstricken sie sich in Wirrnisse des Argumentierens, destillieren daraus (oder auch aus dem Schweigen) fatale Mutmaßungen über destruktive Einstellungen des anderen – und rufen gerade erst dadurch solche Haltungen hervor: Der bekannte Teufelskreis »selbsterfüllende Prophezeiung« ist geschlossen.
»Mein Mann läßt mich überhaupt nie an sich heran, er hat eben kein Interesse an mir. Nur in unserer allerersten Zeit war's besser. Jetzt, wenn ich ihn mal streicheln will, sperrt er sich, oder er läßt es teilnahmslos über sich ergehen. Wenn das so weitergeht, laß ich mich scheiden. Ich halte das nicht mehr länger aus. Fünfzehn Jahre hab' ich es ertragen. Lieber leb ich dann in Zukunft allein.«
»Der sexuelle Verkehr läßt mich ziemlich unbefriedigt. Es ist zwar rein körperlich ganz schön für mich, auch meine Frau kommt meistens zum Orgasmus. Aber seelisch gibt es uns nicht viel. Es ist keine rechte Verbundenheit da! Wenn sie mich streicheln will, komm ich mir komisch vor. Und wenn ich sie streichle, kommt das auch nicht an. Da hat sie doch neulich gesagt, so wie ich das mach, das sei wie Staubwischen!«
Dieses Paar spürt schon bewußt, daß hier eine Mangelerscheinung vorliegt, die nicht ohne weiteres verarbeitet werden kann, weil sie ans Fundament der Beziehung rührt.

e. BISHERIGE THERAPIEFORMEN

Psychoanalyse (GREENSON 1973) und Gesprächspsychotherapie (TAUSCH 1968) machen solche Störungen und ihre Entstehungsgeschichte bewußt. Die Patienten bekommen immer mehr Einblick in solche Gefühlsabläufe und ihre Zusammenhänge mit bisher unbewußten Motiven, gelegentlich etwa einer Inzestangst (weil der Partner wie der eigene Vater oder wie die eigene Mutter erlebt wird und deshalb ein Verbotsreflex einrastet). Doch diese verbale Einsicht setzt sich längst nicht immer von selbst in ein neues, äußeres und inneres, Verhalten um, so daß der Patient keine neuen Erfahrungen macht, zu keinen alternativen Erlebnissen gelangt. Oder er begeht bei seinen eigenen Versuchen des Umlernens wichtige Fehler und bekommt dann zu wenig Anleitung vom Therapeuten, wie er die inneren Barrieren auflösen könnte.

Die Sensate-focus-Technik in der Sexualtherapie von MASTERS und JOHNSON (1970) beinhaltet eine Anleitung zum abwechselnden Streicheln der Partner: Sie sollen sich jeweils liebkosen, wo, wie und wie lange es ihnen gerade guttut; und sie sollen dabei auch Neues zu entdecken suchen. Dadurch wird ein schrittweiser Aufbau ungestörten körperlichen Kontakts sehr begünstigt. Jedoch bleibt dabei, vor allem durch das »Veto-Recht« des gerade aufnehmenden Partners, immer noch die Möglichkeit offen, daß bestimmte Zärtlichkeiten und Körperregionen, die für eine umfassende Begegnung integrativ wären, immerfort vermieden werden. Wir erlebten dies beispielsweise bei einem Mann, der sich überall streicheln ließ, nur nicht übers Haar: Das löste in ihm zu »weiche« Gefühle aus. Bei der Analyse eines anderen Paars zeigte sich, daß die Frau es nicht fertigbrachte, sich liebkosen zu lassen und gleichzeitig dabei ihre Beine hingabebereit zu öffnen. – Die experimentelle Verhaltensforschung hat nachgewiesen, daß solches Ausweichen, daß erlernte Vermeidensreaktionen vor (unbewußt) befürchteten (in Wirklichkeit gefahrlosen) Situationen sich selbst ad infinitum aufrechterhalten: Denn das unangenehme Angstgefühl, von der (signalartig wirkenden) Situation ausgelöst, wird ja sofort beseitigt, wenn man ausweicht. Eine lernpsychologische Analyse deckt also auf, warum die Sensate-focus-Technik manchmal versagt, wenn es um die Aufhebung taktiler Störungen geht.

In den bisherigen Behandlungsformen der auf experimentellen

Grundlagen basierenden Verhaltenstherapie wird dies berücksichtigt (WOLPE und LAZARUS 1966). Die systematische Desensibilisierung konfrontiert den entspannten Patienten schrittweise mit der individuell unangenehmen oder befürchteten Situation, über die Vorstellung oder im wirklichen Partnerkontakt. Doch scheitert sie in ihrem klassischen Verfahren bei diesen subtilen sexuellen Kontaktstörungen oft aus einem anderen Grund: Sie berücksichtigt in ihren Behandlungsinstruktionen viel zu wenig, was jedem Psychoanalytiker geläufig ist: daß der Mensch nicht nur äußerlich fliehen, ausweichen, sich »sperren« kann, sondern vor allem auch innerlich: in seinen Gedanken, Vorstellungen, Phantasien, Wahrnehmungen, Empfindungen, Gefühlen.

f. KOMMUNIKATIONSTHERAPEUTISCHE ÜBUNG ZUM HAUTKONTAKT

Analysen der vorliegenden psychotherapeutischen Techniken bzw. die Beobachtung ihrer Vorzüge und Mängel, wie wir sie geschildert haben, führten uns schließlich zu einer Integration, d. h. zu einer Behandlungstechnik, die die Vorzüge der einzelnen Schulen zu verbinden und ihre Nachteile zu vermeiden sucht: Beide Partner haben sich seelisch und muskulär entspannt, damit aber vegetativ beruhigt (Tiefatmung kann u. U. die Empfindungsstärke erhöhen). Der Angst- und der Ärger-Pegel ist und bleibt dadurch niedrig. Meist liegt einer, der andere sitzt bei ihm. (Eine mögliche Vorübung beinhaltet Streicheln des eigenen Gesichts.) Der Sitzende streichelt nun den Liegenden (während der Anwesenheit des Therapeuten im Gesicht, am Kopf, an Händen und Armen). Der Liegende bleibt aufnehmend, wird nach außen nicht aktiv. (Ein andermal tauschen dann die Partner ihre Rollen.)
Beide werden nun instruiert, sich ausschließlich mit ihrer ungeteilten, ganzen Aufmerksamkeit diesem Geschehen bzw. seinen davon ausgehenden Empfindungen und Gefühlen hinzugeben, das heißt: nichts zu sehen (die Augen sind geschlossen), zu hören, zu riechen, schmecken, empfinden, fühlen; soweit irgend möglich nichts zu denken, sich nichts vorzustellen (mit Ausnahme des Partnerkontakts bzw. empfindungsfördernder Phantasien). Beide werden gebeten, sich keinerlei Fluchtreaktionen zu gestatten: weder äußerlich, durch Bewegungen, Anspannung der Muskeln, Anhalten des Atems etc.; noch innerlich, durch Gedanken, Vor-

stellungen oder durch Abblenden der Wahrnehmungen, die vom Gestreicheltwerden bzw. vom Streicheln ausgehen. Beide sollen sich von den Empfindungen und Gefühlen völlig durchdringen, ausfüllen, überfluten lassen, ihnen so viel Raum wie möglich geben, sich ausliefern, alles voll aufsteigen, sich ausbreiten lassen: auch und gerade in den Momenten, in denen sie glauben, sie würden es nicht ertragen vor Scham, Peinlichkeitsgefühl, Ärger, seelischem Schmerz, oder weil sie sich »blöd«, komisch, kindisch vorkommen. (Hierin liegt auch ein Moment paradoxer Kommunikation!) Den unangenehmen Gefühlen soll nicht weniger Raum gegeben werden als den angenehmen.

Der Therapeut betont, daß die Übung schwierig sei und zunächst nur im Ansatz gelinge. Dieser Hinweis soll die Wahrscheinlichkeit einer positiv verstärkenden Selbstauswertung, eines Erfolgserlebnisses begünstigen und dadurch für weitere Übungen motivieren. Beide reden kein Wort miteinander. Lediglich eine Mitteilung ist erlaubt, wenngleich nur in nichtsprachlicher Form: Sollte dem aufnehmenden Partner eine wiederholte Berührung in störendem Maße körperliche Schmerzen bereiten, kann er das durch kurzdauernde Führung der Hände zum Ausdruck bringen. Der äußerlich aktive Partner wird streng angewiesen, zu tun, was *ihm* gefällt, in derjenigen Weise zärtlich zu sein, die *ihm* Freude macht, und keine »Rücksicht« zu nehmen auf dem Hintergrund früherer Erfahrungen (wo er vielleicht Widerstände seines Partners in bezug auf ganz bestimmte Zärtlichkeiten bemerkt hat). Nur dann ist gewährleistet, daß hier nicht wieder alte, eingeschliffene Ausweichreaktionen weitergepflegt und stabilisiert werden. Außerdem kann im erotischen Kontakt nur dann ein beglückendes Erlebnis entstehen, wenn die Partner ihr Zärtlichkeitsempfinden eben in einem bestimmten Sinne »rücksichtslos« und »rückhaltlos« zum Ausdruck bringen. Die »zupackende« Komponente der Erotik, die ja als besonders tief befriedigend empfunden wird, kommt auf diesem Weg ganz organisch ins Spiel.

Der Therapeut muß während der ersten Einübung in der Regel wenigstens 20 bis 30 Minuten lang diese Instruktionen beständig wiederholen. Um einerseits Monotonie, Ermüdung und Sättigung zu vermeiden, andererseits möglichst auch die ganze Bandbreite der erworbenen individuellen Sprachgewohnheiten eines Paars zu erfassen, tut man das am besten durch möglichst viele abwechselnde Synonyme, durch sinnverwandte Ausdrücke. Das erhöht auch die Wahrscheinlichkeit, Worte zu verwenden, die den jeweiligen Patienten persönlich berühren. Die meisten Patienten berichten nach der Übung, daß diese beständige Wiederholung in immer wieder etwas anderer Form ausschlaggebend war, sie in diesen Zustand zu bringen und sie darin zu halten, daß diese steuernden Anweisungen dann öfters mit einem Augenblick zusammentreffen, in dem sie gerade eine (meist innere) Fluchtbewegung begannen. Viele beobachten, daß sie dadurch im Verlauf der Übung lernen, sich selbst rascher bei bisher unbewußten, zumindest unbemerkten Ausweichmanövern zu ertappen und diese dann zu unterlassen. Der Therapeut läßt auch immer wieder einfließen, daß die Wirkung mit der Unterlassung innerer und äußerer Vermeidungsreaktionen einerseits, mit dem völligen »Sich-Öffnen« andererseits steht und fällt. Er spricht aber nicht davon, welche Wirkungen zu erwarten sind, um keine Suggestionen für den anschließenden Bericht des Paars zu induzieren. Zu beachten ist schließlich, daß sogar ein bevorzugtes Streicheln erogener Zonen der Vermeidung subtiler Zärtlichkeiten und Gefühle dienen kann!

Wenn der Therapeut aufgrund des Ausdrucksverhaltens (vor allem des Gesichts der Partner) den Eindruck gewinnt, daß beide nun ganz versunken sind in diesem Kontaktgeschehen, zieht er sich in einen Nebenraum zurück, um die Intimität des Erlebens nicht zu stören. Er kündigt an, daß er etwa nach 10 bis 15 Minuten klingeln und ein bis zwei Minuten später wieder eintreten wird. Die Partner werden angewiesen, auch während seiner Abwesenheit unbedingt in der bisherigen Weise die Übung fortzusetzen.

Nach seiner Rückkehr beobachtet der Therapeut beide Partner nochmals ganz sorgfältig. Meist läßt der Gesichtsausdruck und ein auffallend ruhiges, gleichmäßiges Atmen eine tiefe Entspannung, Gelöstheit und Versenkung erkennen. Zur Absicherung kann man sich durch ein »mhm« oder ein Kopfschütteln informieren lassen, ob in den letzten Minuten – soweit für die Übenden selbst wahrnehmbar – jede Flucht unterblieben und eine intensive Konzentration gelungen ist. Erst dann kann die Übung – durch langsames Sichvoneinanderlösen – wieder beendet werden. Das ist entscheidend, denn würde man das ganze während einer Fluchtbewegung abschließen, dann würde ja diese unerwünschte Reaktion abermals verstärkt.

Die Befragung der Partner über ihre Erlebnisreaktionen ge-

schieht eher kontrasuggestiv, um Störungsmomente eher in Erfahrung zu bringen.
Wir haben bisher (rund 40 Fälle) noch kein einziges Paar erlebt, bei dem nicht am Ende der Übung angenehme Gefühle dominierten bzw. die unangenehmen fast völlig verschwunden waren. Erst jene vieldimensionalen Instruktionen brachten diesen Erfolg. Zärtlichkeit von seiten eines geliebten Menschen wird ursprünglich als schön, erregend, befriedigend, beglückend empfunden. Die Gefühle werden erst dadurch »gemischt«, daß sich solche Erfahrungen in der Geschichte eines Menschen mit unangenehmen Reizen, Ereignissen, Situationen, Begegnungen zeitlich verknüpfen. Um das ursprüngliche Erlebnis wieder freizulegen, müssen alle äußeren und inneren Ausweichreaktionen so lange unterbunden werden, bis sie »gelöscht« sind. Dabei hat sich als ausschlaggebend erwiesen, eben auch die unangenehmen Gefühle frei aufsteigen zu lassen. Werden sie unterdrückt, dann blockieren sie auf die Dauer unbemerkt die Intensität, die Lebendigkeit der schönen Empfindungen. So ist jedes Element in der Instruktion unserer kommunikationstherapeutischen Übung zum Hautkontakt von unverzichtbarer Bedeutung. (Auf die Wichtigkeit des Therapeuten-Verhaltens kommen wir noch zu sprechen.)

g. Indikationsfragen

Fast unentbehrlich erweist sich der therapeutische Einsatz dieser Übung bei ausgeprägteren spezifischen Störungen des Hautkontakts, wie wir sie einleitend beschrieben haben. Wichtig ist sie auch bei »ehebedingten Sexualstörungen« (siehe Kapitel 4). Sie genügt jedoch nur ganz selten allein, da meist auch andere Bereiche gestört sind. Somit bildet sie nur einen kleinen, indessen manchmal unverzichtbaren Baustein im Behandlungsverlauf.

h. Verwendung der Übung als Diagnostikum

Zur Feststellung von störenden oder von schwach entwickelten Reaktionen bei erotisch-sexuellen Problemen kann die Übung auch eingesetzt werden. Denn viel deutlicher als durch einen Bericht mit Worten wird es durch ein Ausführen dieser Interaktion sowohl für die Partner als auch für den Therapeuten, ob

dieses integrative Element des Kontakts gestört ist.
Freilich muß hier sorgfältig unterschieden werden: Befinden sich
die Partner gerade in einer akuten Phase destruktiven Streits
und tiefer Entfremdung, dann sind Schwierigkeiten in diesem
elementaren und engen Kontakt natürlich anders zu beurteilen.

i. Voraussetzungen des Einsatzes im Therapieverlauf

Partner, mit denen diese Übung durchgeführt werden soll, müssen wieder so weit sein, daß sie einigermaßen miteinander reden
können, daß sie noch oder wieder ein Interesse daran haben, einander näherzukommen, miteinander wieder glücklich zu werden.
Sie müssen aber auch gelernt haben, speziell als Voraussetzung
für diese »Übung der Nähe«, Spannung und Distanz zu ertragen sowie negative Gefühle (offen, aber nicht verletzend) auszusprechen und gegenseitig zu akzeptieren. Um dies zu erreichen,
steht ein kommunikationstherapeutisches Behandlungssystem
zur Verfügung. Auch wenn diese Basis erreicht bzw. vorhanden
ist, haben natürlich viele Paare am Anfang eine ziemliche
Scheu, sich dieser Übung zu unterziehen. Der Therapeut darf
sich jedoch davon nicht irritieren und ablenken lassen. Erleich-
ternd wirken vorangehende Übungen zum Muskelkontakt
(siehe Kapitel 4).
Ein Phänomen, das nicht selten zu Beginn der Hautkontaktübung auftaucht und sie zum wertvollen Auslöser für motivierende biographische Analysen macht (vgl. auch Kap. 4): Den
Partnern kommen unangenehme Erinnerungen. So fiel einer Patientin ein, daß ihr Vater ihr auf seinem Sterbebett befohlen
hatte, sein Gesicht zu streicheln und ihn zu küssen, was für sie
grauenvoll war. Ein männlicher Patient hingegen fühlte sich
lächerlich gemacht, weil ihm seine Mutter bei einer Examensfeier
vor seinen Kollegen wie einem Kind die Wangen getätschelt
hatte, woraufhin er in dieser Runde als Muttersöhnchen ver-
spottet worden war. Nachdem solche Erinnerungen ausgesprochen sind, kann die Übung erleichtert begonnen bzw. mit weniger emotionalem Widerstand fortgesetzt werden, weil sie
dadurch implizit von jener überkommenen Bedeutung distanziert worden ist.

k. Voraussetzungen im Therapeuten und dessen Verhalten

Der Therapeut wirkt als Modell. Unweigerlich spüren die Patienten gerade auch bei dieser Übung, wie es um ihn selbst steht. In seiner Wortwahl, noch mehr in der Art des Ausdrucks, in seiner Stimme ist zu spüren, ob er selbst solche Verhaltensweisen, Empfindungen und Gefühle emotional (nicht nur verstandesmäßig) bejaht und in seinem eigenen Leben verwirklicht. Das teilt sich unausgesprochen mit und erleichtert oder erschwert in ganz entscheidendem Maße, ob sich das Paar dieser neuen Erfahrung aussetzen und alte störende Erfahrungen löschen kann. Experimente haben bewiesen, daß Ausdrucksnuancen, die meist ganz unreflektiert, an einem als Vorbild erlebten Modell wahrgenommen werden, bis ins Vegetativum hinein Gefühle blockieren oder aber erleichtern, freilegen können (BANDURA 1969). In der Entstehungsgeschichte von Störungen des Hautkontakts war es ja auch meist eine wichtige Bezugsperson, von der Verbote und Strafreize ausgingen. Was damals der Patient »verinnerlicht« hat, kann nur von einem Therapeuten oder einem Partner aufgelöst werden, der weitgehend frei ist von solchen hemmenden Reaktionen.

l. Wirkungen der kommunikationstherapeutischen Übung zum Hautkontakt

Nach den Regeln der Kunst angewandt, das heißt: beim richtigen Paar im richtigen Moment und in präziser Form eingesetzt, hat die kommunikationstherapeutische Übung zum Hautkontakt bisher überwiegend die folgenden Wirkungen gezeigt: Zunächst ist schon auffallend zu beobachten, wie sich die Gesichter verändern: Sie bekommen einen Ausdruck tiefer Gelöstheit und Entspannung.
In den Berichten der Partner (die wir in bestimmten Fällen zunächst getrennt befragen) zeigt sich, daß die unangenehmen Gefühle und Empfindungen gegen Ende der Übung praktisch verschwunden und nur noch angenehme Emotionen vorhanden sind.
Die Stimmung zwischen den Partnern ist spürbar in dieser Richtung verändert. Schon von einer einzigen Übung ausgehend hält sie in der Regel einige Tage, manchmal sogar wochenlang

an. Das kann dann ein sehr gutes Fundament sein, um auf anderen Ebenen die Partnerbeziehung befriedigender zu gestalten und zu stabilisieren.

Die völlige Löschung der unangenehmen Gefühle und Empfindungen sowie der äußeren und inneren Ausweichmanöver bzw. Abwehrmechanismen (soweit sie eben ihre Genese im Hautkontakt haben) gelingt auch bei schwereren Störungen in einer verblüffend kurzen Zeit: Nach zwei bis drei Sitzungen von je einer halben bis einer Stunde ist und bleibt dieses Störungselement nach unseren bisherigen Beobachtungen dauerhaft aufgelöst, es ist, lernpsychologisch gesprochen, gelöscht worden.

Freilich sperren sich Partner gegen den zärtlichen Hautkontakt, wenn gerade wieder eine feindselige Spannung zwischen ihnen besteht. Die Störung, von der in dieser Arbeit hier die Rede ist, erweist sich aber gerade dadurch gekennzeichnet, daß dieser enge Kontakt auch dann nicht als schön empfunden und genossen werden kann, wenn gerade Harmonie zwischen den Partnern besteht. Ist der Frieden nach einem aktuellen Streit wieder hergestellt, dann ist die vorher erzielte befreiende Wirkung der Übung zum Hautkontakt wieder voll verfügbar. Das therapeutische Ergebnis geht also durch zwischenzeitliche Krisen und Konflikte nicht verloren.

m. DIE KOMMUNIKATIONSTHERAPEUTISCHE ÜBUNG ZUM
HAUTKONTAKT IM SELBSTVERSUCH

Paare, die gelernt haben miteinander zu reden, die eingeübt haben, einander immer wieder zu verzeihen, nach Krisen und Ärgernissen einander wieder Vertrauen zu schenken und entgegenzukommen, können riskieren, diese Übung des körperlichen Kontakts auch ohne Anleitung durch einen Therapeuten zu versuchen. Sie müssen sich nur einigen, daß sie es beide tun wollen. Außerdem müssen sie einen stimmungsmäßig günstigen Zeitpunkt und Raum dafür wählen. Ob sie Erfolg haben, wird entscheidend davon abhängen, in welchem Ausmaß es ihnen gelingt, die Instruktionen sorgfältig und kontinuierlich zu verwirklichen.

LITERATUR

BANDURA, A. (1969): Principles of behavior modification. New York (Holt, Rinehart and Winston)

BOWLBY, J. (1972): Mutterliebe und kindliche Entwicklung (aus dem Englischen übersetzt). München (Reinhardt)

GREENSON, R. R. (1973): Technik und Praxis der Psychoanalyse (aus dem Englischen übersetzt), Stuttgart (Klett)

HARLOW, H. F. (1958): The nature of love. American Psychologist 13, 673–685

MANDEL, A., MANDEL, K. H., STADTER, E. und ZIMMER, D. (1971; 7. Aufl. 1974): Einübung in Partnerschaft durch Kommunikationstherapie und Verhaltenstherapie. München (Pfeiffer)

MASTERS, W. H. und JOHNSON, V. E. (1970): Human sexual inadequacy. Boston (Little, Brown & Co.)

MONTAGUE, A. (1971): Touching: The human significance of the skin. New York (Columbia University Press)

MORRIS, D. (1972): Liebe geht durch die Haut. Die Naturgeschichte des Intimverhaltens, Zürich (Droemer Knaur)

RIEMANN, F. (1975⁹): Grundformen der Angst. München (Reinhardt)

SPITZ, R. A. (1957): Die Entstehung der ersten Objektbeziehungen (aus dem Amerikanischen übersetzt), Stuttgart (Klett)

TAUSCH, R. (1968): Gesprächspsychotherapie. Göttingen (Hogrefe)

WOLPE, J. und LAZARUS, A. A. (1966): Behavior therapy techniques. Oxford (Pergamon)

Zweiter Teil

Fallbeispiele aus der Behandlungspraxis

6.
Bindungsangst*:
Behandlung einer mehrdimensionalen Störung

Dieser Bericht schildert eine längere Therapie; sie lief über ein-einhalb Jahre und umfaßte etwas über hundert Stunden. Es handelte sich um ein noch unverheiratetes Paar aus einfachem Milieu, in dessen Beziehung bereits erhebliche Kommunikations-probleme, eingeschränkte Verstehensmöglichkeiten und Mißver-ständnisse eine destruktive Rolle spielten. Erschwerend kam hin-zu, daß ein Partner besonders belastet war, und zwar die Frau, durch eine schwere reaktive Depression, durch Ängste und psy-chosomatische Störungen, was eine Kombination von Einzel- und Paarbehandlung erforderte. An diesem Beispiel wird aber zugleich ein allgemeines Beziehungsproblem demonstriert, näm-lich, wie kommt ein Partner mit individuellen Problemen des andern zurecht, wie geht er damit um, wie verhält er sich innen (also in seiner Einstellung, seinen Empfindungen, seinen Gedan-ken) und außen (in seinem sprachlichen und nichtsprachlichen Ausdruck). Der vorliegende Fall war insofern dramatisch, als von der Lösung dieses Problems das Fortbestehen der Beziehung abhing.

Die beiden Partner: Die Frau war zu Beginn der Therapie 34 Jahre alt und lebte in der Gastwirtschaft ihrer Eltern; die Leute waren früher sehr arm gewesen. Sie verrichtete dort Arbeiten in der Küche und als Bedienung, pflegte außerdem die Mutter, die immer wieder bettlägerig war; ihre beiden Schwestern wohnen ebenfalls dort, sind aber als Hilfsarbeiterinnen berufstätig.

Die Situation der Frau zu Hause war zu Therapiebeginn im Begriff, sehr schwierig zu werden, da der Bruder, der bisher ein Gasthaus gepachtet hatte, mit seiner Familie dasjenige der Eltern übernehmen wollte und man ihre Arbeitskraft dann kaum mehr

---

* Ein Vorabdruck erfolgte in der Zeitschrift Ehe, 1974, Heft 3.

benötigte, höchstens zur Pflege der Mutter, aber dieser Aufgabe stand sie mit sehr zwiespältigen Gefühlen gegenüber. Sie wünschte sich deshalb, soweit arbeitsfähig zu sein, daß sie eine Stelle in einem fremden Haushalt annehmen könnte.

Der Freund, 35jährig, ein Spengler, hatte die Werkstatt von seinem Vater bereits übernommen und modernisiert. Seine Eltern warteten darauf, daß er heiratete und sie dadurch entlastet würden.

Die Behandlung fand statt von Herbst 70 bis Frühjahr 72.

Die Frau war zuvor verschiedentlich in nervenärztlicher Behandlung gewesen (schon seit 1963); organisch war sie immer ohne Befund.

1964 wurde sie als schizophren diagnostiziert,

1964–66 war sie in medikamentöser Behandlung; sie bekam hauptsächlich dämpfende Psychopharmaka. Dann folgte eine Zeit, in der sie keine Medikamente nahm.

Die letzten drei Jahre vor Therapiebeginn wurde sie wieder verschiedentlich medikamentös behandelt.

Eine fachärztliche Kontrolluntersuchung vor Beginn unserer Therapie ergab organisch keinen Befund.

Die *Symptomatik der Frau* zu Therapiebeginn: Sie leidet unter einer fast ständig gedrückten freudlosen Stimmung, seit sieben Jahren mit depressiven Phasen, in denen die Stimmung noch weiter absinkt. Davon gibt es kurze Phasen täglich, bei kurzfristig anstrengender Arbeit oder wenn sie sich seelisch belastet fühlt. Längere Phasen treten regelmäßig zur Zeit der Menstruation auf, jeweils 4–5 Tage, und bei zeitlich ausgedehnteren Arbeiten außerhalb des Hauses (vor allem im Garten).

Weiterhin berichtet die Frau von einer fast ständig vorhandenen, unlustvoll erlebten Distanz zur Wirklichkeit (die sie selbst als »Traumzustand« bezeichnet), verbunden mit reduzierter Erlebnis- und Kontaktfähigkeit. Höchstens stundenweise kann dieser »Traumzustand« schwächer sein, und sie sagt, es gebe eigentlich nur Sekunden, in denen er ganz weg ist. Wenn dieser Zustand stark ist, kann sie sich nicht mehr vorstellen, wie man sie zum Beispiel beleidigen könnte.

Weitere Symptome waren: körperliche Schwäche, Mattigkeit, Kopfschmerzen, zum Teil Schlafstörungen, eine sehr labile Arbeitsfähigkeit. Sie muß sich vormittags und nachmittags hinlegen, um den Tag durchzuhalten, und kann deshalb keine Stelle annehmen, was sie sehr deprimiert; dann Neigung zu Verspannungen, Verkrampfungen, die sie besonders unangenehm »im Kopf« spürt.

Gelegentlich tritt auch ein Körpergefühl auf, das besonders starke Angst auslöst: eine Empfindung von Kälte »im Hals und bis zum Herzen«. Es kommt plötzlich, also ohne vorhersehbaren Anlaß, es »fährt« in sie. Es tritt nicht häufig auf, oft wochenlang überhaupt nicht; in der Dauer schwankt es zwischen zirka fünfzehn Minuten bis zu einigen Stunden. Auch die Intensität ist unterschiedlich. Schlimm ist für die Klientin vor allem die Angst, die diese Körperempfindung auslöst und die Tage andauern kann.

Weiter berichtet sie über starke Angstgefühle bei dem Gedanken, ihren Freund zu heiraten. Sie kannte ihn bei Therapiebeginn ungefähr ein halbes Jahr. Er selbst möchte sie sehr gern heiraten; sie fühle sich aber zu krank und zu schwach, um zu heiraten und einen Geschäftshaushalt zu übernehmen, obwohl sie das eigentlich gern wolle.

Sie sei auch zu wenig empfindungsfähig, womit sie einmal die erotisch-sexuellen Gefühle meinte (sie sagte: »Ich kann mich durch Männer nicht aufreizen lassen«), aber allgemeiner auch ihre ganze »gedämpfte« Erlebnisfähigkeit.

Sie tendierte deshalb dazu, den Kontakt abzubrechen. (Sie war allein gekommen und mußte erst motiviert werden, den Freund mitzubringen.)

Sie ist aber sehr verbittert, daß sie in ihrem Zustand weder berufstätig sein (und damit von zu Hause unabhängig) noch heiraten könne.

Der *Mann* hatte keine psychosomatische *Symptomatik,* aber es ließen sich eine Reihe von Verhaltensproblemen bei ihm feststellen:

- er kann sich nur sehr schwer äußern, kann über sich und seine Gefühle kaum etwas aussagen;
- er spricht das Wenige, was er sagt, übermäßig schnell und undeutlich;
- er kann dann wieder aggressiv empfindlich reagieren, wenn er sich mißverstanden fühlt;
- er geht auf Probleme seines Gesprächspartners nicht ein; er versucht hilflos zu beschwichtigen, auszuweichen, zu rationalisieren;
- er spricht von sich aus Probleme nicht an;
- er ist selbstunsicher, äußert Angst, etwas »Falsches« zu sagen;

– er verhält sich in dieser Partnerbeziehung weitgehend passiv: er müsse eben warten, bis sie wieder gesund wird;
– er ist ihrer »Krankheit« (wie er es nennt) gegenüber völlig hilflos; er sieht sie an als »rein nervlich« und isoliert zu heilen. Er weiß allerdings auch wenig von ihr – und das ist *ihr* Anteil an seinen passiven Verhaltensweisen.

ZUR PROBLEMATIK DES PARTNERVERHALTENS

Es bestand eine offizielle Sprachregelung, als beide zur Therapie kamen:
Sie sagt: »Ich kann in diesem Zustand doch nicht heiraten.«
Er sagt: »Du mußt eben zuerst körperlich gesund werden, dann ist alles in Ordnung.«
Bei ihr ist das »ich kann nicht« aber sehr zweideutig und zusammengesetzt aus: »ich kann physisch nicht« und »ich kann mich für diesen Partner nicht entscheiden«. Denn »er teilt sich zu wenig mit«, »er ist nicht überlegen genug«, »vielleicht ist er ein aggressiver Mensch«, »ich weiß nicht, ob ich ihn wirklich liebe«, »man kann mit ihm über seelische Probleme nicht sprechen«.
Sie spricht mit ihm aber nur über »ich kann nicht heiraten, weil ich nicht gesund bin«, dabei aber wiederum auch nicht über den seelischen Hintergrund der physischen Probleme.
Das »ich kann mich für dich als Partner nicht entscheiden« kommt dagegen in seiner Gegenwart nur außersprachlich zum Ausdruck. In den Sitzungen war etwa zu beobachten: sie betrachtet ihn »prüfend«, wenn er spricht; sie spricht dann wieder »beruhigend« mit ihm. Sie verstärkt ihn für rein physische Betrachtungsweisen ihrer Probleme, denkt aber (– und spricht es auch in den Einzelsitzungen aus –): »ich kann das andere mit ihm nicht besprechen«.
Er reagiert vor allem im Rahmen jener Sprachregelung, wobei aber unsichere Einzelreaktionen einen Hinweis geben, daß er das Problem, das ihn betrifft, sehr wohl ahnt!
Für das Verständnis der *Symptomatik der Frau* ist ein *traumatisches Ereignis* entscheidend wichtig, das bei Therapiebeginn sieben Jahre zurücklag und auf das die gegenwärtige Symptomatik zurückgeführt werden konnte. Dieses Ereignis ist zu betrachten auf der Basis konditionierter Sexual- und Bindungsängste.

Die Frau hatte damals einen Freund, sie vereinbarte an einem Tanzabend mit ihm eine baldige endgültige Bindung und sexuelle Beziehungen. Anschließend beim Tanzen trat plötzlich ein starker, vorher unbekannter Kälteschmerz auf, der immer stärker wurde und über den sie im Verlauf der Therapie dann einmal sagte: »Ich fühlte mich wie eine Eismarionette.« Gleichzeitig waren alle Empfindungen für den Freund weg, den sie zuvor sehr geliebt hatte. Daraufhin trat starke Angst auf, sie floh aus dem Tanzsaal und weg von diesem Freund. Daraufhin hörte der Kälteschmerz auf.

Die Symptomatik (also die Gefühllosigkeit gegenüber dem Freund und die Angst) klang in den folgenden Tagen und Wochen ab. Der Kontakt wurde erneut intensiviert und ein Heiratstermin vereinbart. Daraufhin wiederholte sich der eben beschriebene Verlauf (also der Kälteschmerz trat wieder auf), und als dieser Schmerz stärker wurde bei einigen Kontakten mit dem Freund, zog sie sich sofort zurück. Als der Freund dann wegblieb, sagte sie, »war ich wie erlöst«.

Im folgenden generalisierte diese Empfindungslosigkeit auf alle Männer und auch auf andere positive Erlebnisbereiche.

Ihre ersten Reaktionen auf das ganze Geschehen waren Gefühle der Bitterkeit und Verzweiflung: ich werde allein bleiben; ich bin von den positiven Lebensmöglichkeiten abgeschnitten. Haßgefühle traten auf (gegen die sexualfeindliche Erziehung der Kirche); Versuche, sich zu betrinken, folgten.

Weitere Reaktionen waren: eine akute Depression mit starken Kopfschmerzen, Schwindelgefühl, körperlichem Schwächezustand; Depersonalisationssymptome: sie konnte zum Beispiel ihre Augen im Spiegel nicht mehr sehen; sie fragte sich: »Ist das meine Hand, mein Fuß?«

Daraufhin trat eine starke Angst auf, verrückt zu werden. Sie lag ca. sechs Wochen zu Hause und wurde nervenärztlich behandelt.

(Gegen den Schizophrenieverdacht spricht: es war kein Realitätsverlust im Krankheitsverlauf zu beobachten; sie hat sich gewehrt gegen die Krankheit; sobald sie aufstehen konnte, nahm sie die Arbeit wieder auf. Außerdem treten ja häufig im Verlauf schwerer Neurosen vorübergehend schizophrenieverdächtige Symptome auf, wie z. B. eben Depersonalisationserlebnisse.)

Nach der akuten Krankheitsphase klang die Symptomatik ab, aber es bestand weiterhin ein abgeschwächter depressiver Zustand (wie er eingangs beschrieben worden ist).

Bei einer erneuten Heiratsmöglichkeit vier Jahre später (es war ein anderer Partner) wiederholte sich die Symptomatik, allerdings war es ein kürzerer und schwächerer Verlauf, da die Frau bei den allerersten Anzeichen schon die Flucht ergriff.

Nun zur weiteren Analyse der Symptomatik der Frau

Es bestanden erhebliche Vermeidungsreaktionen, an diese ängstigenden Ereignisse sieben Jahre vor Therapiebeginn überhaupt zu *denken*, und sie vermied auch die angstauslösenden Reize soweit wie möglich, d. h. vor allem alles, was äußerlich mit Heirat zu tun hatte. Jede Frage von andern, ob sie an Heiraten denkt, löste sofort erhebliche Ängste aus. Stark angstauslösend waren auch alle Stimuli, die mit »verrückt sein« oder »verrückt werden« zu tun haben: z. B. wenn nur jemand erzählt von einem, der nicht »normal« ist, oder wenn in einem Fernsehfilm ein entsprechendes Thema vorkommt.

Der begrenzte sexuelle Kontakt mit dem Freund hatte dagegen (erstaunlicherweise) keine (bewußten) Ängste zur Folge. Allerdings litt die Frau hier besonders unter Mangel an seelischer Empfindung.

Sie hatte jetzt auch in dieser Partnerbeziehung starke Fluchttendenzen, d. h. sie neigte dazu, die bestehende Bindung rasch zu beenden. In der Zeit vor Therapiebeginn war der Mangel an Empfindungen stärker geworden und auch der Kälteschmerz gelegentlich wieder aufgetreten.

Sie »rationalisierte« diese Fluchttendenzen, indem sie sagte: »Ich kann den Mann doch nicht so hinhalten.«

Mit einem Bruch der Beziehung würde sie vermeiden:

sich mit alten Ängsten zu konfrontieren und auch die Angst, von ihm abgelehnt zu werden, wenn sie ihm ihre Probleme in aller Deutlichkeit mitteilt: »er wird sich denken, die ist nicht normal«.

Die Konsequenzen, wenn sie die Beziehung abbräche, wären aber folgende:

- sie würde wahrscheinlich nicht mehr heiraten (sie war bei Therapiebeginn 34 Jahre alt) und auch keinen Intimpartner mehr gewinnen;
- sie würde allein bleiben und mit ihrem Schicksal hadern;
- sie könnte nie einen eigenen Haushalt haben (was sie sich wünschte, wozu sie sich nur körperlich nicht in der Lage sah);
- sie würde immer abhängig sein (entweder zu Hause von den

Eltern und Geschwistern, oder ohne Ausbildung in einer abhängigen beruflichen Stellung).

Zurück zum Partnerproblem

Hier vermeidet die Frau, mit dem Mann in ein offeneres Gespräch zu kommen:
- über ihre »Krankheit«, aus Angst, er könnte das »nicht verkraften« oder er könnte sie nicht verstehen, und
- über ihre Probleme, die *seine* Person betreffen.

Er vermeidet, anzusprechen, wieweit er *selbst* mit ihrem Entscheidungsproblem zu tun hat (und nicht nur ihr Gesundheitszustand); er fühlt sich ohnmächtig, selbst aktiv eingreifen zu können.

Wenn man das Partnerproblem bezüglich der gegenseitigen Bestätigung betrachtet, dann zeigt sich ein Mangel an Wertschätzung zwischen diesen Partnern, und zum Teil »belohnen« sie sich aber wiederum für problematisches Verhalten.

Sie bestätigt ihn viel zu wenig für kleine Ansätze zu Reaktionen, die ihr an sich sehr wichtig wären (z. B. wenn er fröhlich ist, wenn er mal ein bißchen mehr erzählt als üblicherweise). Sie nimmt das dann für selbstverständlich im Sinne von: ». . . jetzt endlich kommt da mal was!«

Sie sendet dagegen (z. T. mimische, z. T. auch sprachliche) Strafreize, wenn er spricht, es ihr aber zu wenig ist oder zu unreflektiert. Es war z. B. zu beobachten, daß sie dann das Gesicht abwendet, daß sie plötzlich einen abweisenden Gesichtsausdruck hat oder ihren Partner vorsichtig verbessert. Sie spricht immer wieder für ihn, »dolmetscht« für ihn und entmündigt ihn damit.

Sie bestraft also genau das, was sie sich wünscht, nämlich:
- daß er mehr aus sich herausgeht
- daß er mehr Emotionen zeigt
- daß er selbstsicherer ist.

Er wiederum verstärkt sie in problematischer Weise durch Besorgtheit für negative Berichte über ihren Gesundheitszustand; er reagiert dagegen ungeduldig (also mit leichtem Drängen auf Heirat und der Beschwichtigung, es würde jetzt alles bestimmt so bleiben), wenn sie berichtet, »es geht mir eigentlich ganz gut zur Zeit«. Solche Reaktionen von seiner Seite lösen dann wiederum bei ihr Panik und Fluchttendenzen aus.

EINIGE HINWEISE ZUR LEBENSGESCHICHTE DER FRAU

Die Familienkonstellation war gekennzeichnet durch eine starke Mutter und einen schwachen Vater.

Das Modell der Mutter (wobei die Frau die Lieblingstochter ist): »man braucht keinen Mann«. Dieser Satz erinnert die Frau seit frühester Jugend. »Mit der Heirat beginnt nur das Unglück; man bekommt jedes Jahr ein Kind.« Die Mutter hatte tatsächlich vier Kinder hintereinander im Abstand von je einem Jahr geboren. »Und man kommt immer mehr in materielle Not«, was auch eine reale Erfahrung der Familie war. Die Familie war an sich arm und durch die Kinder noch viel ärmer geworden.

Bemerkenswert war, daß bisher keine der drei Töchter, die zwischen 34 und 37 Jahre alt waren, trotz guter Möglichkeiten, geheiratet hatte. Der Bruder, der 38 war, hatte erst vor wenigen Jahren geheiratet.

Die Mutter teilte die Männer ein in solche, zu denen man aufschaut, deren Normen man übernimmt (der Pfarrer vor allem), und solche, die man gering achtet (der Vater, die Ehemänner überhaupt). Die Patientin sagte über ihre Mutter: »sie ist meinem Vater haushoch überlegen«.

Emotional bestand an sich eine gute Beziehung zum Vater, aber der Vater pflegte etwas zu trinken und dann Familienprobleme auszuplaudern; deshalb bestand in der Familie die unausgesprochene Übereinkunft, daß man ihm nichts Privates mitteilt, da man nicht sicher sein konnte, ob er die Dinge für sich behält. – Dazu kam eine allgemein sexualfeindliche Erziehung, streng orientiert an traditionalistisch-katholischen Normen.

DIE ENTWICKLUNG DER SYMPTOME BIS ZU THERAPIEBEGINN

Weitergekommen war die Frau mit dem Problem ihrer Sexualität: Nach der mißglückten Beziehung zu ihrem ersten Freund begann sie, mit ihrer sexualfeindlichen Erziehung zu hadern. Sie sagte: »Man bewahrt sich so lange und dann ist man unfähig, jemanden zu heiraten, den man mag.«

Zirka zwei Jahre nach der akuten Symptomatik erhielt sie ein Stück therapeutischer Hilfe von einem alten Pfarrer: sie berichtete ihm von ihren Empfindungsstörungen und er verordnete ihr ein geheimnisvolles Pulver, das sie genau mischen mußte, dazu empfahl er tägliche Körpermassage (mit Hilfe einer Tomate, die sie auf ihrem Bauch rollen sollte). Durch diese Anweisungen, die ja von einem Pfarrer kamen, fand sie bald zur Selbstbefriedi-

gung, die sie zwar nach zwei Monaten zunächst wieder aufgab
(sie sagte: »es ist mir einfach schwindlig geworden«), aber nach
ca. einem Jahr wieder fortsetzte. Hinsichtlich ihrer Angst vor
dem Heiraten war dagegen zu Therapiebeginn keine Besserung
eingetreten.

Die Beziehung zu ihrem jetzigen Freund habe ihr zu Beginn der
Bekanntschaft Auftrieb gegeben, inzwischen seien die Empfindungen aber wieder schwächer geworden; der Kälteschmerz sei
gelegentlich wieder aufgetreten; die Neigung zu Depressionen
war verstärkt, der »Traumzustand« schlimmer. Sie fühlt sich in
die Enge getrieben durch den Freund, weil sie weiß, wie gern er
sie heiraten möchte und auch eine Frau braucht. Zudem ist sie
durch die Familie bedrängt, in der es heißt: »Du bist doch mit
34 wirklich alt genug zum Heiraten!« Sie wollte den Freund
nicht zur Therapie mitbringen; sie kam zuerst allein. Sie sagte:
»Ich liebe ihn nicht genug und er wird auch gar nicht kommen.«
Sie wunderte sich dann sehr, daß er sofort einverstanden war,
was als Zeichen einer sehr starken Motivation interpretiert werden kann, wenn man seine erheblichen Hemmungen bedenkt.

Der Freund war aufgewachsen in einer gewissen sozialen Isola-
tion (die Eltern hatten wenig Kontakte, die Spenglerei liegt am
Dorfrand); die Eltern sind selbst sehr schweigsame Leute; er
hatte in ihnen kein Modell für Sich-mitteilen-können.

Zur Genese seiner Minderwertigkeitsgefühle: er war mit 14 Jahren nur 1,38 m groß, wurde deswegen verlacht; er wurde dann
mit gutem Erfolg medikamentös behandelt und ist jetzt normal
groß; sein jüngerer Bruder wurde ihm vorgezogen; er konnte
sich aber durch Fleiß, Ausdauer und Zuverlässigkeit in der Familie sowie bei Freunden im Lauf der Jahre Ansehen erwerben.

Seine Tendenz, sich sozial zu isolieren, war wieder stärker geworden, als eine Beziehung zu einem Mädchen, mit dem er zwei
Jahre befreundet war, von ihr gelöst wurde, weil sie einen reicheren Geschäftsmann heiraten konnte.

Angaben zu den Therapiezielen bei der Frau:
Einmal war klar, daß die Verbesserung der Arbeitsfähigkeit als
Basis notwendig war, sowohl für eine mögliche Heirat als auch
für eine eventuelle Berufstätigkeit.
Weitere Ziele:
– die Milderung des depressiven Zustandsbildes,
– die Reduktion der Heiratsängste,

– die Klärung der bestehenden Partnerbeziehung (wie sind die
Empfindungen für diesen Partner, wenn erst die Heiratsangst
reduziert ist).

Die Therapieziele beim Mann:
– die Klärung seiner Verstehens-Möglichkeiten bzw. -grenzen
in bezug auf die Probleme der Partnerin;
– die Aktivierung in dieser Partnerbeziehung (die Veränderung
seines passiven Verhaltens);
– die Erweiterung seines Verhaltensrepertoires: sich mitteilen,
Empfindungen äußern.

Zum Therapieplan

Plan für die Frau: Zur Behandlung der Arbeitsstörung bzw. der
psychophysischen Unlustgefühle sollte sie durch sorgfältige Einübung einer modifizierten Entspannungstechnik nach Jacobson
den eigenen Körper differenziert empfinden lernen und dadurch
Möglichkeiten zur Steuerung erwerben. Dies war gedacht als
Maßnahme, vom Denken an das eigene Elend und Grübeln weg
zur Selbstkontrolle körperlicher Reaktionen zu kommen, also
vom passiven Erleiden zum aktiven Umgehen mit dem jeweiligen physischen Befinden und mit der Stimmungslage, was wenigstens teilweise unvereinbar mit Grübeln und mit dem sogenannten »Traumzustand« war. Gleichzeitig war es ein Training, sich
ganz auf die augenblickliche Realität zu konzentrieren und dadurch die Depression zu vermindern.

Als weitere wichtige Maßnahme plante ich das Wiedererinnern
der *traumatischen Situationen* in der Tiefentspannung; sich konfrontieren mit den alten Ängsten (statt ihnen auszuweichen und
nicht mehr daran zu denken): eine Art von Angstüberflutungs-
technik (Flooding), aber nicht durch Dramatisierung der konditionierten Ängste, sondern durch Aufforderung, die Erinnerung
immer noch lebendiger werden zu lassen, d. h. vergessene Details
zu erinnern, alles auszusprechen, was erinnert wird; mehrfache
Wiederholung wichtiger Szenen.

Daran sollte sich dann eine systematische Desensibilisierung der
»Heiratsängste« anschließen, anhand von angstauslösenden Stimuli, die in der Gegenwart wirksam sind (evtl. auch Desensibilisierung traumatischer Szenen und sexueller Ängste).

Plan für den Mann: die Vermittlung und Einübung einer neuen
Verständigungsebene im Hinblick auf seelische Vorgänge allge-

mein und speziell auf die Symptomatik der Frau; die Erweiterung seines Verhaltensrepertoires durch gezieltes Training (vor allem Gefühle auszudrücken); der aktive Umgang mit Wünschen und Konflikten.

Weiterhin gehörte zum Therapieplan eine *Umkonditionierung der Partnerbeziehung*; eine Veränderung der problematischen Verstärkungskontingenzen, d. h. den Partner neu bestätigen lernen, also für das, was man sich eigentlich an ihm wünscht; die Einübung einer offenen Kommunikation durch schrittweises Aufgeben von Vermeidungsreaktionen, d. h. jeder lernt, Ängste und Aggressionen dem Partner so mitzuteilen, daß sie sich nicht destruktiv auf die Beziehung auswirken.

DER VERLAUF DER THERAPIE
(Es wurden teils Einzelsitzungen, vor allem mit der Frau, teils Sitzungen mit beiden Partnern durchgeführt.)
Die Therapie gestaltete sich ziemlich kompliziert, da ständig folgende Fragen im Hintergrund standen:
– wieweit ist der von der Frau ständig beklagte Gefühlsmangel dem Mann gegenüber angstbedingt, inwieweit ist ein »echter« Mangel vorhanden; inwieweit ist der Gefühlsmangel abhängig von Veränderungen im Verhalten des Mannes; wie »haltbar« sind solche Veränderungen, wo sind die Grenzen seiner Lernfähigkeit.
– wird der Mann überfordert durch die ungeklärte Situation; was würde es für ihn bedeuten, wenn die Beziehung nicht hält.
Zugute kam dabei die Einstellung der Frau: lieber allein bleiben, als um jeden Preis heiraten (die man allerdings auch wieder auf dem Angsthintergrund sehen mußte).
Ich stützte mich zu Beginn der Therapie auf folgende Punkte:
– der Mann war sehr motiviert, diese Frau zu gewinnen; er war bereit, dafür etwas einzusetzen;
– die Frau machte ein paar anschauliche, überzeugende Angaben darüber, was sie an ihm schätzt;
– in der ersten gemeinsamen Sitzung (in der der Mann zunächst stereotyp wiederholt hatte im Hinblick auf ihre Probleme: »wann's halt mit die Nervn bessa werd«) gelang es, ihn im Gespräch über körperliche und seelische Krankheit nachdenklich zu machen und eine Beziehung zu eigenem seelischem Kummer herzustellen.
Da die Frau auf jede Andeutung von Heirat mit Panik und

Fluchttendenzen reagierte, wurde zunächst die Vereinbarung getroffen: für ein halbes Jahr wird über Heirat nicht gesprochen, wobei ich dem Mann die Schwierigkeiten, die eine solche Vereinbarung mit sich bringt, sehr zu bedenken gab. Diese Vereinbarung wurde nach Ablauf des halben Jahres um ein weiteres halbes Jahr verlängert.

Die durchgeführte Therapie kann – ganz grob – in *verschiedene Phasen* gegliedert werden:

Phase 1 umfaßte erste Übungen für die Frau zur Selbstkontrolle ihrer körperlichen Beschwerden.

Wir übten sorgfältig eine (im Hinblick auf die individuellen Probleme modifizierte) Jacobson'sche Entspannungstechnik, als Training, sich auf die Entspannung bestimmter Muskelgruppen (am Anfang vor allem Hände und Kopf) zu konzentrieren und dabei keinen anderen Gedanken zuzulassen, d. h. nicht zu grübeln, sondern den Kontakt zur augenblicklichen Realität herzustellen. Sie bekam als Instruktion für zu Hause: zweimal pro Tag je zehn Minuten üben.

Sie arbeitete sehr motiviert mit und versuchte spontan, die Entspannungstechnik bei der morgendlichen Arbeit in der Küche anzuwenden. Sie nannte es so: »ich versuche, das Bewußtsein ganz in meine Hände zu legen«, um dadurch einen besseren Kontakt zur Arbeit zu gewinnen. Wir vereinbarten die morgendliche Arbeit als gezieltes Trainingsfeld mit schriftlicher Bewertung folgender Punkte:

– Entspannung des Körpers
– Entspannung der Hände
– Entspannung des Kopfes
– »Bewußtsein in die Hände legen«.

(Die Frau nahm sich dafür ein Schulheft und hat in Form von Schulnoten jeden Tag die Bewertungen eingetragen.)

Die Arbeit am Morgen wurde ein täglicher positiver Fixpunkt für sie: »Ich kann wirklich etwas aktiv bewältigen!«

Nach einigen Wochen berichtete sie, die Arbeitsfähigkeit sei stabiler geworden, sie würde sich jetzt zutrauen, eine Stelle im Haushalt zu suchen; sie habe ein paar Erkundigungen eingezogen und gesehen, daß es nicht sehr schwierig ist, etwas zu bekommen; sie möchte diesen Plan aber vorerst zurückstellen.

Phase 2 bestand in Gesprächsübungen mit den Partnern.

Bei einer ersten Übung mit beiden Partnern ging es darum, sich neu bestätigen, verstärken zu lernen. (Was hier lerntheoretisch zur Anwendung kommt, ist das zentrale Gesetz vom Lernen am Erfolg, das beinhaltet, daß wir aus den Konsequenzen unseres Verhaltens lernen, d. h., ganz grob gesagt: Verhalten, das positiv bestätigt wird, nimmt in seiner Häufigkeit zu; Verhalten, das nicht beachtet wird, wird seltener.)

Die Übung bestand darin, den andern fragen zu lernen, wie es ihm geht, wenn sie sich treffen und auf die jeweilige Frage einzugehen, so daß Frage und Antwort positiven Bestätigungswert haben.

Sie sollte dabei lernen, ihn für mehr Gefühlsäußerung, für mehr Sprechen überhaupt zu bestätigen.

Er sollte lernen, sie für positive Berichte über ihr Befinden, für optimistischere Stimmungen und Sichtweisen zu bestätigen. Beide sollten lernen, beim Partner nachzufragen, wenn die vereinbarten Regeln nicht eingehalten wurden.

Diese Übung bewirkte, daß die Partner aus dem folgenden Teufelskreis herauskamen: sie muß jammern, damit er sieht, daß sie nicht heiraten kann; er muß beschwichtigen und bagatellisieren, um sie zum Heiraten zu überreden. Je mehr sie jammert, um so mehr muß er beschwichtigen; je mehr er beschwichtigt, um so mehr muß sie jammern.

Weiter bewirkte sie, daß die gemeinsam verbrachte Zeit viel angenehmer verlief, da der Kontakt früher sehr häufig mit einer Enttäuschung oder Verstimmung begonnen hatte.

Eine Übung für den Mann bestand darin, langsam sprechen zu lernen, und zwar hatte ich die Hypothese, daß es sich bei diesem schnellen Sprechen um Flucht- und Vermeidungsreaktionen handelte, was auf der Beziehungsebene etwa heißen konnte: alles was ich sage, ist ein Schmarrn, das taugt alles nichts, also will ich es schnell hinter mich bringen! Wir übten das (und es fiel ihm sehr schwer) mit Tonband-Playback: er sprach, wir spielten zurück, er versuchte es nochmal, er antwortete nochmal langsam usw.

Die sehr spontane Reaktion der Frau war: »Das hat mir sehr gefallen, deine Stimme war sehr angenehm!«

Das Ergebnis für ihn: Er sprach ausführlicher, mit mehr Wortschatz, er war mit sich zufriedener. Die Frau bekam die Instruktion: sie soll schnelles Sprechen bei ihm durch Rückmeldung kontrollieren; das hat sie sehr gerne übernommen.

Eine weitere Übung für den Mann: lernen, Gefühle zu äußern.

Wir wiederholten diese Übung in vielen Varianten im Verlauf der Therapie, also etwa Erlebnisschilderungen, dabei Themen wie: »in einer Sommerwiese liegen«; »einen Waldspaziergang machen«; »Schönes«, »Trauriges« aus der Kindheit und Jugendzeit berichten; oder kurzzeitig zurückliegende Erlebnisse ausdrücken.

Sie bekamen dann zum Teil Instruktionen für die Heimfahrt (die Leute kamen von auswärts): er sollte ihr auf der Heimfahrt etwas in »glühenden Farben« erzählen.

Eine Übung für die Frau war, mit mehr Offenheit ihm gegenüber sprechen lernen und damit auch mit mehr Vertrauen; ihm eigene aktuelle Probleme berichten; beginnen, über ihre sogenannte »Krankheit« zu sprechen.

Sie hatte Ängste, darüber zu sprechen, er könnte nicht fair sein, wenn die Beziehung auseinandergeht, er könnte anderen von ihren Problemen erzählen. Als sie in einer Sitzung einen Anfang dazu gemacht hatte, sprach sie spontan zu Hause weiter über ihre Krankheitssymptome. Ihre Schlußfolgerung in der nächsten Einzelsitzung: »Wie sollte er bisher aus sich herausgehen, wenn ich nicht offen bin?!«

Nach diesen ersten Übungen zur Kommunikation berichtete die Frau: sie seien zum erstenmal nackt beisammengelegen, wobei sie eine starke Empfindung der Geborgenheit und des Vertrauens gehabt habe.

Phase 3 hatte das Wiedererinnern der traumatischen Erlebnisse zum Gegenstand.

Die Frau konnte darüber zunächst nur pauschal sprechen. Sie sagte anfangs: »Es ist wie ein Knoten in mir drin.« Sie zeigte Angst und vermied detaillierte Erinnerungen.

Sie übte in der Tiefentspannung, die angstauslösenden Szenen mit Wiederholungen zu schildern und dann immer mehr Details zu erinnern. Dies wurde über drei Sitzungen (einmal pro Woche) weitergeführt, die für die Frau sehr belastend waren, da alte Ängste wieder auftauchten. Sie berichtete über die Zeit zwischen den Sitzungen: die Therapiestunden seien immer wieder in ihrer Vorstellung abgerollt; sie habe z. T. das Gefühl gehabt (z. B. im Halbschlaf), sie sei in der Stunde. Die »Distanz zur Wirklichkeit« sei wieder größer geworden.

Nach einigen Wochen traten jedoch die belastenden Erlebnisse mehr und mehr in den Hintergrund, d. h. die Frau hatte kaum noch Angst vor diesen Erinnerungen.

Phase 4 enthielt die Desensibilisierung von Heiratsängsten und die Analyse des Kältegefühls. Beim Versuch, eine sog. Angst-Hierarchie aufzustellen (wie man sie bei dieser Methode der systematischen Desensibilisierung verwendet), zeigte sich, daß keine angstauslösenden Reize unmittelbar sexueller Art gefunden werden konnten, dagegen sehr massive Stimuli, die mit Bindung und Heirat zu tun haben.
Wir stellten folgende Hierarchie auf, wobei die Frau die jeweiligen Items selber nach ihrem Angstwert einstufte in einer Skala von 0–100.
Bei der Durcharbeitung einer solchen Hierarchie beginnt man mit den Vorstellungen bzw. Situationen, die kaum Angst auslösen, man schreitet dann fort zu den stärker angstauslösenden Reizen.

Angstwert   Hierarchie:

(10–20): mit dem Freund eine Kücheneinrichtung im Kaufhaus flüchtig ansehen, dann hineingehen und genau ansehen;

(30):   eine Wohnstube in Gedanken einrichten; Vorhänge aussuchen, den Schreiner bestellen, besprechen usw.;

(40–50): mit dem Freund irgendeine Schlafzimmereinrichtung im Kaufhaus anschauen: flüchtiger und genauer;

(50–60): gemeinsam eine Schlafzimmereinrichtung anschauen, die beiden sehr gefällt;

(70):   Hochzeitsvorbereitungen allgemeiner Art (z. B. Musik bestellen, Polterabend arrangieren);

(70–80): ein Brautkleid im Schaufenster ansehen, selbst probieren, kaufen;

(80–90): einen Ehering im Schaufenster aussuchen, kaufen;

(100):   die eigene Hochzeit (vor allem die kirchliche Feier).

Die Situationen bzw. Vorstellungen wurden während der Desensibilisierung noch weiter differenziert.
In dieser Phase der Therapie wurden nur die Items bis (60) (also die Szenen, die noch nicht direkt mit dem Hochzeitstag zu tun hatten) durchgearbeitet, wozu die Frau gut motiviert war. Bei den starken Items hätte die Gefahr bestanden, daß sie sich in die

Enge getrieben fühlt zu einer Zeit, die noch als entscheidungs-
freies halbes Jahr deklariert war. Die Desensibilisierung dieser
Items erfolgte deshalb erst später (siehe unten).

Diese etwas merkwürdige »Einrichtungs-Hierarchie« war zu-
standegekommen, da beide Partner gern durch Kaufhäuser
streiften, wenn sie in München waren. Auch die Frau hatte daran Spaß, aber ebenso auch Ängste.

Nach Durcharbeitung der jeweiligen Items »testete« sie ihre
Angst in der Realität, und zwar mit gutem Erfolg.

Bei der Behandlung des Items »Wohnstube einrichten« berichtete sie nach mehreren Durchgängen, sie habe sich gerade vorgestellt, mit ihrem Freund drinzusitzen.

Einen Rückfall gab es, als sie mit dem Freund im Kaufhaus eine
Schlafzimmereinrichtung betrachtete, die beiden gut gefiel; sie
empfand plötzlich für zehn Minuten das Kältegefühl wieder,
das erhebliche Angst auslöste. In mehreren Sitzungen (wobei wir
mit der Darbietung des Items in der Vorstellung bei 5 Sekunden
begannen und die Vorstellung dann bis 60 Sekunden ausdehn-
ten) wurde diese Szene desensibilisiert und dann in der Realität
mit positivem Ergebnis getestet.

ZUR ANALYSE DES KÄLTEGEFÜHLS

Typisch für diesen angstauslösenden inneren Reiz war: die Frau
empfindet sein Auftreten »wie aus heiterem Himmel«, sie hatte
kein Bewußtsein davon, daß es Auslösereize für dieses Gefühl
geben könnte.

Die oben beschriebene Szene erinnerte die Frau erst bei der Analyse des betreffenden Nachmittags. Das Kältegefühl löste bei ihr
starke Angst aus, es könnte wieder so werden wie »damals«, und
vielleicht würde sie doch noch »verrückt«.

Die Analyse mehrerer Situationen ergab, daß das Kältegefühl
auftritt, wenn einerseits ziemlich belastende und andererseits
»hoffnungsvolle« Bedingungen gegeben sind. Physische Schwäche schien dabei als belastende Bedingung mitzuwirken; also bei
dem oben genannten Beispiel: sie war müde und hatte ihre Periode, verspürte aber trotzdem Lust, Möbel anzuschauen (er hatte
sie nicht dazu überredet).

Ein anderes Beispiel: das Kältegefühl war für zirka eine halbe
Stunde überraschend am Ende des ersten gemeinsamen Ausflugs
mit ihrem Freund und ihrem 3jährigen Neffen aufgetreten, der
sonst sehr harmonisch verlaufen war.

Die belastenden Bedingungen dabei:
- physische Schwäche, Müdigkeit, sie hatte morgens viel Arbeit gehabt und nachts nicht gut geschlafen.

Sehr belastend und zugleich »hoffnungsvoll«:
- wir sehen aus wie eine Familie
- wir »haben« ein Kind.

Die Analyse der Situationen, in denen das Kältegefühl auftrat, gab ihr die Möglichkeit, ihre Angst zu thematisieren, das reduzierte bereits wesentlich die Panik, die es auslöste.

Phase 5 umfaßte wieder ein intensives Kommunikationstraining. Es war eine Schwierigkeit aufgetreten: Nach intensiven Gesprächen der Partner über eine Reihe von Ängsten der Frau war es ihr noch lange nicht möglich, über ihre indirekten *Aggressionen* zu sprechen, die sie ihm gegenüber empfand, und deren Angsthintergrund zu analysieren.

Die Verhaltensanalyse in der Einzelsitzung zeigte: sie hat Vorbehalte ihm gegenüber aufgrund bestimmter Verhaltenswahrnehmungen, die sie nur für sich allein interpretierte, d. h. sie diagnostizierte ihn: »er ist vielleicht ein aggressiver Mensch«; »ich glaub', er hat keine Freunde«; »er ist nicht gesellig« etc.

In seiner Gegenwart vermied sie, über diese Probleme zu sprechen, so daß sie die Realität nicht »testete« und es nicht zur Löschung ihrer Befürchtungen kommen konnte.

Die Analyse von Einzelsituationen zeigte, daß sie Fehlwahrnehmungen produzierte, daß andererseits manchmal eine einzige Frage an ihn genügt, um – für sie selbst überzeugend – sein Verhalten ganz anders zu erklären.

Ich übte mit ihr (zunächst in der Einzelsitzung): ihn ansprechen auf negative Wahrnehmungen, auch wenn sie meint: das kann er nicht ertragen, er wird sehr böse reagieren.

In der gemeinsamen Sitzung zu dritt machte sie die Erfahrung, wenn sie seine (befürchtete) Aggression riskiert, reagiert er nicht aggressiv, sondern positiv verstärkend (weil er eben »nicht so ist«). Er ist sogar erleichtert, daß er Stellung nehmen kann.

Wir besprechen dazu (in Einzel- und Paar-Sitzungen) den lebensgeschichtlichen Hintergrund ihrer Fehlwahrnehmungen (die feindselige Distanz ihrer Mutter den Männern gegenüber: man muß unabhängig, überlegen sein, sonst wird man unglücklich etc.). Dadurch lernten beide, diese Reaktionen besser zu verstehen. Zwei Verläufe:

– nach einem schwierigen Gespräch, als sie ihn einseitig interpretiert hatte und mit ihm dann über ihre Wahrnehmungen
sprach, war sie am Abend, als sie miteinander ausgingen,
»ganz begeistert« von ihm, d. h. er konnte sich anders verhalten, wenn er spürte, daß ihr Vorbehalt weg war;
– nach einer Sitzung, bei der sie sich sehr verunsichert fühlte
wegen ihrer unberechtigten Aggressionen ihm gegenüber, hielt
er auf der Heimfahrt »eine flammende Rede«, die ihr sehr gefiel, wie gut es für beide wäre, wenn sie vollen sexuellen Kontakt haben könnten.

Sie lernte: ihn anzusprechen mit der Intention, ihn besser zu verstehen, statt ihn aus der kritischen Distanz zu diagnostizieren.
Die Einsicht dazu: »Er kann sich ja nicht aufschließen, wenn ich
so zwiespältig bin.« So erfährt sie z. B., daß er zögert, sie mit
Freunden bekannt zu machen, einfach weil er Angst hat, daß die
Beziehung auseinandergehen könnte und man dann wieder über
ihn witzeln könnte, wie er es ja schon erlebt hat.
_Er_ wiederum lernte: zu monieren, wenn er Vorbehalte spürt. Er
sagt z. B.: Du sagst immer, wenn ich dich frage, was dir nicht gefällt, das ist nicht so wichtig, und da »stinkt es ei'm dann, wenn
sie nicht sagt, was sie denkt«.

Phase 6 hatte die Intensivierung der sexuellen Beziehung zum
Inhalt. Zunächst versuchten wir, in ein offeneres Gespräch über
die gegenseitigen Wünsche und Befürchtungen zu kommen.
Die Partner lernten, daß es nicht wichtig ist, möglichst rasch vollen sexuellen Kontakt zu haben (sie fühlten sich nämlich unter
Leistungsdruck, man ist sonst nicht »normal«; die Frau befürchtete, die Potenz des Mannes könnte Schaden leiden), sondern
daß es darauf ankommt, daß sie jeweils so viel realisieren, wie
für beide angenehm ist.
Der Mann lernte, seine sexuellen Wünsche auszudrücken, ohne
seine Partnerin unter Druck zu setzen, aber auch ohne sich einfach nur ihren Wünschen anzupassen. Er lernte, mitreißender
und phantasievoller in seinen Zärtlichkeiten zu sein.
Zwei Übungen für das erotisch-sexuelle Empfinden der Frau:

(1) eine Erweiterung der Entspannungsübungen: Wärme in ihren Geschlechtsorganen empfinden; das gelang ihr sehr rasch
und gut;

(2) viel schwieriger war es dagegen, ihren Mangel an seelischem Gefühl, der sie immer wieder an der Beziehung zweifeln ließ, anzugehen.

Weil sie sich lebhafte Vorstellungen bilden konnte, sollte sie sich in der Tiefentspannung eine intime Situation mit ihrem Partner vorstellen und dann die befürchtete Empfindung aufkommen lassen: »Ich bin seelisch ganz leer.« Daraufhin: »Ich bin trotzdem ganz ruhig und gelassen«; dann folgten wieder Entspannungsinstruktionen; schließlich sollte sie die Erinnerung an ein bestimmtes, vorher besprochenes positives Erlebnis mit dem Freund einblenden.

Diese Übung wurde in mehreren Sitzungen wiederholt. Die Frau wurde instruiert, die Übung auch zu Hause zu machen und in der intimen Situation selbst auf »Ruhe und Gelassenheit« zu schalten, wenn sie unter Mangel an seelischem Gefühl litt.

Das wichtigste Ergebnis war: die Frau bemerkte erst jetzt, daß sie in der intimen Situation ständig versucht hatte, den Mangel an seelischem Gefühl zu ignorieren und zu überspielen, als Angstvermeidung. Sobald es ihr gelang, diesen Zustand ruhig und gelassen zur Kenntnis zu nehmen, wurden ihre positiven Gefühle stärker.

Phase 7 schloß eine gezielte Bearbeitung ihres sogenannten »Traumzustandes« ein, d. h. jener fast ständig unlustvoll erlebten Distanz zur Wirklichkeit, die schwer anzugehen war.

Die Frau wurde instruiert, zur Kontrolle dieses Zustandes ein Tagebuch über seine Intensität zu führen. Dadurch lernte sie erst, ihn genauer bei sich wahrzunehmen und auch auf Auslöser besser zu achten.

Das Ziel, das erreicht werden sollte: ein aktives Umgehen mit diesem »Traumzustand«, wobei Aktivität heißt: sich befassen mit der gegenwärtigen Situation, was wenigstens zum Teil unvereinbar mit dem »Traumzustand« ist. Dies sollte durch Beachtung einiger relevanter Bedingungen unterstützt werden:

– Sie sollte versuchen, sich arbeitsmäßig zu entlasten, d. h., sie sollte kontrollieren, ob die Arbeitsbelastung zu groß ist, was sich als ein wesentlicher Auslöser für eine Verschlechterung des »Traumzustandes« erwiesen hatte;

– sie sollte zudem darauf achten, das Arbeitstempo zu verringern, wenn dieser »Traumzustand« wieder stärker war;

– sie sollte durch Entspannungsübungen sich auf das gegenwärtige Körpergefühl konzentrieren.

Weitere Übungen, für die sie Zeiten auswählen sollte, zu denen sie sich relativ wohl fühlte:

Sie sollte lernen, Sinneseindrücke intensiv wahrzunehmen, d. h. ganz in der Gegenwart zu leben:

– z. B. fünf Minuten mit geschlossenen Augen nur Geräusche hören und die Gerüche wahrnehmen; sobald sie bemerkt, daß sie mit ihren Gedanken abschweift: die Augen öffnen – Pause – noch einmal beginnen.

– dann zehn Minuten sich irgendwo hinsetzen oder ins Gras legen und nur schauen. Sobald sie Mangel an Konzentration bemerkt: aufstehen – eine Pause machen – noch einmal beginnen.

Diese Übungen waren für sie zunächst sehr schwierig: bei geschlossenen Augen fühlte sie sich schwindelig und benommen, beim Schauen rückten ihr die Gegenstände bzw. die Landschaft leicht in die Ferne.

Als wir eine Reduktion der Übungsdauer vereinbarten (also bei Hören zunächst nur 1 Minute, dann langsame Steigerung; bei Schauen beginnend mit 2 Minuten zirka, langsame Steigerung), wurde ein schrittweiser Erfolg möglich.

Die Übungen zum »Traumzustand« bewirkten, daß die Frau es sich (ohne direkte Instruktion) zur Gewohnheit machte, zu jeder freien Zeit »an sich zu arbeiten«, wie sie das nannte.

Ein Jahr nach Therapiebeginn entschloß sich die Frau, diesen Mann zu heiraten.

Phase 8 betraf deshalb die Vorbereitung auf die Hochzeit.

Der Mann konnte, nachdem für ihn die Unsicherheit der Beziehung beendet war, verstärkt aktiviert werden.

Der Frau half es in dieser Phase sehr, wenn er ihre Schwäche- und Angstreaktionen nicht gelten ließ und sie herausforderte, sich nicht passiv hängen zu lassen.

Mit der Frau wurden alle für die Hochzeitsvorbereitung und die Hochzeit selbst relevanten Situationen der Angsthierarchie (siehe oben: Stufe 70–100) in Tiefentspannung mehrfach durchgearbeitet, wobei sie bei den einzelnen Items »etwas Angst aushalten« und dabei »ruhig und gelassen« bleiben sollte. Das gelang mit Schwankungen, aber zunehmend besser.

Die Hochzeit selbst verlief für sie ohne Angst (»ich habe selber

gestaunt, wie ruhig ich war«, sagte sie); nur die Tage zuvor sei
sie »etwas nervös« gewesen, habe sich aber, obwohl noch viel zu
erledigen war, immer wieder kurzzeitig zurückgezogen und »an
sich gearbeitet«, d. h. sich entspannt und auf die Realität kon-
zentriert.
In den ersten Monaten nach der Hochzeit fanden noch einige
therapeutische Sitzungen statt. Nachdem sich die Partner aber
sehr wohl miteinander fühlten und keinerlei Probleme aufge-
taucht waren, konnte die Therapie beendet werden.

Es sollen nun noch *einige Träume der Frau* berichtet werden,
und zwar vor allem Traumszenen, die die Entscheidungssitua-
tion verbildlichten: diese Träume waren für mich sehr wichtig
als Kontrolle, ob ich irgend etwas Wichtiges übersehen hatte an
unbewußten Widerständen bzw. Ängsten; sie waren natürlich
auch sehr wichtig unter dem Beziehungsaspekt bezüglich der
Entscheidungsfindung für diesen Partner. (Die Träume werden
hier nicht weiter interpretiert, sondern nur mit einigem Kom-
mentar berichtet.)
Die Heirat war im Februar 72, der erste Traum, den ich refe-
riere, stammt vom Juli 71:
– der Traum: »meine Hochzeit, aber es war nichts hergerichtet,
dann habe ich selbst die Hochzeit abgesagt«.
Das Gefühl über den Traum war gut. Sie sagte: Ich richte mich
nach meinen Bedürfnissen und nicht nach dem z. T. erheblichen äußeren Druck. Dieser Traum stammt aus einer Phase, in
der starke Impulse vorhanden waren, seelisch und körperlich
gesund zu werden.
Sie berichtete in der gleichen Stunde: »Ich hatte einmal plötzlich den Impuls, die ganze Krankheit über Bord zu werfen, ich
habe mehr Kraft gespürt zur Abwehr der Krankheit.« Wenn
sie z. B. Kopfweh hatte, sei sie dagegen angegangen und es
wurde besser. Sie habe zum erstenmal gespürt, daß sie wirklich selbst etwas in der Hand hat. Das war dem Traum vorausgegangen.
– Ein Traum vom August 71: d. h. zwei Traumbilder, die sie
mitbrachte von einer Reise mit dem Freund nach Prag (die für
sie sehr positiv war, weil sie zum erstenmal das Gefühl der
Bindung hatte und Freude empfand): »Eine Prinzessin auf
Krücken: ich hatte das Gefühl, ich bin es selber.«
Daraus wurde ihr klar, wie sie in einer problematischen Dop-

pelrolle dem Mann gegenüber stand; sie hat zwar ein Gebrechen, ist aber auch etwas Besonderes.

Der zweite Traum: »Ich wollte auf eine Brücke springen, habe die Brücke aber nicht erreicht, sie war aber ganz nah, es hat nicht viel gefehlt. Ich war in einem Schwebezustand und wollte aus der Luft herunterspringen.«

Wir haben damals den »Traumzustand« sehr bearbeitet: der Traum konnte gelesen werden als ein Impuls, die Realität zu erreichen.

Danach gab es einen Rückschlag: beide wurden nach der Prag-Reise von der Mutter wie »Sünder« empfangen und völlig »kalt« behandelt.

Das hat den Mann mehr mitgenommen als die Tatsache, daß inzwischen ein Unwetter einige Schäden an seinem Haus verursacht hatte.

Die Frau fühlte sich dann wieder sehr schlecht, sie sagte: »Ich kann mir überhaupt nicht vorstellen, daß ich bei diesem Mann immer bleibe.«

– Ein Traum vom September 71 (er spielte in ihrer Pfarrkirche):

»Der Pfarrer teilte die Kommunion aus; ein Mann kommt in die Kirche und zupft eine Frau am Kopftuch, sie solle mitgehen, die Frau wollte zum Fenster raus, der Mann wollte sie hinausschieben; er hat sie dann zur Türe rausgeschoben; der Pfarrer war jung und hatte im Traum Mitgefühl.«

Voraus ging am Abend: »Ich hab an mir gearbeitet, daß ich heiraten werde, das hat meinen ganzen Körper erregt, der Sprung zur Brücke (also dieser Traum in Prag) ist mir wieder eingefallen; ich hatte ein paar Minuten das Gefühl: jetzt möchtest du auf die Erde, ich habe mich angestrengt und das bringt mich zur Gesundheit . . .«

Eine Zwischenbilanz der Frau damals: wenn er in mir einen gesunden Partner hätte, dann könnte ich ihn auch ändern, dann könnte ich ihn auch heiraten. Danach kam wieder eine negative Phase: »Ich kann den Mann nicht heiraten.«

– Ein weiterer Traum vom September 71 (zu dieser Zeit kam immer wieder die problematische Beziehung zu ihrer Mutter zur Sprache und sie begannn jetzt, diese Beziehung kritisch zu überdenken): »Eine alte Geiß, die bös schaute, die mich in den Rücken gestoßen hat; ich machte meiner Cousine den Vorschlag, die häßliche Geiß zu verkaufen; ich tat es und kaufte

ein junges Geißlein; die alte Geiß ist aber dann wieder aufge-
taucht mit dem Gesicht einer alten Frau.«
Sie war aufgewacht mit Schmerzen im Kopf und mit Angst.
Sie hat dann alles aufgeschrieben und sich besser gefühlt.
- Danach ein zweiter Traum. »Vor unserer Kirche: eine jün-
gere Frau ist widerstrebend weggegangen; alte Frauen haben
geweint, es waren lauter ältere Frauen.« Die Stimmung im
Traum sei bedrückend gewesen.
Vorausgegangen war: Abends war der Freund da und sie be-
richtete darüber: »Ich konnte mir nicht vorstellen, diesen
Mann zu heiraten.« Anhand der Träume sah sie, welche Rolle
die Mutter noch spielt: sie sei direkt erschrocken. Sie brachte
Einfälle, wie die Mutter den Freund abwertet und wie sie der
Mutter zum Teil insgeheim immer noch Recht gibt. Der
Freund habe bei der Mutter wenig Ansehen.
Die Bearbeitung dieses Themas hat ihr aber den Freund sehr
nahegebracht, und eines Tages berichtete sie, sie sei jetzt entschlossen, ihn zu heiraten.
- Ein Traum, nachdem sie ihm ihre Zusage gegeben hatte, nur
ein Bild: der Freund hatte das Gesicht voller Flecken.
Ihr Einfall dazu: ein tatsächliches Erlebnis: Sie saßen abends
in einem Wirtschaftsgarten, in dem die Beleuchtung so war,
daß er lauter Flecken im Gesicht hatte. Wir arbeiteten heraus:
sie verkennt ihn immer noch, sie sieht ihn sozusagen im fal-
schen Licht, obwohl sie weiß, daß er nicht so ist: dadurch kann
sie die Heirat vermeiden.
- Ein anderer Traum: »Ich bin raufgegangen ins Bett, jemand
hat mir den Fuß gestellt, daß ich stürzen sollte. Ich bin nicht
gestürzt, das hat mich gefreut.« Vorausgehend hatte sie beschäftigt: vielleicht sehe ich in meinem Freund immer noch das
Unkeusche, Sexuelle, vielleicht sind da immer noch Vorbehalte
drin, die sich gegen ihn richten.
Einfälle dazu: das Mädchen, das strauchelt, das gefallene
Mädchen.
- Ein Traum vom Oktober 71, nachdem der Heiratstermin genau fixiert und alles einzeln besprochen war: »Ich bin auf
einem Dampfersteg gestanden und hätte auf den Dampfer
umsteigen sollen, es war eine Kluft dazwischen, ich hätte
schon umsteigen können, er war nicht unerreichbar.«
Ein Einfall dazu: Ich habe das Gefühl: wenn die Hochzeit da
ist, könnte ich gesund sein.

Einige Träume unmittelbar vor der Heirat, die die alte Angst spiegeln, verrückt zu werden, aber auch Bewältigungsversuche zeigen:
- Ein Traum vom November 71: »Als ob ich halbwegs durchgedreht hätte, ich war vor unserem Haus und habe mit dem Daumen im Sand einen Kreis gezeichnet und ein Kreuz reingemacht, dann bin ich aufgewacht und habe mich schlecht gefühlt.« Sie sprach dann darüber, wie ihre Verrücktwerdens-Ängste auch etwas mit der Kirche und mit ihrer Erziehung zu tun haben.
- Ein weiterer Traum vom Dezember 71: »Von einer Knochenmulde habe ich mit dem Messer eine böse Geschwulst herausgeschnitten, wie einen Krebs, so habe ich mir den vorgestellt.« Dazu fiel mir ein: Ein Nervenarzt hatte zu ihr einmal gesagt, die Chirurgen haben es gut, die schneiden einfach etwas heraus!
- Dann noch ein Traum vom Januar 72, also kurz vor der Hochzeit:
  »Ein Keller, der unten dunkel und oben hell war: ich hab da vor das dunkle einen Vorhang hingehängt. Das Gefühl, hier will ich zumachen, war nicht gut.«
  Der Einfall dazu: manchmal habe ich eine geheime Angst, ich könnte im letzten Augenblick vor der Hochzeit noch durchdrehen.

Zusammenfassung der Ergebnisse

Was sich durch die Therapie bei der Frau verändert hat:
Die Arbeitsfähigkeit war wiederhergestellt; sie brauchte nach der Heirat während der ersten Zeit nicht einmal einen Mittagsschlaf (zu Beginn der Therapie mußte sie sich dagegen vormittags und nachmittags hinlegen);
der depressive Zustand war wesentlich gemildert, der »Traumzustand« sehr reduziert, wenn auch nicht völlig beseitigt; die Stimmungslage, die zu Beginn der Therapie ständig gedrückt und freudlos war, ist gut und relativ ausgewogen;
die Belastung durch die Erinnerung an die Vergangenheit und die daraus resultierenden Zukunftsängste sind praktisch beseitigt;
die Heirats- und Bindungsangst konnte aufgearbeitet werden;
das Kältegefühl war bei Therapieende zirka vier Monate nicht mehr aufgetreten;

die sexuelle Beziehung ist ohne nennenswerte Probleme und für beide im allgemeinen sehr befriedigend; die Frau ist voll orgasmusfähig, sie ist auch mit ihrem seelischen Empfinden (nicht immer, aber häufig) durchaus zufrieden.

Was sich beim Mann verändert hat:
Er hat im Vergleich zu Therapiebeginn praktisch ein neues Verhaltensrepertoire entwickelt:
er kann Gefühle ausdrücken und hat ein ganzes Stück Verständnis für seelische Vorgänge gelernt;
er kann sich im Gespräch viel besser mit zwischenmenschlichen Problemen auseinandersetzen;
er hat gelernt, in dieser Partnerbeziehung aktiv zu sein und nicht passiv zu erwarten, was von der Frau kommt;
in der sexuellen Beziehung hat er gelernt, Wünsche auszudrücken und zu realisieren, er hat Phantasie entwickelt und kann seine Partnerin mitreißen.

In der Partnerbeziehung haben beide gelernt, wie wichtig es ist, einander für positive Ansätze zu verstärken;
beide haben Offenheit im Gespräch gelernt und Mißtrauen abgebaut.
Ergebnis einiger Katamnesen: die Beziehung ist weiterhin gut und ohne größere Probleme.
Die Frau berichtete, daß sich das partnerliche Gespräch nach der Therapie noch intensiviert habe.

7.
Problematische Partnerwahl:
Therapie einer Beziehung mit Sexualstörungen

Frau B. war vom Frauenarzt mit der Diagnose »primäre Frigidität« überwiesen worden: eine schlanke Gestalt, mit einem ernsten Gesicht von klassischer Schönheit. Doch sie bewegte sich, als wäre dieser Körper ihr fremd. Ihre Kleidung schien mehr dem Zweck zu dienen, ihn zu verstecken.
Herr B., wie seine Frau 31 Jahre alt, eine bajuwarische Figur, ein »g'standnes Mannsbild«, dem man schon ansah, daß er sich seelenruhig durchzusetzen wußte, wirkte andererseits gemütlich, auch gemüthaft.
Man spürte sofort, wie er mit ihr unzufrieden, ihr indessen gleichermaßen recht zugetan war. Sie reagierte auf seine Zuwendung betreten, distinguiert, spröde: wie eine Dame aus »besseren Kreisen«, die diesen Kontakt mit einem »Mann aus dem Volke« möglichst rasch und ohne nähere Berührung hinter sich bringen wollte. Sie schienen aus verschiedenen Welten zu kommen. – Sie hatte denn auch ernsthafte Scheidungsüberlegungen. Ihm hingegen lag eine Trennung ganz fern.
Vor sechs Jahren hatten sie geheiratet. Beide lieben sie ihren fünfjährigen Buben. Als er unterwegs war, hatte sie endlich in die Heirat eingewilligt. Vier Jahre lang waren sie vorher befreundet gewesen, allerdings mit längeren Unterbrechungen.

Er ist Feinmechanikermeister; sie ist im Kunstgewerbe tätig. Seine Eltern sind Arbeiter und fühlen sich auch ausdrücklich »der werktätigen Klasse« zugehörig.
Sie ist ein Einzelkind, der Vater ist Altphilologe. Zu seiner Enttäuschung hatte sie kein Abitur gemacht.
Ihre Mutter war entschieden gegen die Heirat der Patientin mit einem »hergelaufenen Arbeiter«. Und seine Familie fand die Wahl dieser Partnerin »g'spinnert«.

Wir haben diesen Fall aus einer Reihe von Gründen zur Darstellung ausgewählt. Manche Psychoanalytiker behaupten immer noch, schwere Frigiditäten seien nur mit ihrer Methode heilbar. Wir zeigen hier exemplarisch, daß es und wie es durch Kommunikations- und Verhaltenstherapie auch anders geht, außerdem in einer überschaubaren Therapiezeit (knapp 60 Behandlungsstunden, davon etwa 20 in einer Gruppe von vier Paaren, über 15 Monate verteilt), die nur einen Bruchteil der analytischen Behandlungsdauer beträgt.

Vor allem aber demonstriert er, wie voreilig es sein kann, einen vermeintlichen Fehlgriff in der Partnerwahl als unabänderliche Ursache einer Ehemisere bzw. einer schweren Sexualstörung zu diagnostizieren und eine Scheidung für indiziert zu halten. Durch Entfaltung der verborgenen Möglichkeiten bei beiden Partnern *kann* es immerhin gelingen, eine so glückliche Beziehung zu erreichen, wie sie keiner der beiden je für möglich gehalten hat.

Eine notwendige (wenngleich nicht ausreichende) Voraussetzung hierfür war sicherlich, daß beide Partner sich engagiert haben, also die Therapie wirklich als Chance nutzten und auch bei sehr schwierigen »Aufgaben« mitarbeiteten. Wichtig dürfte wahrscheinlich auch gewesen sein, daß der Therapeut selbst in scheinbar aussichtslosen Phasen der Behandlung nie aufgegeben hat.

Die Therapie mußte ungewöhnlich ansetzen. Die Analyse der sexuellen Störung ergab, daß die Frau schon vor jeder sexuellen Regung oder gar Kontaktnahme eine außergewöhnlich negative Beziehung zu ihrem eigenen Körper hatte. Er war ihr ein Fremd-Körper, den sie, als notwendiges Übel, nicht leiden mochte. Schon ihre Ausdrucksbewegung verriet dies.

Ein Zweig dieser Störung bestand darin, daß sie angenehmer Empfindungen nicht gewahr wurde und sich ihnen folglich auch nicht hingeben konnte. Hier mußte zuallererst eine Änderung versucht werden. Denn wer wohlige Körpergefühle bei sich selbst nicht mag, kann sie auch nicht mit einem Partner austauschen, besonders, wenn er sich ihm nicht sehr vertraut fühlt.

Lebensgeschichtlich fand sich im Hintergrund dieser Symptomatik (die in dieser Ausprägung selten anzutreffen ist) ein Elternpaar, das anscheinend jeglichen Gefühlsausdruck vermied, sowohl untereinander als auch gegenüber der Tochter. Vor allem die Mutter versagte in der Aufgabe als gleichgeschlechtliches Modell. Wollte der Vater ihre Hand nehmen, wehrte sie ab; das gleiche tat sie, wenn die Tochter zärtlich zu ihr sein wollte. Der Vater faßte die Patientin lediglich mal am Arm oder an der Schulter – aber nur dann, wenn er sie kritisierte. Noch schwerwiegender für den Erwerb einer Hemmung im körperlichen Kontakt dürfte folgendes gewesen sein: Wenn sie als Kind von der Mutter im Bereich der Geschlechtsorgane gewaschen wurde, geschah das, wie die Patientin erinnert, immer auf recht schmerzhafte Weise, wobei der Mutter ein Ausdruck von Ekel im Gesicht stand.

In der Behandlung wurde damit begonnen, daß die Patientin lernte, ihren Körper bewußt als angenehm wahrzunehmen, während sie entspannt dalag. Nach Art der JACOBSONschen Technik wurden die einzelnen Muskelgruppen zuerst angespannt, dann entspannt, um regionale Wärmeempfindungen zu begünstigen. Handzeichen signalisierten den Eintritt angenehmer Gefühle. Bezeichnenderweise lag die Latenz (Zeitdauer zwischen Instruktion und Beginn der Empfindung) bei weniger erotisierbaren Körpergegenden zwischen einer viertel und einer halben Minute, beim Busen und den Genitalien um eineinhalb Minuten: ein quantitatives Abbild der konditionierten, erziehungsbedingten Abwehr sexueller Regungen.

Da die Latenz für Wärmeempfindungen in den Geschlechtsorganen nach drei Sitzungen auf eine Viertelminute gesunken war, konnte ein weiterer Schritt zur Befreiung der verdrängten Körpergefühle bzw. zur Löschung der Vermeidungsreaktionen eingeleitet werden. Die Patientin sollte sich zu Hause zwei- bis dreimal pro Woche je 20 bis 30 Minuten für ein Bad zurückziehen und sich dabei selbst streicheln, wie sie wollte, mit dem Ziel, angenehme Körperempfindungen zuzulassen. Nach jeder Übung sollte sie einstufen: den Grad ihrer Scham-, Schuld- und Ärgergefühle (auf einer Skala von −3 bis o) sowie das Ausmaß positiver Körperempfindungen (von o bis +3). Was zunächst in der Selbstwahrnehmung eine diffuse Einheit gewesen war, lernte sie somit (wieder) unterscheiden: einerseits die naturale, angelegte Empfindung; andererseits die erworbene, gegenläufige Hemmreaktion. Um deren Löschung, also den hier erforderlichen therapeutischen Lernprozeß, sicherzustellen, sollte sie die Übung nur mit einem positiven Gefühl beenden und auch bei großer Intensität negativer Gefühle nicht abbrechen (vgl. Kapitel 5).

Nach insgesamt 97 Übungen, die sich über ein dreiviertel Jahr hinzogen, konnte dieser Teil der Therapie erfolgreich abgeschlossen werden. Schon nach etwa 15 Übungen waren die erlebbaren aversiven Gefühle abgebaut (vor allem das Schamgefühl, aber auch Ärger über den eigenen Körper, hatte ihr zu schaffen gemacht). Hingegen entwickelten sich die positiven Empfindungen nur sehr langsam; erst etwa nach 70 bis 80 Übungen erreichte sie hierin konstante Werte von +2 bis +3. Erst relativ spät hat sie das Streicheln ihrer Geschlechtsorgane spontan einbezogen.

Die Patientin fühlte sich nach diesen 97 Übungen körperlich völlig verändert, ihr Gang und Ausdruck waren lebendig geworden, sie mochte jetzt ihren Körper fühlen (was bei ihr Sport, Sauna und Massagen nicht erreicht hatten – ein Hinweis, daß bei diesen ihren Aktivitäten »zur Gesunderhaltung« genügend Spielraum für Vermeidungsreaktionen in bezug auf wohlige Körperempfindungen offengeblieben war); sie freute sich zum erstenmal, wenn sie sich nackt im Spiegel sah. Bemerkenswerterweise hatte sich die Beziehung zum Ehepartner bis dahin noch nicht so gebessert, daß sie seine Zärtlichkeiten hätte genießen können bzw. daß sie diese gesucht hätte.

Eine weitere Dimension ihrer gestörten Körper-Beziehung betraf die vermeintliche Wirkung auf Männer. Hatte sie bei ihren Eltern schon denkbar schlechte Entwicklungsbedingungen für den Aufbau eines körperlichen Selbstbewußtseins, so kam in der Schulzeit erschwerend hinzu, daß sie wegen ihrer linkischen, gehemmten Bewegungsweise von Mitschülern gehänselt wurde. Schon von zu Hause her unsicher, verkroch sie sich jetzt – denn sie meinte, ihr äußeres Erscheinungsbild sei häßlich. Sie konnte deswegen Kontaktversuche von Männern während ihrer Jugendzeit nicht ernst nehmen. Um eigene Schmerzen des Enttäuschtseins zu vermeiden, verhielt sie sich von vornherein in einem Ausmaß kratzbürstig und abweisend, das ihr nicht annähernd bewußt war. So bemühten sich die Männer trotz ihres (ihr nicht bewußten) anziehenden Äußeren wenig um sie. Komplimente interpretierte sie als getarnten Spott, beantwortete sie deshalb mit Feindseligkeit und Rückzug.

Ihrem Mann ist sie dankbar, daß er sich durch ihr abweisendes Verhalten nicht abweisen ließ, sondern sich beharrlich und unbeirrt um sie bemühte, bis er – sexuell der erste und einzige Partner – ihr Ja zur Heirat erreichte.

Es galt also, ihr Selbstbewußtsein in bezug auf ihre Erscheinung zu heben, Komplimente für sie glaubwürdig zu machen. Nach etwa einem Jahr war dieses Ziel erreicht. Der Therapeut gab ihr gelegentlich Rückmeldungen über ihr Äußeres. Bei ihrem Mann wurde deutlich, daß er sich schämte, ihr offen auszudrücken, wie gut sie ihm gefiel – Auswirkung seiner verallgemeinerten Hemmung, »weiche« Gefühle zu zeigen. Es war ihm nicht bewußt, daß er bisher, wenn er zu ihr überhaupt mal was Nettes sagte, dies mit herabgezogenen Mundwinkeln und einem unsicheren Lächeln tat. So empfand sie seine Komplimente als spöttisch – während er sich seiner Gefühle schämte und die Scham abwehrte. So entschlüsselte sie seine verhüllte Botschaft »ich finde dich schön« im entgegengesetzten Sinn.

Im Rahmen eines längeren therapeutischen Prozesses (s. u.) lernte der Patient u. a. auch, dieses Gefühl angemessen auszudrükken, so daß seine Frau ihm schließlich gefühlsmäßig glauben konnte. Erleichtert wurde ihr dies durch erfreuliche Rückmeldungen, die sie in einer therapeutischen Gruppe von drei anderen Ehepaaren erhielt. Dort lernte sie auch, sich auf Kritik nicht verletzt und resigniert zurückzuziehen, sondern durch Rückfragen mit anderen ins Gespräch über eigene Verhaltensweisen und Gefühle zu kommen. Ihr Mann berichtete nach dieser Zeit, seine Frau mache jetzt im Kontakt mit Bekannten und befreundeten Paaren endlich den Mund auf; sie selbst, als Einzelkind und Einzelgängerin aufgewachsen, empfand jetzt erstmals Besuche und Einladungen nicht mehr als seelische Belastung.

Das Kernstück dieser Therapie bildet die Entfaltung der Partnerbeziehung. Ein ungleiches Paar – warum hatten gerade sie sich gewählt?

In einem seelisch völlig verarmten, von entleerten äußeren Formen determinierten Milieu vereinsamt aufgewachsen, ohne Geschwister und Freunde, spürte sie, daß dieser Mann mit seiner Lebenskraft und seinem Gemüt sie »heil und froh machen« könnte. Und ihn zog etwas träumerisch Sanftes, Hoheitsvolles an: Ihre klassische Schönheit ist für ihn ein seelisches Suchbild – eine in seiner Arbeiterfamilie ausdrücklich verbannte und verpönte Welt.

Unterschätzt hatten beide, was bald nach der Hochstimmung erster Begegnung (wieder) zutage trat und zunehmend zum Konflikt wurde: daß er auch sehr derb und deftig war in seiner

Art, alles bestimmen zu wollen – und daß sie oft spröd und kühl
bis zu verletzender Schroffheit sein konnte. Es waren genau die
Züge, die er an seinem Vater bzw. die sie an ihrer Mutter ge-
ringschätzte – und die sie aber doch teilweise in ihr eigenes Verhaltensrepertoire aufgenommen hatten, sei es durch direkte
Einflüsse der Eltern (Lohn, Strafe; Erklärungen), sei es durch
Beobachtung von deren Verhalten als Modell.

So mußten mit der Zeit seine Vitalität bei ihr und ihre sensible
Art bei ihm recht gemischte Gefühle auslösen, so daß diese zu
Beginn anziehenden Seiten ihre psychischen Vorteile füreinander
nicht mehr entfalten konnten. Kam er beispielsweise auf sie zu,
so wurde sie schließlich reflexartig, bewußt oder unbewußt, an
Verhaltensweisen rücksichtsloser Direktheit erinnert, die sie
überfuhren und (im Ansatz nachvollziehbare) Gefühle des Zorns
auslösten.

Fatal war aber, daß dieser Zorn seine regulierende Kraft nicht
entfaltete und deshalb die Partnerbeziehung nicht wieder ins
Gleichgewicht bringen konnte. Denn diese Patientin richtete ihre
Aggressionen eher nach innen: »Wieder einmal sehe ich, daß ich
nichts wert bin!«

Ihr Bewußtsein lautete lediglich: »Ich hab mich geirrt, er ist
nicht der richtige Mann für mich, er ist mir fremd und total
gleichgültig!« Eine halbbewußte Folge war, daß sie sich ihre
völlig gehemmten sexuellen Gefühle durch ihn bzw. für ihn natürlich nicht erschließen lassen wollte.

Erst mit der (bereits geschilderten) Gewinnung körperlichen
Selbstvertrauens wurden ihr eigene Regungen bewußt zugänglich. Das führte zuerst zu einer für sie notwendigen Absetzung
von ihrem Mann. Jetzt spürte er, daß er um sie kämpfen mußte,
und zwar so, daß er bei sich selbst, in seinem eigenen inneren und
äußeren Verhalten, etwas zu verändern suchte.

In seiner Familie und in seinem Berufsmilieu war es selbstverständlich, daß der Mann führte, daß er den Ton angab. Was für
ihn ein erworbenes Muster ganz »normalen«, angemessen er-
scheinenden Verhaltens war, führte bei dieser sensiblen Frau, die
unter ihrem individuellen Sosein litt, zur Verstimmung. An ihren Eltern hatte sie, bei aller Gefühlskälte der Beziehung, doch
so etwas wie gleichberechtigtes Verhalten beobachtet, wobei ihre
Mutter eher noch etwas dominierte. So legte sie immer mehr als
Rücksichtslosigkeit aus, was von ihrem Mann »gar nicht so gemeint«, sondern für ihn einfachhin selbstverständlich war.

Um diese »Selbstverständlichkeiten« wirkungsvoller als nur durch den Partner und den Therapeuten zu erschüttern, ließen wir die beiden zusätzlich drei Monate lang an einer Behandlungsgruppe von insgesamt vier Paaren teilnehmen, die aus verschiedenen Milieus stammten.

In dieser Gruppe wie in Paar- und Einzelsitzungen erwarben die beiden mühsam – unter zahlreichen Rückfällen in die alten Muster – neue partnerschaftliche Verhaltensweisen.

Er gewöhnte sich im Lauf eines Dreivierteljahres mit schließlich bleibendem Erfolg ab, einsame Entscheidungen zu treffen und ohne Absprache durchzuführen; die Freizeitgestaltung für beide festzulegen; seine Sachen zu Hause einfach hinzuschmeißen; sich wie ein verwöhntes Kind versorgen zu lassen; seine Frau zu veräppeln, wenn sie Angst hatte oder eine eigene Meinung äußerte; sie mit »logischen« Argumenten rechthaberisch zu besiegen; ihre Kritik bzw. ihren Ärger spöttisch abzutun und ihr damit zu sagen: »Ich nehm' dich ja gar nicht ernst!« Er lernte auch, sie zu trösten, statt zu beschwichtigen oder zu bagatellisieren.

Sie lernte, sich möglichst sofort zu äußern, wenn ihr etwas nicht behagte (statt wie bisher zu schlucken, um dann eine Woche lang unnahbar zu sein); eigene Wünsche von sich aus anzumelden, ohne den versteckt anklagenden Ton der »armen Unterdrückten«; schließlich »seine Art« nicht als gegen sie gerichtete Bosheit fehlzuinterpretieren. Und sie lernte, seinen Trost anzunehmen.

Methodisch geschah das vor allem durch sorgfältige Analysen vergangener und bevorstehender Konfliktsituationen bzw. Aufdeckung ihrer emotionalen Hintergründe, durch Kommunikationsübungen sowie systematische häusliche Selbstbeobachtungs- und Selbstregulationsprogramme.

In den ersten sechs bis acht Monaten der Therapie war die Frau alle paar Wochen in tiefer Verzweiflung, mit der Neigung, ihre Situation als völlig hoffnungslos zu empfinden und deshalb eine Scheidung anzustreben. Die regelmäßigen Auslöser, ihr anfangs gar nicht recht bewußt, bestanden in Verhaltens-Rückfällen, die das alte spannungsgeladene Beziehungsmuster wieder bekräftigt bzw. bestätigt hatten. Sie fühlte sich danach jeweils völlig entwertet. Natürlich übertrug sich diese Hoffnungslosigkeit auf ihren Mann und mobilisierte erneut seine begründete Angst, sie zu verlieren.

Der sexuelle Abscheu, den sie ihm gegenüber empfand (mit dem Resultat, daß sie jahrelang im Monatsmittel nur einmal intimen Kontakt hatten, und das in einer für beide seelisch sehr unbefriedigenden Weise), legte sich erst, als sein partnerliches Eingehen auf sie im Gespräch allmählich verläßlicher geworden war.

Immerhin konnte sie jetzt seine Zärtlichkeit und seine Leidenschaft wenigstens entgegennehmen. Eine positive sexuelle Gestimmtheit war deswegen aber noch nicht vorhanden; erotisch hingezogen fühlte sie sich zu ihm deswegen noch nicht. Verständlicherweise waren beide darüber sehr deprimiert. War der körperliche Kontakt zu einem Mann schon durch ihren Vater aversiv konditioniert worden (wie schon erwähnt, kritisierte er sie, wenn er sie mal am Arm festhielt, wobei es kein Ausweichen gab), so hatte ihr Partner das für sie unerträgliche Eingeengtwerden in Verbindung mit körperlichem Kontakt durch einzelne Verhaltensweisen fortgesetzt. Deshalb konnten ihre erworbenen negativen Empfindungen in der erotischen Sphäre nicht gelöscht bzw. diese nicht positiv entfaltet werden. Denn durch seine Dominanz befand sie sich fast ständig im Zustand unbewußten, später bewußten Ärgers über ihn. Darüber hinaus aber begann er seine Zärtlichkeit immer gleich mit einem derben Anfassen erogener Körperbereiche und ließ sie zwischenzeitlich keinesfalls los, wie immer sie das auch versuchte. Das steigerte ihren Ärger nachfühlbarerweise beträchtlich. Seine erotische Anziehungskraft war für sie auf diese Weise nach kurzer Zeit weg. Auch ging er nicht auf ihre Stimmungstiefs ein, die sie regelmäßig einige Tage vor der Periode hatte.

In seinem Freundeskreis hatte er dieses Verhaltensmuster angenommen: Er hielt sich in seiner umschriebenen Art als »unbeirrbarer Draufgänger« für einen guten Liebhaber und fand sich darin angesichts der Erzählungen seiner Kollegen sehr bestätigt.

Versuche, dieses Selbstbild und seine Auswirkung neu zu gestalten, ihm zu zeigen, daß er sich damit gerade die für ihn anziehenden Seiten seiner Frau unzugänglich machte, führten nur zu einer mehr äußerlichen, deshalb eher mißmutigen Rücksichtnahme.

Eine tiefgreifende, also von »innen« nach »außen« dringende Änderung der erotischen Begegnungsformen wie des gesamten Beziehungsgefüges gelang erst durch einen weiteren therapeutischen Prozeß, der offensichtlich ausschlaggebend wurde für die Heilung dieser Partnerbeziehung und ihrer sexuellen Problematik.

Seine gefühlsreiche, gemüthafte Seite, sein ästhetisches Verlangen, von ihr als Hoffnung auf ihn bzw. sein mögliches Selbst verspürt, wenn auch immer durch Masken hindurch, hatte er ja seinerzeit in seiner Herkunftsfamilie gründlich zu verheimlichen und abzuwerten geübt. So gut mußte er das früher lernen, daß er diesen Persönlichkeitsbereich kaum noch kannte, geschweige denn zum Ausdruck zu bringen wußte – auch da nicht, wo es sehr am Platz gewesen wäre, also vor allem im Kontakt mit seiner Frau. In seinem Berufsmilieu und durch seinen Freundeskreis wurde diese Verdrängung weiter aufrechterhalten.

In der Therapie fiel auf, daß er immer dann geringschätzig lächelte, wenn der »Gefühlsbereich« zur Sprache kam; daß er vermied, über eigene Gefühle zu sprechen.

Erst eine gezielte biographische Analyse machte ihm bewußt, daß er da etwas abwehrte, was ihn insgeheim sehr anzog, und was ihn an seiner Frau von der ersten Begegnung an fasziniert hatte. Unbewußt fürchtete er immer noch den Spott seiner familiären Umgebung – deshalb vermied er weiche Gefühle (die ihn z. B. veranlaßten, unter Lebensgefahr ein fremdes Kind zu retten – auf diese Weise konnte er sich vom Gefühl bestimmen lassen, denn dabei blieb er ja sichtlich der supermännliche Held).

Deshalb intervenierte der Therapeut nun in der Regel, wenn er Gefühlsabwehr bei diesem Patienten wahrnahm. Nach mehreren Sitzungen unterblieb das selbst-abwertende Grinsen – er getraute sich jetzt, mit ernstem Gesicht eigene Gefühle zum Ausdruck zu bringen.

In diese Phase fiel das letzte Verzweiflungstief seiner Frau (s. o.). Daraufhin sah sie ihn zum allererstenmal weinen – er schluchzte hemmungslos angesichts der wieder aufgetauchten Gefahr, sie zu verlieren. Sie war sehr betroffen und fühlte zum erstenmal, wie sehr er an ihr hing. Das bewog sie nun doch, sich auch weiterhin für die Beziehung zu ihm anzustrengen.

Einige Zeit später besorgte er zum erstenmal von sich aus Konzertkarten. Er konnte sich an diesem Abend dem Erlebnis klassischer Musik öffnen. Zu seiner eigenen Verwunderung fühlte er sich am Heimweg vom Gegröle randalierender Fußballfans sehr gestört. Interessanterweise »ertappte« sich bald darauf seine

Frau, daß sie jetzt auf einmal der von ihm bevorzugten Musik (Beat, Rock und bairische Folklore) etwas abgewann.

Diese und ähnliche Ereignisse seiner Entwicklung, die verdrängte Möglichkeiten in die Partnerbeziehung einbrachten, gaben ihr jetzt erstmals seit der Anfangsbegegnung wieder das Gefühl, sich mit diesem Mann innerlich verbinden zu können. Sie riskierte jetzt, ihm ihre Innenwelt zu öffnen, von ihren sie erfüllenden ästhetischen Naturerlebnissen zu sprechen. Er konnte sich jetzt ohne Spott und Befremden darauf einstimmen.

Erst jetzt schmolz ihr hartnäckiger Widerstand (mit dem der Therapeut in Einzelsitzungen gerungen hatte), ihre irrealen Phantasien von einer reinen, idealen Mannesgestalt, die sie seit ihrem 15. Lebensjahr (z. T. in Tagebüchern) geformt, gepflegt und gehütet hatte, vielleicht doch aufzugeben. Ihr Mann hatte ja begonnen, seine »träumerische« Seite zuzulassen, ein Stück von dieser Sehnsucht nach einem »romantischen« Partner zu verwirklichen. Die therapeutische Warnung, ihren irrealen Riesenwunsch nun einfach aus der Phantasiewelt auf ihren Mann zu verlagern, ihn (wie jeden Partner) damit zu überfordern und einen neuen Konflikt zu schaffen, traf bei ihr diesmal auf rasche Einsichtsfähigkeit. Ein Selbststeuerungsprogramm in Form von Integrationsübungen (siehe Kapitel 3) half ihr, die Verhaltens-Auswirkungen dieser Neigung bereits im Entstehungsgrund ihrer Gefühle wahrzunehmen und bewußt zu regulieren, statt sie einfach auszuleben. Sie begriff, wie ihre Phantasiewelt bisher viel zu viel Kraft von der realen Gestaltung ihrer Ehe abgezogen hatte (»Ich spür' jetzt zum erstenmal den Panzer, mit dem ich mich umgebe – da kann ja *kein* Mensch durch!«). Ganz besonders in diesem Zusammenhang war auch erforderlich, Übertragungsneigungen der Patientin auf den Therapeuten anzusprechen und durchzuarbeiten.

Sie war jetzt innerlich bereit, sich mit ihrem Partner therapeutischen Übungen zum Hautkontakt (vgl. Kapitel 5) zu unterziehen. Im vorbereitenden Einzelgespräch wurde ihrem Mann verdeutlicht, wie sich eine seelisch befriedigende erotische und sexuelle Spannung gerade durch »Verzögerungen« in der Gestaltung der körperlichen Interaktion erreichen läßt. Bei diesen Übungen erwiesen sich beide Partner als erotisch begabt und einfallsreich, was ihr Selbstbewußtsein und die Hoffnung, doch miteinander glücklich werden zu können, erheblich verstärkte.

Ohne es erwartet bzw. direkt »gewollt« zu haben, erlebte die
Patientin jetzt beim (inzwischen viel häufiger gewordenen)
Sexualverkehr auch Höhepunkte. Und sie war davon nicht nur
körperlich, sondern auch seelisch befriedigt. Ohne Mühe konnte
er jetzt sein drängelndes Sexualverhalten unterlassen – es fiel
ihm wie Schuppen von den Augen, wie »unmöglich« er sich noch
wenige Monate zuvor gebärdet hatte. Und jetzt erlebte er auch
eine Bejahung seiner Leidenschaft, von der er früher nur geträumt hatte. Und sie fühlte erstmals Sehnsucht nach ihm.
Indessen war das sexuelle Verhalten der Frau noch überwiegend
passiv entgegennehmend geblieben. Sie empfand eine unüber-
windliche Scham-Schranke bei der Vorstellung zu stöhnen, ver-
langend sein Glied anzufassen, ihm zu sagen, daß sie ihn heute
noch sexuell brauche, ihn erregt aufzufordern, sie beim Verkehr
zu stoßen und dabei die Schenkel zu spreizen, vor allem aber:
sich von ihrem Mann erregen zu lassen und diese Erregung auch
uneingeschränkt zu zeigen. Empfunden hatte sie solche Verhal-
tensmöglichkeiten sehr wohl als ihre eigenen, aber ängstlich verborgenen Wünsche.
Unter Entspannung wurden diese verschiedenen Reaktionen
nach Art einer Desensibilisierung in drei Sitzungen durchgearbeitet, beginnend mit der subjektiv einfachsten Vorstellung dieser
sexuellen Verhaltensweisen. Die Patientin wurde instruiert, zwischen den Therapiestunden zu Hause mehrmals diese angstredu-
zierenden Vorstellungsübungen allein zu wiederholen und dabei
laut zu verbalisieren. – Nach kurzer Zeit konnte sie diese für sie
gänzlich neuen Verhaltensweisen ihrem Mann zeigen. Er war völlig überrascht und sehr glücklich. Sie sagte von sich selbst, eine
ganz neue Gefühlswelt sei ihr dadurch jetzt erschlossen. Sie fühle
sich jetzt als ein anderer Mensch, empfinde auch, daß ihr Mann
ein anderer geworden sei. Es begann für die beiden eine Phase
sexueller Hochstimmung und Beglückung wie auch vergleichs-
weise großer Harmonie im alltäglichen Zusammenleben. Das
Gefühl, nicht zueinander zu passen, hat sich infolge der gesamten
Entwicklung beider Partner aufgelöst.
Auch im äußeren Erscheinungsbild hat sich dieses Paar geändert.
Er wirkt jetzt häufiger ernst und ruhig, seine »bubenhaften«
Züge sind in den Hintergrund getreten, manchmal ähnelt er Bil-
dern Ludwigs II. in dessen jungen Königsjahren. Sie kleidet sich
fraulich-erotisch, wirkt jünger und selbstbewußt, bewegt sich
locker, macht bisweilen einen beschwingten Eindruck.

8.
Therapie einer komplexen Frigidität

THERAPIE-ANLASS UND BESCHREIBUNG DER SYMPTOMATIK
Persönliche Daten: der Mann: 39 J., Leitender Angestellter
die Frau: 30 J., Hausfrau, früher Chefsekre-
tärin

Das Paar ist 9 Jahre verheiratet und hat zwei Kinder, einen
8jährigen Sohn und eine 6jährige Tochter.
(Wir hatten das Paar von einem Berater übernommen, der zwar
in ein gutes Gespräch mit den Leuten gekommen war, sich aber
der Bearbeitung der sexuellen Problematik nicht gewachsen
sah.)
Der Anlaß zur Therapie (die Initiative ging vom Mann aus) war
eine starke Abwehr der Frau gegen den sexuellen Kontakt. Der
Mann ist darüber sehr unglücklich. Die (wie beide berichten)
sonst gute Beziehung ist durch dieses Problem äußerst belastet.

Problematik der Motivation für die Therapie:

Der Mann sagt, er liebe seine Frau, denke nicht an Trennung. Er
hofft, daß *ihr* sexuelles Problem gelöst wird. Andererseits beun-
ruhigt ihn das Gefühl, versagt zu haben, im sexuellen Verhalten
seiner Frau gegenüber »alles falsch« gemacht zu haben.

Bei der Frau erscheint die Motivation gering, das sexuelle Problem anzugehen. Sie fühlt sich beschuldigt, allein für die bestehende Situation verantwortlich zu sein. Sie schwankt zwischen
Ablehnung dieser Problem-Sicht und sich tatsächlich schuldig
fühlen.
Bei ihr wird die Hoffnung sichtbar, der Mann möge lernen,
seine sexuellen Wünsche zurückzustellen.

Beschreibung der Symptomatik

Die Häufigkeit des sexuellen Kontakts wird mit etwa einmal pro Monat angegeben, wobei der Kontakt ausschließlich durch Drängen des Mannes zustande kommt. Für die Frau heißt das: »es muß wieder mal sein«. Immer wieder entstehen längere Pausen von Monaten; zu Therapie-Beginn war seit einem halben Jahr kein sexueller Kontakt mehr zustande gekommen.

Bedingungen bei der Frau:

Sie berichtet, Sexualität sei ihr nur unangenehm; sie könnte ohne Sexualität viel besser leben und würde sich viel wohler fühlen. In gewissem Widerspruch dazu steht aber, daß sie beim sexuellen Verkehr gelegentlich Orgasmus erlebt. Sie hat einiges Vermeidungs-Verhalten aufgebaut, um ihrerseits nichts zu tun, was beim Partner sexuelle Wünsche auslösen oder als Hinweis mißverstanden werden könnte, sexueller Kontakt sei möglich oder sogar erwünscht: sie zeigt sich nicht nackt, zieht sich in seiner Gegenwart nicht aus. Sie ist in Situationen, in denen Initimität möglich wäre, nicht zärtlich. Sie vermeidet also möglichst alles, was ihn »ermutigen« könnte. Andererseits löst Verhalten des Mannes, das sie als »sexuelle Annäherung« zu deuten gelernt hat, bei ihr Panik und Fluchtreaktionen aus, z. B. intimere Zärtlichkeiten wie Busen berühren, Po tätscheln oder Fragen, ob sie nicht früher schlafen gehen könnten, oder ein Hinweis, welches Nachthemd ihm besonders gefällt etc.

(Fatal ist nun, daß es bei solchen aversiven Konditionierungen nicht bei der Abneigung und Abwehr gegen bestimmte als Hinweisreize gefürchtete Verhaltensweisen bleibt. Vielmehr wird auf dem Weg der Generalisierung zunehmend auch Verhalten negativ erlebt, das nur noch mittelbar mit dem gefürchteten zusammenhängt – hier z. B. Wünsche des Partners hinsichtlich Frisur und Kleidung. Schließlich könnte der Partner schon durch seine Anwesenheit Gefühle der Anspannung und Abwehr auslösen.

Bedingungen beim Partner:

Da der Mann ständig unter zu wenig sexuellem Kontakt leidet, nimmt er Entgegenkommen, Sich-Zuwenden allzu rasch als Hinweis, daß sexueller Kontakt möglich ist (womit er gelegentlich »Erfolg« hat, nämlich dann, wenn die Frau Schuldgefühle hat und ihre Zustimmung aus der Überlegung kommt »es muß wieder mal sein«). Oder er wird drängend, wenn er z. B. bemerkt, daß eine Zärtlichkeit sie freut.

Das heißt für die Frau: sie wird für Gefühlszuwendung »bestraft«, indem ihr Partner daraus die Möglichkeit zu dem von ihr gefürchteten sexuellen Kontakt ableitet.

Dem Mann war es also nicht möglich, seine Partnerin auf dem Weg eines guten Gefühlskontakts für seine sexuellen Wünsche zu gewinnen.

Die negativen Konsequenzen aus diesem wechselseitigen Verhalten waren die, daß es wenig persönlichen Kontakt gab, wenig persönliches Gespräch (das wiederum die Frau sehr vermißte), wenig zärtlichen Kontakt. Die Beziehung war trotzdem nicht sehr konfliktreich, aber stark eingeengt. Jeder Partner fühlte sich vom anderen abgelehnt.

Das Symptom ist hier also in zweierlei Weise aufzufassen: als Abwehr gegen den Partner, dem es als ihrem ersten Intimpartner nicht gelungen war, dieser Partnerin (bei der die Voraussetzungen ungünstig waren: siehe »Hinweise zur Genese«) den erotisch-sexuellen Bereich zu erschließen.

Das heißt aber für die Frau, daß ein Bereich von ursprünglich ansatzweise positiven, aber unentwickelten Erlebnismöglichkeiten (siehe Genese) überhaupt nicht mehr als eigene individuelle Möglichkeit gesehen wird, sondern nur noch als Forderung des Partners, die erfüllt werden muß, damit die Beziehung nicht zerbricht.

Unter diesem Druck und der alten, mitgebrachten Vorstellung, daß erotisch-sexuelle Gefühle etwas seien, was sich von selber entwickelt, waren ihr eigene Ansätze nicht möglich.

In ihrem Bewußtsein war nur noch das Bedürfnis zu vermeiden vorhanden, und zwar Sexualität überhaupt. Sie war subjektiv überzeugt, sie würde jeden Mann unglücklich machen.

Für die *Therapie* ergaben sich aus der vorliegenden Problemstellung folgende Ansätze:

für die Frau:

– (als veränderungsbedürftig bewußt) Abbau der sexuellen Ängste und der Abwehr
   Ziel: das Vermeidungsverhalten kann aufgegeben werden
   (Alternative: die Partnerwahl wird in Frage gestellt)

– (nicht als veränderungsbedürftig bewußt): Sensibilisierung

für angenehme Körperempfindungen überhaupt und speziell für sexuelle Empfindungen.
(Ziel: sexuelle Erlebnisse genießen können)
- (im Ansatz als Problem bewußt): Verhalten der Zuwendung und Bestätigung annehmen und ihrerseits mehr Initiativen im Kontakt zum Partner zeigen
(Ziel: die Beziehung gestalten, nicht »erleiden«).

für den Mann:
- (im Ansatz als veränderungsbedürftig bewußt): Sensibilisierung für eigenes bestrafendes Verhalten (bedrängen, unter Druck setzen, bewerten) und Kontrolle dieses Verhaltens
(Ziel: eine Partner-Beziehung auf Gegenseitigkeit, ohne Zwang)
- (nicht als veränderungsbedürftig bewußt): Sensibilisierung für eigene differenziertere Gefühlsmöglichkeiten und Gefühlsbedürfnisse seiner Partnerin; Übersetzung in einen entsprechenden Gefühlsausdruck
(Ziel: sich mitteilen und auf den Partner eingehen können)
- (nicht als veränderungsbedürftig bewußt): Zunahme von Bestätigung und zärtlichen Gesten (unabhängig von sexuellem Kontakt)
(Ziel: dem Partner wichtige Verstärker geben können und mehr Verhalten der Zuwendung auslösen).

Zur Genese und *Vorgeschichte* der Symptomatik:
In der Familie der Frau (an die sie eine enge Bindung hat) wurde die Sexualität verleugnet. Noch als erwachsenes Mädchen legte sie sich zu den Eltern ins Bett. Menstruation war ein Ereignis, das sie erlitt, auf das sie nicht vorbereitet war. Das Verhältnis zwischen Eltern und Kindern war kumpelhaft; die Zärtlichkeiten waren eher rauh. (Diese Informationen konnten erst im Verlauf der Therapie analysiert werden.)
Die Frau hatte vor allem in ihren Jugendjahren eine enge Beziehung zum Vater. Bis zur Heirat fuhr sie jedes Jahr mit ihm in Urlaub (ohne Mutter: diese war viel krank). Für den Vater war sie aber nicht Frau, sondern eher Sohn-Ersatz.
Der Mann wuchs in einer sehr patriarchalischen Familie auf. Er kann sich an keinerlei Zärtlichkeiten zwischen den Eltern bzw. zwischen Eltern und Kindern erinnern. Der Vater (äußerst ge-

wissenhaft und ehrlich, mit großem Verantwortungsgefühl für
die Familie) wurde ihm zum Modell. Die Mutter schildert er als
nervös, überlastet, in ihren Gefühlen verschlossen, mit wenig
Beziehung zum Vater, aber nach außen sehr loyal.
Für beide Partner ist ihre Beziehung die erste sexuelle gewesen;
bis zur Hochzeit haben sie sich »beherrscht«. Beide heirateten mit
irrealen Erwartungen:
Der Mann: daß nun »alles erlaubt« ist und die Frau die völlig
gleichen Wünsche und Bedürfnisse haben wird.
Die Frau: mit der passiven Erwartung, daß der Mann sie nun
»einfach« glücklich machen wird.
Beide waren enttäuscht; die Frau versuchte, sich mehr und mehr
zurückzuziehen; der Mann wollte ihr helfen, Sexualität gern zu
haben, hatte aber nicht das Repertoire, sie in kleinen Schritten
zu führen. Die Frau beharrte in ihren Phantasien auf den alten
Wunschvorstellungen.
Damit kam der beschriebene Teufelskreis von Rückzug und Bedrängen in Gang.

In der Therapie wirkten sich diese alten Einstellungen und
Erwartungen in der Übertragung auf den Therapeuten aus (die
erst nach und nach aufgelöst werden konnte):
die Frau war immer wieder in Gefahr, ihre Probleme passiv
»abzugeben«: für sexuelle Entwicklungsmöglichkeiten ist der
Therapeut verantwortlich.
Für den Mann war es z. T. ein Problem, Hilfe anzunehmen. Er
neigt dazu, sich nach dem Modell seines Vaters zu überfordern:
man muß alles selbst bewältigen, alle Probleme allein lösen können.

Die *Motivierung* zur Therapie gelang bei der Frau nur zögernd.
Gespräche über Glücksmöglichkeiten in der sexuellen Beziehung
(anknüpfend an eigene Wünsche und Vorstellungen aus der Zeit
vor der Heirat) wehrte sie mit dem Resumée ab: »Also wissen'S,
mir geht wirklich nichts ab.« Sie wurde erst durch einige Träume nachdenklich hinsichtlich dieser Einstellung: ich könnte ohne
Sexualität viel besser leben. Daß dies ihre eigenen Träume waren, hatte mehr Überzeugungskraft als Überlegungen, die der
Therapeut anstellen konnte.

Die Traumbilder:

– Ich war allein in einer üblen Kneipe mit ziemlich finsteren Gestalten. Ich hätte mich eigentlich fürchten müssen, habe mich aber wohl gefühlt.

(Unbewußte Wünsche!)

– Eine Hochzeit oder ein Begräbnis: ich bin dem Zug begegnet. – Dann habe ich mich mit jemandem unterhalten, ob ich zum Friseur gehen soll oder nicht.

(Beide Bilder: Zwiespältigkeit, aber die positive Möglichkeit ist enthalten!)

– Ich bin neben meinem Mann mit einem anderen Mann im Bett gelegen; der hat mich gestreichelt, das war schön.

(Wünscht sie sich einen Mann, der zärtlicher ist als der ihre?)

– Ich habe Wäsche aufgehängt und habe dran gedacht, daß Samstag ist und daß »das« (Verkehr) heute fällig ist und habe mich gefreut und mich gewundert, daß ich mich freue.

(Dieser Traum bezieht sich auf eine Vereinbarung zu Beginn der Therapie zur Entlastung der Spannungen: Er darf sie unter der Woche sexuell in keiner Weise bedrängen; am Samstag abend läßt sie aber Verkehr zu, wenn er es wünscht.)

(Im Verlauf der Therapie konnte bei einem Rückfall eine Neumotivierung wieder anhand der Analyse eines Traumes begünstigt werden: Die Mutter der Frau war überraschend gestorben, was sie mit starken Schuldgefühlen belastete.

Der Traum: die Mutter war krank und wußte, daß sie Krebs hatte. Ich war allein mit ihr, ich war nicht verheiratet. Ich dachte: ich muß unbezahlten Urlaub nehmen, damit ich sie pflegen kann, bis sie stirbt.

Das Gespräch über den Traum: sie hätte unverheiratet bleiben müssen, um für die Mutter alles tun zu können. – Die Mutter war während ihrer Kindheit oft krank und verlangte viel Rücksicht. Wenn man diese Rücksicht nicht immer durchhielt – und die Frau war als Kind sehr lebhaft –, war man schuld, wenn die Mutter sich schlechter fühlte.

Sie »leistet« sich jetzt, etwas für sich selbst, für ihr eigenes Glück zu tun – nämlich Erotik und Sexualität mehr zu genießen –, und hätte sich doch eigentlich um das Befinden der Mutter kümmern müssen.)

Vorbemerkung zur Übersicht des Therapie-Verlaufs

In der nachfolgenden Übersicht ist der Therapie-Verlauf in Phasen zusammengefaßt dargestellt.

Das therapeutische Vorgehen wird im Ineinanderwirken von Ummotivierung und Umkonditionierung erläutert. Unter dem Stichwort Ummotivierung wird hier der diagnostische Prozeß als fortlaufende tiefenpsychologische Analyse und lernpsychologische Verhaltensanalyse inklusive kognitiver Umstrukturierungen skizziert, durch den die Partner zur Verhaltensänderung motiviert werden.

Die Motivierung zur Veränderung der eigenen Probleme ist gerade in der Partnertherapie anfangs oft gering, da häufig jeder sich von den Problemen des anderen abhängig fühlt und wenig Erfahrung damit gemacht hat, welchen positiven Einfluß er selbst sowohl auf die Beziehung wie auch auf individuelle Schwierigkeiten des anderen nehmen könnte.

Umkonditionierung ist dann der Prozeß des konkreten Umlernens und Neulernens (neue Erfahrungen werden durch veränderte Regeln möglich; eingefahrenes Verhalten wird in Frage gestellt und durchbrochen).

Ummotivierung und Umkonditionierung bilden einen Kreisprozeß mit positiven oder negativen Vorzeichen: hat z. B. eine bestimmte Verhaltensänderung gute Konsequenzen, so wird die Motivation stärker, weiterzuarbeiten etc.; ist aber z. B. die Motivation schwach, ein Problem in Angriff zu nehmen, weil die Resignation groß und die Hoffnung, einen Lösungsweg zu finden, gering ist, dann wird vielleicht ein Modifizierungsprogramm so zögernd begonnen, daß es gar keinen Erfolg haben kann.

Die Maßnahmen für beide Partner sind aufeinander bezogen zu betrachten, wobei aber der Lernprozeß für jeden in zwei Richtungen geht:

– partnerabhängiges Lernen: was muß ich verändern, um mit diesem Partner (wenn ich mich dafür entschieden habe) zu leben bzw. besser zusammen zu leben,

– individuelles Lernen: was muß ich ganz für mich lernen, welche Probleme hätte ich auch in jeder anderen Beziehung bzw. auch, wenn ich allein leben würde.

Es kann nötig werden, Zwischenziele zu verfolgen, die vielleicht zunächst wie ein Rückschritt aussehen, um überhaupt wieder einen positiven Ansatz zu ermöglichen: z. B. hier, daß der Mann in seinem Verhalten zunächst viel passiver wird, um Ängste abzubauen, die durch seine Ungeduld intensiviert worden sind.

Anhand des hier beschriebenen Therapie-Verlaufs wird sichtbar, wie schwierig eine erneute Motivierung nach einem Rückfall sein kann, auch wenn schon eine Reihe sehr hoffnungsvoller Erfahrungen gemacht worden sind. Die Resignation ist erheblich und »überzeugend«, wenn plötzlich die Empfindungen wieder nur die alten negativen zu sein scheinen.

Im Verlauf ist hier zu beachten, wie nach dem Erwerb und der Einübung von erotischen Reaktionen und Interaktionen und der Verarbeitung eines Rückfalls mit nachfolgenden sehr positiven gemeinsamen Erfahrungen ein weiterer (viel schwieriger aufzuarbeitender) Rückfall eine »tiefere« Auseinandersetzung zwischen den Partnern in Gang bringt, die aufgrund der aktuellen Probleme früher »zugedeckt« bzw. überhaupt nicht möglich gewesen wäre.

Dieser Rückfall ist also auch so zu »deuten«: die Partner sind nicht mehr so ohnmächtig, was an ihrer Möglichkeit zu erkennen ist, jetzt einen tieferen Konflikt »zuzulassen«. Die therapeutische Arbeit nach dem Rückfall zeigt zudem, daß die erworbenen Erfahrungen nicht »verloren« waren, sondern daß nach einer Zeit der Auseinandersetzung ein »Sprung« in der Intensivierung der erotisch-sexuellen Beziehung möglich war.

Der geschilderte Verlauf erhebt nicht den Anspruch irgendeiner Perfektion, was die therapeutischen Interventionen anlangt. An manchen Stellen hätte man durchaus auch anders ansetzen können. Andere Probleme blieben aus Zeitgründen einfach stehen, wobei den Klienten im Verlaufe der Sitzungen deutlich wurde, woran sie weiterarbeiten sollten, und sie auch einiges Werkzeug vermittelt bekamen, um die Möglichkeit zu haben, »ihr eigener Therapeut« zu werden.

Zudem beeinflussen einen solchen Therapie-Verlauf eine Vielzahl von Faktoren (z. B. wie produktiv und einfallsreich der Therapeut gerade »gestimmt« ist, welche Ereignisse bei den Klienten der Therapiesitzung zufällig vorausgingen, die mit den Problemen wenig zu tun haben etc.), die nur z. T. kontrolliert werden können.

THERAPIEVERLAUF IM ZUSAMMENWIRKEN VON

UMMOTIVIERUNG (UM)	UMKONDITIONIERUNG (UK)

Phase I: (5 Sitzungen): Erste Veränderungen der Sichtweisen und erste Alternativen.

FÜR DEN MANN	

UM:
- Kognitive Vermittlung einer neuen Sichtweise; das sexuelle Problem hat eine gemeinsame Lerngeschichte; er hat – ungewollt – die Schwierigkeiten mitverursacht (nicht nur die Frau ist Symptomträger). Motivierung für einen eigenen Lernprozeß.

- Kognitive Vermittlung, daß Zwang (Bedrängen) und Ungeduld als Bestrafung und Entmutigung wirken und damit hemmend auf das gewünschte Verhalten.

UK:
Kommunikationsübung: anders über das sexuelle Problem sprechen lernen (ohne Strafreize; der eigene Anteil wird verbalisiert);

Selbstkontrolle von Reaktionen, die als Strafreize analysiert werden (und auf die Frau als negative Verstärker wirken): z. B. sie durch intimere Zärtlichkeiten bedrängen.

(Durch eine Vereinbarung mit der Frau wird als »Gegenleistung« der sexuelle Kontakt beschränkt möglich.)

FÜR DIE FRAU	

UM:
Durch das therapeutische Gespräch über einige Träume (s. o.) wird die Frau motiviert, erotisch-sexuelles Erleben für sich lernen zu wollen (nicht nur auf den Mann zu reagieren).

UK:
Vereinbarung:
Ihre Erwartungsängste (und auch Schuldgefühle) werden »aufgefangen« durch die Regelung: am Samstag versucht sie, sexuellen Kontakt »mitzumachen«; die übrigen Tage der Woche sind für sexuellen Kontakt tabu (= Raum für ihren Lernprozeß).

UMMOTIVIERUNG (UM)	UMKONDITIONIERUNG (UK)
Analyse: welche positiven Aktivitätsmöglichkeiten hat die Frau in ihrer Partnerbeziehung, wovon ist ihr Mann abhängig (nicht nur sie ist davon abhängig, ob er »zufrieden« ist). »Atmosphäre« in der Familie herstellen kann sie besser als er.	Vereinbarung: Aktivitäten zur Herstellung von »Atmosphäre« als Verhaltensalternative gegen ängstliche Abhängigkeit; Beobachten, ob sich ihre Stimmung verändert.

Phase 2: (10 Sitzungen): Die ersten Behandlungsansätze werden weiter ausgeführt und intensiviert.

FÜR DEN MANN

UM:	UK:
Analyse seines Defizits an zärtlichen Reaktionen. Anhand einer lerngeschichtlichen Analyse (er hat nie Zärtlichkeiten zwischen seinen Eltern beobachtet und erinnert sich auch nicht, daß die Eltern zu ihm zärtlich waren) wird ihm deutlich, daß er hier dazulernen kann. Seine (leicht verlegenen oder zu direkt sexuellen) Zärtlichkeiten kamen nur negativ an; er erkennt jetzt zunehmend Gründe dafür.	Übungen in der Sitzung, um sein Repertoire zu erweitern:
	– Die eigenen Hände gegenseitig streicheln
	– Zärtlichkeiten intensiv vorstellen, die der Therapeut ausmalt
	– Nach einer Übung der Frau mit Vorstellungen (s. u.): sich gegenseitig (ohne dabei zu sprechen) das Gesicht streicheln.
Differentielle Analyse seines ungeduldigen Verhaltens: er ist gewöhnt, Probleme aktiv zu lösen, warten liegt ihm nicht (nach dem Modell seines von ihm sehr verehrten Vaters hieße das: sich zu wenig anstrengen). Vermittlung der Einsicht: sie hatte zu wenig	Vereinbarungen für zu Hause: Sie kann zu ihm ins Bett schlüpfen und die körperliche Nähe genießen, ohne von ihm bedrängt zu werden. Pflege des Hautkontakts (ohne Sexualität). Behutsame Zärtlichkeiten wieder beginnen.

UMMOTIVIERUNG (UM)	UMKONDITIONIERUNG (UK)

Zeit, sich bei ihm erotisch-sexuell zu entfalten.

Konfliktanalysen zeigen Probleme seines Gesprächsverhaltens: er beschwichtigt, weicht aus, kann im Gespräch den Kontakt schwer herstellen, da er wenig davon ausdrücken kann, was in ihm vorgeht, bzw. es z. T. auch nicht wagt. Motivierung: Persönliche Gespräche sind eine »Bedingung« für den körperlichen Kontakt.

In der Sitzung:
Einübung von Beziehungsgesprächen
(Ziel: Löschung von Vermeidungsverhalten: »wenn ich Gefühle ausspreche, führt das zum Konflikt« durch Einübung eines nichtverletzenden persönlichen Gesprächs, in dem trotzdem nicht beschwichtigt und ausgewichen wird.)
Vereinbarung für zu Hause: Gesprächsinitiativen zu bestimmten günstigen Zeiten.

FÜR DIE FRAU

UM:
durch Reflektieren der positiven Veränderung ihrer Stimmung aufgrund ihrer neuen Aktivitäten: sie kann sich stärker und unabhängiger fühlen und Probleme aktiver angehen.

UK:
Übung in der Sitzung:
Aktiver Umgang mit erotischen »Störreizen« durch folgendes therapeutisches Arrangement:
Entspannungsübung, dann Vorstellungen einblenden von Zärtlichkeiten des Mannes, die unangenehm sind (nach Situation oder Art, die bisher durch Flucht beendet oder zum Konfliktauslöser wurden) und aktiv, nicht-verletzend damit umgehen (vgl. S. 117 ff.)
Anweisung: dies »in vivo« anzuwenden

Vermittlung einer entlasteten Sicht der sexuellen Probleme

Beginn eines intensiven Trainings (Kernstück der Thera-

Ummotivierung (UM)

durch »Aufrollen« der gemeinsamen Lerngeschichte.
Wieder anknüpfen an die Zeit vor der Hochzeit, als sie körperliche Gefühle für ihn hatte; Erinnerung an sehnsuchtsvolle Wünsche und Vorstellungen; die alte einseitige Phantasie, nur der Mann sei für das Glück der Frau verantwortlich, in Frage stellen.

Umkonditionierung (UK)

pie):Empfindungsübungen und Abbau sexueller Ängste (vgl. S. 119 ff.)

In der Sitzung:

1. Entspannungstraining; angenehme Körperempfindungen wahrnehmen lernen
2. Akzent: Empfindungen von Wärme (vgl. Autogenes Training), besonders im Bereich der Geschlechtsorgane
3. Zunehmende Verknüpfung dieser Empfindungen mit Vorstellungen, in die der Mann miteinbezogen wird, wobei er zunächst passiv ist und erst allmählich aktivere Zärtlichkeiten dazukommen (d. h., die Frau lernt, im ungefährlichen Raum der Vorstellung das angenehm zu erleben, was real zunehmend ängstlich vermieden wurde).

Mit der Desensibilisierung von sexuellem Annäherungsverhalten des Mannes wird begonnen.

Vereinbarung für zu Hause:
Entspannungsübung mit Training der Wahrnehmung von Körperempfindungen;
»in vivo« das realisieren, was in der Vorstellung angenehm war (kleine Schritte!);
eventuelle Initiative für sexuellen Kontakt bei entsprechender Stimmung.

UMMOTIVIERUNG (UM)	UMKONDITIONIERUNG (UK)

Phase 3: (5 Sitzungen): Das bisher Erreichte wird reflektiert und weitergeführt.

FÜR DEN MANN	
UM:	UK:
Auswertung seines neuen zurückgenommenen, geduldigen Verhaltens, das ihm z. T. schwerfällt, das ihm aber zunehmend auch neue erotische Verstärker einbringt und überhaupt mehr Zuwendung von seiten seiner Frau.	Vereinbarung: ihr Zeit lassen; auf ihre »Signale« reagieren, wenn ihr Zärtlichkeiten »zu viel« werden bzw. für sie nicht der richtige Zeitpunkt da ist.
Analyse der Heimkehrsituation am Abend: seine Verschlossenheit, sein abweisendes Gesicht, das seine Frau oft auf sich bezieht, das von ihm her aber meistens bedeutet: Tagesprobleme nicht »abschalten« können.	Vereinbarung zur Selbststeuerung: auf der Heimfahrt sich auf zu Hause einstellen, überlegen, ob er durch irgend etwas verärgert sein könnte; dies für sich klären, eventuell mitteilen, um Mißverständnisse zu vermeiden (abweisendes Gesicht) Weitere Gesprächsinitiativen.

FÜR DIE FRAU	
UM:	UK:
Analyse der Heimkehrsituation am Abend: ihr Anteil: sich abhängig verhalten (beleidigt sein, sich die Stimmung verderben lassen).	Vereinbarung: Erproben von Alternativreaktionen: ihm etwas Zeit lassen; er muß nicht gleich »da« sein, ihn nicht überfordern; nachfragen.
Motivierung durch positive Erfahrungen mit den Empfindungsübungen: (gute Stimmung, Reduktion der Ab-	In der Sitzung: Fortsetzung der Empfindungsübungen mit Einblenden von Vorstellungen.

UMMOTIVIERUNG (UM)	UMKONDITIONIERUNG (UK)
wehrreaktionen, schönes sexuelles Erlebnis auf ihre Initiative hin).	»In-vivo«-Übungen in der Sitzung (ohne Therapeut): Zärtlichkeiten nach Instruktion realisieren, die mit der Frau über die Vorstellung vorgeübt waren; Zeitbegrenzung: 10 Min.
	Desensibilisierung von Ängsten im Zusammenhang mit »Angeschaut-werden«. (Ziel: sich nackt zeigen und bewegen können) Vereinbarung: zu Hause realisieren, was ohne Angst möglich ist.

Rückfall: Nachdem die Partner in ihrer erotischen Beziehung gut miteinander weitergekommen waren und Übungen zu Hause (nach Instruktion) mit gutem Ergebnis durchgeführt hatten (die Frau: »ich war glücklich«), scheiterte eine solche Übung (er »ging weiter«, drängte; sie gab ihm kein Signal, wollte sich »einen Ruck geben«, empfand dann plötzlich eine starke Abwehr und alte negative Gefühle gegen ihn).

Einige Tage darauf starb völlig unerwartet die Mutter der Frau, was bei ihr übermäßige Schuldgefühle auslöste, sie habe sich nicht genügend um die Mutter gekümmert.

Sie hatte keinerlei Empfindungen mehr für ihren Mann, fühlte sich völlig leer und distanziert.

Phase 4: (7 Sitzungen): Aufarbeitung des Rückfalls und neue Ansätze.

FÜR DEN MANN

UM:	UK:
Neumotivierung für Geduld: – durch Entlastung von Schuldgefühl (er ist nicht »schuld«)	Vereinbarungen: nur kleine Aktivitäten im Zärtlichkeitsverhalten.

UMMOTIVIERUNG (UM)	UMKONDITIONIERUNG (UK)
– durch Bestätigung seines sehr hilfreichen Verhaltens nach dem Tod der Mutter. Alternativerfahrung: ich fühle mich wohl und nicht ungeduldig, wenn es mir gelingt, ihre Zuneigung durch Aktivitäten zu gewinnen, die ihr helfen. Kognitive Vermittlung zur Aufarbeitung des Rückfalls: das Gelingen der ersten Schritte ist von großer Bedeutung.	Gesprächsinitiativen: (nichtbohrendes) Nachfragen, was in seiner Partnerin vorgeht; Verbalisieren eigener Gefühle, auch Frustrationen (wurde in der Sitzung vorgeübt) in informierender und nichtbelastender Weise.
Gute Ansätze bei seiner Frau in der Folgezeit bringen (zwar zögernd) eine positive Entwicklung in Gang.	Vereinbarungen (äußere Dinge werden besser geregelt): Er hält sich an einige als berechtigt erkannte Wünsche der Frau: – Abendessenszeit und Dauer – Umgang mit den Kindern.

FÜR DIE FRAU

UM:	UK:
Neumotivierung nach dem Tod der Mutter durch eine biographische Analyse, die sich an einen Traum anschloß (vgl. S. 100), der den inneren Konflikt spiegelte: sie leistet es sich zu leben und Erotik genießen zu lernen, während die Mutter krank ist und stirbt; um ihre Schuldgefühle zu »beruhigen«, »darf« sie keine erotischen Gefühle mehr aufkommen lassen.	Wiederaufnahme der Empfindungsübungen: langsam beginnend bei den einfachsten Übungen. Nachdem Entspannung und angenehme Körperempfindungen wieder möglich waren, wurden schrittweise erotische Vorstellungen eingeblendet (vgl. S. 119 ff.).

UMMOTIVIERUNG (UM)	UMKONDITIONIERUNG (UK)
Erfolge mit den Übungen verbessern ihre Stimmung, machen sie unabhängig von depressiven Stimmungen des Partners.	Vereinbarung: Zärtlichkeitsbedürfnissen nachgeben; dem Mann ein Signal geben, wenn sie sexuellen Kontakt ausschließen möchte (»das heißt noch nichts!«).
Auswertung der Tatsache, daß sie aus eigener Initiative eine Halbtagsstelle angenommen hat: Motivation durch neues Selbstgefühl.	Wenn möglich, positive Gefühle für sexuelle Initiativen ausnützen.

Phase 5: (8 Sitzungen): Erneut auftretende Schwierigkeiten werden bearbeitet; es gelingt, einen positiven Kreisprozeß in Gang zu bringen.

FÜR DEN MANN

UM:	UK:
Schwierigkeit, ihn gut zu motivieren, da ihm die Entwicklung zu langsam geht; alte Ungeduld kann er zwar besser kontrollieren, aber er gerät dafür in eine Haltung der Resignation.	Erneute Gesprächsübungen: wie kann er über seine erotischen und sexuellen Wünsche sprechen, ohne seine Partnerin unter Druck zu setzen (negativ: »vielsagend« lächeln, halbe Andeutungen etc.; positiv: ernstes Gesicht, im Konjunktiv sprechen etc.).
Einsicht: Das Gespräch ist immer noch schwierig: wenn er über sexuelle Wünsche spricht, kommt er oft nicht an.	
Analyse seines Defizits an sprachlicher Bestätigung und nichtsprachlichem Kontakt (außerhalb der erotischen Situation).	Zögernde Inangriffnahme eines Selbstkontrollprogramms (schriftlich) – sprachliche Initiativen – nicht-sprachliche Initiativen (je eine pro Tag, stimmungsadäquat).
Motivierung dadurch, daß die Frau dasselbe Programm macht (s. u.).	

UMMOTIVIERUNG (UM)	UMKONDITIONIERUNG (UK)
Analyse: durch ein gemeinsames Programm im Urlaub kommt ein positiver Kreisprozeß in Gang, seine Ungeduld ist weg.	Alternativ-Erfahrung: wenn er sich um den Kontakt bemüht (Programm), bleibt der Gefühlskontakt erhalten und erotisch-sexuelle Verstärker sind besser »zugänglich«.

FÜR DIE FRAU

UM:	UK:
Analyse: Sie hilft ihm zu wenig, fühlt sich immer noch zu rasch beschuldigt. Motivierung durch ihre größere Unabhängigkeit und Selbständigkeit, die ihre Stimmung gut beeinflussen; auch die Beziehung zu ihrem Körper gelingt ihr zunehmend besser.	Gesprächsübung: wie reagiert sie auf seine Resignation; wie kann sie über Enttäuschung aggressionsfrei sprechen. Vereinbarung: – Selbstkontrolle ihrer »beleidigten« Reaktionen, sobald er von erotisch-sexuellen Wünschen spricht – Positive Körperempfindungen in Verhalten umsetzen.
Analyse: (wie bei ihm) Sie bestätigt ihn wenig, und Zärtlichkeiten sind ihr auch kaum gelungen (bleibt alles »innen«).	Vereinbarung: Selbstkontrollprogramm: – sprachliche Initiativen – nicht-sprachliche Initiativen (je eine pro Tag, stimmungsadäquat) – einmal pro Woche ein vorwurfsfreies Gespräch über das Programm.
Analyse: Auswertung des positiven Urlaubserlebnisses: (»es war unser schönster Urlaub«; »ich wollte ihn möglichst viel um mich haben«)	Alternativ-Erfahrung: »ich habe die Erfahrung gemacht, daß nach kleinen Anstrengungen plötzlich ein unerwartetes Gefühl für ihn da war.«

UMMOTIVIERUNG (UM)	UMKONDITIONIERUNG (UK)
Motivierung für neue sexuelle Bemühungen (»der sexuelle Kontakt war nicht so intensiv«).	Empfindungsübungen in der Sitzung: – über die Vorstellung – »in-vivo«-Übungen (ohne Therapeut) (vgl. S. 122).

Rückfall: Der Mann hatte ein erotisch schönes Zusammensein mißverstanden und gemeint, seine Frau wünsche den sexuellen Kontakt; sie wagte nicht »nein« zu sagen und war dann voller Abwehr und Aggressionen gegen ihn (vgl. 1. Rückfall).
Weitere Faktoren: zu große Erwartungen aufgrund der Entwicklung im Urlaub und danach; berufliche Anspannung des Mannes; Schwierigkeiten der Frau mit ihrer Tochter.
Dieser Rückfall war schwieriger aufzuarbeiten als der oben beschriebene. Er weitete sich aus zu einer Krise der Beziehung. (Der erotisch-sexuelle Kontakt wird wieder mühsam; der sexuelle Kontakt reißt zwischendurch für einige Wochen ab.)

Phase 6: (14 Sitzungen): Bearbeitung dieser Beziehungskrise.

FÜR DEN MANN

UM:	UK:
Analyse seiner Depression (nach dem Rückfall) und ihrer Konsequenzen: er fühlt sich ohnmächtig (die sexuellen Probleme sind nicht zu lösen) und abgelehnt (sie mag mich doch nicht). Das führt zu Rückzug im Kontakt, Verschlossenheit. (Die neuerworbenen Kontakt-Initiativen bleiben aus.) Dadurch wird der körperliche Kontakt für die Frau fast unmöglich (der »Sprung« von kein Kontakt zum sexuellen Kontakt ist zu groß), was seine Resignation »bestätigt«.	Vereinbarung: – diesen Teufelskreis bewußt beobachten – das Gefühl »sie mag mich nicht« in Frage stellen: was tue ich zur Zeit für sie (Alternativ-Erfahrung war dagewesen!).

UMMOTIVIERUNG (UM)	UMKONDITIONIERUNG (UK)

Weitere Analyse: die Krise wirft alte Kommunikationsprobleme neu auf:

Mit seinem Rückzug aus dem Gespräch geschieht mehrerlei:
– er klärt für sich seine Gefühle zuwenig, fühlt sich nur deprimiert;
– er läßt zu, daß sein Rückzug mißverstanden wird (»ich weiß schon, woran er denkt«);
– sein Schweigen vergrößert die Distanz;
– er bleibt einsam, obwohl er vielleicht ihr Mitgefühl erfahren könnte.

Übung in der Sitzung:
aussprechen lernen, was in ihm vorgeht, wenn er schweigt;
Rekonstruktion von Situationen, in denen sein Schweigen für die Frau belastend war und ihre Aggressionen verstärkt hat.
Vereinbarung (um ihn nicht zu überfordern):
Wenn er nicht sprechen kann, eine kurze Begründung geben: ich fühle mich zu abgespannt, ich fürchte, daß ich unsachlich werden könnte etc.

FÜR DIE FRAU

UM:
Analyse des Rückfalls:
Sie hat sich zu sehr »zusammengenommen«, wollte selber die positive Entwicklung der sexuellen Beziehung konstant halten, hat »innere Signale« überfahren und war selbst sehr bestürzt, mit ihren alten Abwehrproblemen wieder konfrontiert zu sein. Sie war aber weiterhin motiviert, sich zu bemühen.
Erst die Enttäuschung und Resignation des Partners (die sie überwiegend als Aggression und Ablehnung mißdeutet hat) hat bei ihr eine Beziehungs-

UK:
Die Empfindungsübungen werden in verschiedenen Variationen weitergeführt (mit Unterbrechungen), entsprechend der Motivierbarkeit der Frau.

UMMOTIVIERUNG (UM)	UMKONDITIONIERUNG (UK)

krise ausgelöst: er hat vergessen, was schon erreicht war; für ihn zählt nur die Häufigkeit des sexuellen Kontakts; er akzeptiert mich nicht mit meinen Schwierigkeiten; ich könnte vielleicht besser allein leben.

Analyse der Bedingungen für sein Gesprächsvermeidungsverhalten, die bei ihr liegen:
– ihre neue »Offenheit« (»ich kann ihm jetzt alles sagen, auch die Probleme von früher«) bedeutet für ihren Partner Bestrafung. Sie merkt nicht, wie sehr sie ihn damit überfordert

In der Sitzung:
– Erarbeitung von Alternativen, die ihn nicht einseitig belasten

Vereinbarung:
– Kontrolle ihrer aggressiven Offenheit (reflektierendes Vorwegnehmen der negativen Konsequenzen: dadurch entlaste ich mich zwar im Augenblick, verhindere aber den Kontakt, den ich mir wünsche).

– Analyse einer in sich widersprüchlichen Haltung: neues Selbstbewußtsein (ich bin gleichberechtigter Partner) und doch zum Teil fordernd-abhängige Einstellung (er ist verantwortlich, wie es uns jetzt geht).
Sie meint, sich besonders erwachsen und unabhängig zu verhalten, verhält sich aber z. T. wie ein Kind, das die Belastbarkeit und Stärke des Vaters für unbegrenzt hält.

Vereinbarung:
– Beobachtung der kindlich-überfordernden Reaktionen.
– Beobachtung alter Abhängigkeitsgefühle und Reaktionen (»ich kann nichts tun«; »ich kann ihn aus seiner Depression nicht herausholen«), die ihren Wunsch nach Selbständigkeit und Eigenverantwortlichkeit (»er soll mir nicht soviel vorschreiben«, »ich lasse mich nicht mehr gängeln«) durchkreuzen.
(Notizen!)

UMMOTIVIERUNG (UM)

Eine biographische Analyse alter Schamgefühle motiviert sie, erotische Hemmungen neu anzugehen. Auslöser: sie bemerkte mit Erschrecken, daß sie Zärtlichkeiten der Tochter nicht erwidern kann. Biographie: Zärtlichkeiten zwischen den Eltern waren peinlich; das Verhältnis Mutter–Tochter war rauh und herzlich, das Verhältnis zum Vater geschlechtlich »neutral«.

UMKONDITIONIERUNG (UK)

Beobachtungsaufgabe: wie geht sie mit der Tochter um; was erinnert sie in ihrem Verhalten an das Verhalten ihrer Mutter; in welchen Dimensionen läßt sie ihre Tochter ihr eigenes Schicksal wiederholen; wie sind ihre Zärtlichkeiten ihrem Mann gegenüber.

Phase 7: (10 Sitzungen): Auf der Basis der vorangegangenen Arbeit kommt ein positiver Kreisprozeß in Gang.

FÜR DEN MANN

UM:
Eine erneute Analyse seiner Anspannung, Unruhe und Ungeduld ergibt eine positive Motivation zur Veränderung (die Frau beklagt: »er ist immer beschäftigt«, »er hat nie Zeit«: er muß immer tüchtig und perfekt sein; es gibt ständig Probleme, die er lösen muß; er kann sich nicht gehenlassen; er kommt nicht zur Ruhe.)

Biographische Rückblende:
er verhält sich nach dem Modell seiner Mutter; (bewußt identifiziert er sich nur mit dem Vater).
Er beschrieb seine Mutter als »nervös, immer überlastet,

UK:
Vereinbarungen:
– zeitliche Begrenzung seiner Tätigkeiten zu Hause
– Absprachen für die gemeinsame Zeit
– Wenn er einen Abend beruflich weg war, soll er für die Gestaltung des folgenden gemeinsamen Abends einen (wenn auch kleinen) Vorschlag machen.
– Selbstbeobachtung: wie fühle ich mich, wenn ich mir Zeit zur Muße gönne.

UMMOTIVIERUNG (UM)	UMKONDITIONIERUNG (UK)

verschlossen, mit wenig Beziehung zum Vater«.
Einsicht: er überläßt die Gestaltung der Beziehung weitgehend seiner Frau.

Spontane Einsicht (nachdem sich die erotisch-sexuelle Beziehung wieder verbessert hatte): Ich bin erotisch noch weit davon entfernt, der Partner zu sein, den sie sich wünscht. Unser Problem ist nicht damit beendet, daß sexueller Kontakt häufiger möglich ist. Wir sind beide noch viel zu ängstlich im erotisch-sexuellen Umgang miteinander. Es ist für mich immer wieder schwierig, den Gefühlskontakt nicht abreißen zu lassen.

Vereinbarungen:

Selbstbeobachtung im erotisch-sexuellen Beisammensein: wieweit verhalte ich mich entsprechend meinen Empfindungen (ohne sie zu überfahren), und inwieweit verhalte ich mich ängstlich-abhängig von ihren Reaktionen.

Intensive Wiederaufnahme des Selbststeuerungsprogramms: Pro Tag: eine nicht-sprachliche Kontaktinitiative und eine sprachliche Bestätigung (schriftliche Aufzeichnung!).

Einübung in der Sitzung:

Positive Rückmeldungen an seine Frau: was gefällt ihm an ihr im erotisch-sexuellen Kontakt, was hat ihm gutgetan.

Vereinbarungen für zu Hause:

Alles beschreiben, was ihm an ihr angenehm war zu bestimmten gemeinsamen Zeiten (z. B. während eines kurzen Urlaubs).

Übung für zu Hause:

Sich ihren Zärtlichkeiten ganz überlassen (s. u.), ohne innerlich oder äußerlich zu »fliehen«.

UMMOTIVIERUNG (UM)	UMKONDITIONIERUNG (UK)

FÜR DIE FRAU

UM: Analyse: Sie hat noch Ängste, sich hinzugeben, sich ihm zu überlassen, sich von ihm sexuell erregen zu lassen. Einsicht: ich wehre vermutlich noch viele Gefühle ab.	**UK:** Wieder verstärkte Übungen in der Sitzung (und zu Hause): Körperempfindungen, verknüpft mit Vorstellungen (in denen sie teils aktiv, teils passiv ist, zärtlich-weiche Gefühle geben und annehmen kann wie auch stärkere, leidenschaftlichere). Gezielte Übung über die Vorstellung: sich an der Klitoris erregen zu lassen. Vereinbarung: zu Hause »in vivo«, was angenehm war.
Analyse: Sie macht noch zuwenig aus der Erfahrung: spontane Gefühle für ihn können da sein, wenn sie sich um den Kontakt bemüht.	Intensive Wiederaufnahme des Programms: sprachliche/nicht-sprachliche Initiativen.

AUSZÜGE AUS DEM THERAPIE-VERLAUF

Zur Veranschaulichung werden aus den Therapie-Protokollen einige detailliertere Auszüge wiedergegeben:

Übung für die Frau (zu Beginn der Therapie): *Umgang mit erotischen »Störreizen«* (vgl. Phase 2)
Beispiele für »Störreize«:
– er streichelt nicht richtig, massiert eher ungeduldig
– er versucht, zuerst den Busen zu streicheln
– er schmiegt sich gleich am Anfang in der Genitalgegend an

Für die Frau sind dies negative Signale in mehrfacher Hinsicht:
sie lösen ablehnende Gefühle gegenüber dem Partner aus (er
kann sich auf meine Bedürfnisse nicht einstellen) und Resignation (ich bin erotisch zuwenig ansprechbar);
sie veranlassen sie zu Reaktionen, die die Beziehung stören: entweder ängstlich-passives Erleiden oder aggressive Abwehr und
Flucht.
Für den Mann ist es in dieser Phase noch schwer zu unterscheiden, wie er sich verhalten soll, da er gelegentlich auch erlebt hat,
daß er ihre Abwehr überwinden kann.

Einübung von Alternativ-Reaktionen:

– Tiefentspannung und Wahrnehmen angenehmer Körpergefühle.
– Vorstellung verschiedener Szenen (durch den Therapeuten
verbal dargeboten), in denen solche Störreize vom Partner
kommen.
– Darbietung von Alternativen zu den vorgestellten Szenen:
wenn er nicht angenehm streichelt (Art oder Körperpartie),
seine Hand nehmen und führen oder auf die Wange legen;
wenn er ungeduldig reagiert: entspannen und ruhig sagen
»nicht so eilig« o. ä.

Verlauf der Übung (in zwei verschiedenen Therapie-Sitzun-
gen): »es war nicht unangenehm; ich habe zwischendurch erotische Gefühle gehabt«.
Sie versuchte diese Alternativen zu Hause und berichtete: »Es
ist mir z. T. schon gelungen, ich habe mich ihm gegenüber wohler
gefühlt.« Die Reaktion des Mannes: »Ich bin froh um solche
Hinweise, ich bin oft sehr verunsichert.« Für den Mann wird
also ein differentieller Lernprozeß eingeleitet.
Im Anschluß an diese Übungen wurde vereinbart:
Sie kann abends zu ihm ins Bett schlüpfen und sich »ankuscheln«,
ohne daß sie fürchten muß, daß er auf Verkehr drängt oder auch
nur auf intime Zärtlichkeiten. Sie bemerkte in der Folgezeit, daß
für sie diese Form des Kontakts sehr wichtig war. Alte Ängste
konnten dadurch abgebaut bzw. das Sich-Entziehen aufgegeben
werden.
Damit wurde das Problem des erotischen Kontakts von verschiedenen Seiten angegangen:

- sie kann »Störreize« kontrollieren;
- er lernt, wann Zärtlichkeiten von ihr als negative Signale erlebt werden;
- sie kann Hautkontakt nachholen;
- er macht die Erfahrung, daß ihm dieser Kontakt auch wichtig ist, obwohl es ihm immer wieder schwerfällt, so passiv zu sein.

Aus der Phase der Wiederaufnahme der Empfindungsübungen nach dem Tod der Mutter (vgl. Phase 4)
(Der Abstand zwischen den Sitzungen betrug 2 Wochen.
Die Übungen wurden mit der Frau allein gemacht und im »Schwierigkeitsgrad« der jeweiligen Ausgangsstimmung angepaßt.)

22. THERAPIE-SITZUNG
Übung (ca. 30 Min.): Tiefentspannung, alle Gedanken ausblenden, Wahrnehmen angenehmer Körperempfindungen, Wärmewahrnehmung (vor allem im Unterleib);
Vorstellung einblenden: ihr Mann sitzt neben ihr und legt den Arm um sie, sie empfindet seine Körperwärme; dann wieder Entspannung ohne Vorstellung.
1. Durchgang:
Entspannung: gut;
keine Wärmeempfindung;
die Vorstellung sei »schwierig« gewesen.

2. Durchgang:
Entspannung: noch etwas vertieft
Wärme: ein bißchen
Vorstellung: besser gegangen, eher angenehm gewesen.

ZWISCHENZEIT ZU HAUSE:
Entspannung gelang gut, erotische Gefühle gehabt, auch angenehmes Wärmegefühl; vom Unterleib ging ein angenehmes Kribbeln aus.
Einmal trat ein spontanes Wärmegefühl im Unterleib in Gegenwart des Mannes auf.

23. THERAPIE-SITZUNG
Übung (ca. 20 Min.): Tiefentspannung, Gedanken ausblenden.

Wahrnehmen angenehmer Körperempfindungen, Wärmesuggestion.

Vorstellung einblenden: Sie liegt bei ihrem Mann, ihre Hände
berühren sich, sie empfindet Wärme und Verbundenheit; sie legt
seine Hand auf ihren Busen.

Zwei Durchgänge:
Entspannung und Wärme: gut
Vorstellungen: angenehm
(Einfall: »wenn es dabei bliebe!«).

ZWISCHENZEIT ZU HAUSE:
Die Entspannungsübungen gingen z. T. sehr gut, manchmal aber
auch gar nicht.
Sie haben einmal nackt zusammen geschlafen (was sonst nie vorkommt). – Beim sexuellen Verkehr hatte sie (nach einem kleinen »Ruck«) angenehme Gefühle.

24. THERAPIE-SITZUNG
Übung (ca. 20 Min.): Tiefentspannung, Gedanken ausblenden,
angenehme Körperempfindungen, Wärmesuggestion.
Vorstellung: eine angenehme erotische Vorstellung selbst wählen
(»ich habe mir vorgestellt, daß ich mich nackt mit meinem Mann
umarme«).
Zwei Durchgänge: Entspannung und Wärme: ganz gut; (»Gedanken abschalten war schwierig«); Vorstellung: angenehm,
aber nicht sehr intensiv.

ZWISCHENZEIT ZU HAUSE:
Die Entspannungsübungen gingen vorzüglich. Sie fühlte sich
auch in sehr guter Stimmung. Ein Bedürfnis nach Zärtlichkeit
war da, wurde aber kaum »umgesetzt«; vom Partner kam wenig an Zärtlichkeit. Beim sexuellen Verkehr war Streicheln am
ganzen Körper ohne Abwehrgefühle möglich.

25. THERAPIE-SITZUNG
Übung (ca. 20 Min.): Tiefentspannung, Gedanken ausblenden,
Körperempfindung, Wärme.
Vorstellung: sie liegt nackt bei ihrem Mann; sie fühlt seine
Wärme, er streichelt ihren Busen, sie streichelt ihn am ganzen
Körper.
Zwei Durchgänge:
Entspannung: ganz gut

Vorstellungen: ohne Problem möglich.

ZWISCHENZEIT ZU HAUSE:
1. Woche ging alles gut, auch der sexuelle Kontakt.
2. Woche: Stimmungstief (er hat im ungünstigen Augenblick intime Zärtlichkeiten versucht); alte Gefühle der Überforderung und Abwehr waren wieder da.
   Gedanke: alles ist immer zuwenig, es ist nicht zu schaffen.

26. THERAPIE-SITZUNG

Übung (ca. 30 Min.): Tiefentspannung, Gedanken ausblenden, Körperempfindungen, Wärmesuggestion.
Vorstellung: sie liegt bei ihm, schmiegt sich an seinen Rücken an, fühlt die Körperwärme.
1. Durchgang:
Entspannung und Wärme wenig,
Vorstellung ganz schwach.
2. Durchgang:
ein kleines bißchen besser.

ZWISCHENZEIT ZU HAUSE:
Die Frau berichtete, ihre Stimmung sei wieder gut gewesen, sie sei mit sich weitergekommen; sie spüre eine gute Entwicklung des erotischen Gefühls: »ich mag meinen Mann sexuell lieber«. Der Mann: »ich empfinde das auch so, meine Frau erlebt viel mehr mit«.

27. THERAPIE-SITZUNG

Übung (ca. 20 Min.): Tiefentspannung, Gedanken ausblenden, Körperempfindungen, Wärme.
Vorstellung: sie liegt nackt bei ihm;
Empfinden der Körperwärme, Verbundenheit; wechselseitige Zärtlichkeiten.
Zwei Durchgänge: alles positiv.

ZWISCHENZEIT ZU HAUSE:
Die Frau berichtet, ihre Stimmung sei gut gewesen, sie habe ihm gegenüber ein gewisses Niveau an Gefühl gehabt.
Auch der Mann berichtet von guter Stimmung: »ich gehe auf sie ein«. Die letzten Tage seien aber wieder schlechter gewesen.

In den folgenden vier Sitzungen wurden erneut aufgetretene Konflikte bearbeitet und ein Selbstkontrollprogramm durchgeführt, dessen Ergebnisse wieder einen Ansatz für weitere Übungen ermöglichten (vgl. Übersicht: Phase 5).

ZWISCHENZEIT vor der nächsten Sitzung:
Die Frau berichtet von einem sehr schönen sexuellen Erlebnis, das durch ihre Initiative nach einem »Ruck« zustande kam; sie habe ein starkes körperliches Gefühl gehabt, habe es gern gehabt, daß er sie intensiv gestreichelt hat.
Der Mann: seine Ungeduld sei ganz verschwunden gewesen.

32. THERAPIE-SITZUNG
1. Übung: Tiefentspannung, Körperempfindungen, Wärmesuggestion.
Vorstellung: er streichelt sie intensiv am ganzen Körper.
Zwei Durchgänge: alles positiv.
2. Übung: dasselbe mit dem Mann ›in vivo‹, 10 Minuten (Therapeut abwesend); Instruktion: sofort aufhören, wenn etwas unangenehm ist.
Bericht:
die Frau: »ich habe alles angenehm erlebt«;
der Mann: »es war ein Fortschritt an Intensität im Vergleich zu daheim«.

ZWISCHENZEIT ZU HAUSE:
Sie hatten einen Konflikt, den sie aber selber gut und rasch aufarbeiten konnten. An Zärtlichkeiten sei einige Male »alles möglich« gewesen; der sexuelle Kontakt war angenehm.
Der Mann: »ich konnte wenig zu Hause sein, und wir hatten trotzdem guten Kontakt«.

33. THERAPIE-SITZUNG
1. Übung: wie oben
Bericht: »ich habe alles sehr angenehm erlebt, erotische Gefühle gehabt«.
2. Übung: dasselbe wieder mit dem Mann ›in vivo‹ (s. o.)
Bericht: die Gefühle waren (im Vergleich zum letztenmal) noch intensiver.
Die Frau: »das war ganz wunderbar, wie du gestreichelt hast«.

ZUSAMMENFASSUNG

Die Zahl der Sitzungen betrug insgesamt 59 (75 Minuten pro Sitzung)

Beide Partner äußerten sich dahingehend, daß sie nicht gedacht hätten, je in der Veränderung ihrer Situation zum Positiven so weit zu kommen, und zwar nicht nur in der sexuellen Beziehung, sondern auch in anderen Bereichen. (Z. B. im Umgang mit ihren Kindern, denen sie ein besseres Modell geworden sind. Die Frau hat ihre Ängste weitgehend verloren, daß sie den Kindern zuviel schuldig bleibt und sie durch ihre Probleme für ihr Leben belastet.)

In ihrer Partnerbeziehung hat sich das frühere Ungleichgewicht (er »kann alles«, sie bewältigt vieles nicht, reagiert mit Ängsten und Aggressionen), das *beiden* geschadet hat, verändert. Die Frau hat nicht nur gelernt, erotisch-sexuelle Gefühle zuzulassen und Ängste zu kontrollieren, die die sexuelle Beziehung völlig zu blockieren drohten, sie hat (damit) auch ihre Antriebslosigkeit und ihre häufig gedrückte Stimmung überwunden.
Der Mann hat nicht nur gelernt, seine Ungeduld in der intimen Beziehung dadurch zu steuern, daß er deren negative Konsequenzen kognitiv vorwegnimmt, ihm ist auch deutlich geworden, wie er sich von seiner Unruhe, dem Tätig-Sein-Müssen »programmieren« läßt und wie wohl er sich fühlt, wenn es ihm »gelingt«, sich mehr gehen zu lassen.

Beiden Partnern ist deutlich geworden, daß eine gute Beziehung von der gegenseitigen Bestätigung lebt, die nicht nur »innen« bleibt, sondern die in Worten und Gesten mitgeteilt wird.

Diese Therapie zeigt u. a. auch, wie unsinnig es wäre, voreilig Gedanken an die Trennung (die von den Partnern geäußert wurden) zu verfolgen aus der Resignation des Therapeuten: diese beiden Partner haben es vielleicht doch zu schwer, sich die wichtigsten Verstärker zugänglich zu machen und zugänglich zu halten.

Die Partner hätten dann nur gelernt, mißerfolgsmotiviert vor
ihren Schwierigkeiten zu kapitulieren.

Es mag idealistisch klingen, aber um die Lösung »Trennung«
wirklich verantworten zu können, sollte man vorher die positiven Möglichkeiten der Beziehung intensiv kennengelernt haben.

9.
Behandlung einer
depressiv-schizoiden Eheneurose

Es hatte damit begonnen, daß der achteinhalbjährige Bub der
Frau P. in der Schule durch zunehmende Konzentrationsschwä-
che, Zurückgezogenheit, Ängstlichkeit, einen oft ausdruckslosen
starren Blick und Leistungsversagen in allen Schulfächern einer
Lehrerin aufgefallen war, die das Kind noch von den Monaten
des Schulanfanges als aufgeweckten und lebendigen Schüler
kannte.
Nach Rücksprache mit der Mutter waren von der Lehrerin Kontakte zu einer Erziehungsberatungsstelle eingeleitet worden, und
nach mehrmonatiger Behandlung durch Spieltherapie zeigte der
Bub wieder ein angstfreies Verhalten, nahm wieder an den Spielen seiner Kameraden teil und hatte neues Interesse am Lernen
in Verbindung mit gehobenerem Vertrauen auf die eigenen Fä-
higkeiten gewonnen. Eine Verbesserung der Schul-Noten war
erreicht worden, und wenigstens die kommende Versetzung
schien nicht mehr gefährdet.
Von den beiden Eltern hatte nur die Mutter mit der Erziehungsberatung zusammengearbeitet, und es war der Psychologin in
mehreren Gesprächen mit der besorgten Frau aufgefallen, wie
sehr sie die Verzweiflung an der Ehe belastete. Durch die Kin-
dertherapeutin auf den Einfluß der ehelichen und familiären
Atmosphäre auf das Kind angesprochen, ist Frau P. gern bereit,
eine Ehetherapie zu beginnen, wenn sie auch sehr daran zwei-
felt, ob ihr Mann mitmachen wird und daß es für sie selbst noch
eine Hilfe gibt. Um des Kindes willen, für dessen Beziehung zum
Vater sie sich eine Verbesserung erhofft, sucht sie die Eheberatungsstelle auf.
Bei der Anmeldung macht Frau P. folgende Angaben über sich
und ihre Familie:
Die Ehe wurde vor 9 Jahren geschlossen zu einer Zeit, als

ihr Mann noch das Polytechnikum besuchte. Herr P. war damals 28, hatte einen Berufsabschluß als Feinmechaniker, und nachdem er in Abendkursen die mittlere Reife nachgeholt hatte, war er dabei, in der Fachrichtung Maschinenbau den Ingenieur-Abschluß zu machen. Gegenwärtig war er in einer führenden Firma für Spezialgerätebau auf medizinisch-technischem Gebiet verantwortlich für die Betreuung von Spezialapparaturen in großen Kliniken. Die Stellung hatte er durch Zusatzausbildungen nach dem Ingenieurabschluß, die ihn oft der Familie fernhielten, erhalten. Frau P. war am Hochzeitstag gerade 20 Jahre alt, ist also 8 Jahre jünger als ihr Mann. Sie hat keine Berufsausbildung abgeschlossen, obwohl sie verschiedene Wünsche gehabt hätte und auch mehrfach einen Versuch unternahm, sich ausbilden zu lassen, zerschlugen sich alle Bemühungen an immer neuen und anderen Schwierigkeiten.

Eduard, das einzige Kind der beiden Eheleute, wird in 4 Monaten 9 Jahre alt; sein Kommen gab seinerzeit den entscheidenden letzten Anstoß für die Eheschließung. Sowohl sie wie ihr Mann sind erstmals verheiratet. Sie stammen beide aus Arbeiterfamilien und hatten selbst hart zu kämpfen, sich eine Wohnung einzurichten, da sich beide elterlichen Familien nicht mehr um die jungen Leute annahmen. Die Ehe der Eltern Frau P.s war geschieden, Herr P. war ein Adoptivkind.

Inzwischen hat Familie P. eine 3-Zimmer-Wohnung mieten und einrichten können und ist gerade seit wenigen Jahren aus den größten finanziellen Schwierigkeiten heraus.

Frau P. ist bereits eine Viertelstunde vor der vereinbarten Zeit für die 1. Sitzung da; sie wartet gern, um sich zu sammeln, wie sie der Sekretärin erklärt. Ihr Mann sei nur einmal zur Erziehungsberatung gegangen, er habe sich grundsätzlich bereit erklärt, auch einmal die Eheberatungsstelle aufzusuchen, möchte jedoch zuvor noch telefonisch mit dem Therapeuten sprechen – er werde in den nächsten Tagen anrufen.

Im äußeren Erscheinungsbild Frau P.s fällt der Widerspruch zwischen ihrer jugendlich-modernen Kleidung und ihrem stokkend-pausierenden, bewegungsarm-eingeschränkten, schlaffen Verhalten auf. Sie vermag der Aufmachung, die sie als 29jährige modebewußt trägt, kein Leben zu geben. Es ist, als teile sie mit: ›Ich würde so gern wieder fröhlich und aktiv sein und möchte wenigstens nach außen nicht deutlich werden lassen, wie sehr mich das Leben belastet.‹ Wenn ihre Niedergeschlagenheit trotzdem sichtbar wird, so offensichtlich gegen ihren Willen in den schwer steuer- und kontrollierbaren nonverbalen Äußerungen: des Mienenspiels, der Körperhaltung, der Gestik, des Blickes, Tonfalles und der Atmung. Es ist deutlich hindurchzuspüren, daß diese Frau an der Grenze dessen ist, was sie tragen kann, daß ihre nüchtern sachliche Darstellungsweise der Konfliktsituation ein Ausmaß innerer Not glaubt verdecken zu müssen, dem es erlaubt werden muß, sich zu zeigen, wenn die Schwierigkeiten auch nur näherungsweise deutlich werden sollen.

Der Therapeut spürt, daß diese Frau die Gelegenheit erhalten muß, Zutrauen fassen zu können, sowohl zur Therapie-Situation wie auch zu sich selbst, um ihrer eigenen Situation voll ins Auge schauen zu können und mitzuteilen, was sie bedrängt und ängstigt.

Wir glauben, zur helfenden Behandlung eines Patienten nicht auf grundlegend psychoanalytische Erkenntnisse verzichten zu können. Im vorliegenden Fall lassen sie uns z. B. deutlicher als die Erklärungsmodelle anderer Therapieschulen daran denken, daß es Über-Ich-Forderungen und eine unbewußte Abwehr von Es-Impulsen gibt, die, auf andauernde Lebensaufgaben bezogen, das Ich sowohl einengt wie für eine angemessene Auseinandersetzung mit der Umwelt unfähig macht; für den Augenblick des Erlebens hat die Abwehr jedoch eine Schutzfunktion, indem sie das Ich vor dem Zusammenbruch bewahrt, der ihm aus einer plötzlichen Wahrnehmung der Gesamtheit des Verdrängten drohen würde.

Frau P., die ja nach ihrer eigenen, dem Ich akzeptablen Auffassung zunächst nur kommt, um als Mutter zu helfen, die Beziehung zwischen Sohn und Vater zu verbessern, die mit diesem Anliegen zunächst nur zur Eheberatung geht, weil ihr dies von der Erziehungsberatung, zu der sie Vertrauen hatte, so empfohlen wurde, wird Zeit brauchen, bis sie Hoffnung schöpft, daß sie auch mit ihren ganz persönlichen Eheproblemen und ihren daraus resultierenden Ängsten und Aggressionen sich auseinandersetzen kann. Ihr Kommen zu einer ehetherapeutischen Behandlung läßt über das Vertrauen gegenüber der Erziehungsberatung hinaus vermuten, daß sie bereits insgeheim und ihr selbst nur momenthaft bewußt die Erwartung hegt, auch persönlich Hilfe zu finden.

Der Therapeut erlebt sich in diesen ersten Minuten der Begegnung auch deutlich mit der eigenen Gefühlswelt konfrontiert:

das Leid dieser jungen Frau, das zwar noch verborgen, aber doch schon andeutungsweise in die Therapie drängt, rührt ihn an, es wird ihm ein persönliches Anliegen zu helfen; zugleich kann er einen Impuls zum Ausweichen bei sich feststellen, da es für ihn, der sich selbst als eher depressiv begreifen muß, nicht leicht wird, schwerer seelischer Not zu begegnen. Auch wird er damit umzugehen haben, daß seine Möglichkeiten, zu helfen, begrenzt sind. Wenn er sich dieser Einflüsse auf sein Verhalten nicht bewußt bleibt, sie nicht gegebenenfalls in der Therapie anspricht, nicht bei sich selbst kontrolliert, dann ist die Gefahr groß, daß die Klientin Abwehr beim Therapeuten (aus dessen nonverbalem Verhalten) spürt und sich nur bruchstückhaft mitteilen kann, um den Therapeuten zu schonen.

Wenn Frau P.s Motivation, um ihrer selbst willen, um einer Verbesserung ihrer Selbstverwirklichung willen an einer Therapie teilzunehmen erhöht werden kann, dann wahrscheinlich durch die Erfahrungen des Angenommenseins, eines Gewinnes an innerer Ruhe und Klarheit und des Zuwachses an Hoffnung auf bessere Lebensmöglichkeit in der Zukunft.

Ziele für diese erste Sitzung: a) Frau P. die Möglichkeit zu geben, offen über ihr Verhältnis zu ihrem Mann zu sprechen, angstfrei über die Beschreibung der Vater-Sohn-Interaktion hinauszugehen und eigene Bedürfnisse zu äußern; b) mehr Information zu gewinnen, um zu einer Hypothese über verursachende Faktoren der Beziehungsstörung zu kommen; c) Frau P. zu motivieren, daß sie an die Verbesserung ihrer Situation glauben kann; d) eventuell mit Frau P. zu überlegen, was ihren Mann für eine gemeinsame Ehetherapie gewinnen könne.

Methoden: Zunächst erschien es hilfreich, Frau P. in einer gesprächspsychotherapeutischen Vorgehensweise Verständnis entgegenzubringen und sie das Maß dessen, was sie mitteilen wollte, wie auch die Auswahl der Themenkreise, Konfliktbereiche selbst bestimmen zu lassen.

Verlauf der 1. Sitzung: Frau P. berichtet, daß es ihr seit der Geburt des Sohnes nicht gelungen sei, den Vater für das Kind zu interessieren; sie habe immer wieder gespürt, wie sehr das Kind nach dem Vater verlange und ihn vermisse, ihr Mann habe anscheinend jedoch keinen Zugang zu Eduard finden können, er beachte ihn nicht. In der Erziehungsberatung habe man ihr gesagt, wie sehr es das Selbstbewußtsein eines Buben stören könne, wenn er sich nicht durch den Vater in seiner Männlichkeit angenommen erlebe. Sie versuche, ihrem Mann gerecht zu werden und gleichzeitig dem Kind vieles zu ersetzen – aber sicher mache sie alles falsch oder tue nicht genug, denn die Verhältnisse hätten sich mehr und mehr verschlechtert. Sie umsorge Mann und Sohn, soweit es in ihren Kräften stehe, mache ihnen ein kuscheliges, wohliges Heim, sei immer für sie da, und doch müsse sie feststellen, daß sie versagt habe. Manchmal habe sie den Eindruck, nur von ihrem Tagespflegekind wirklich gebraucht zu werden. Dieses Kind sei sehr arm dran, es habe eine geistige Behinderung, und obwohl es so alt sei wie ihr Sohn, gehe es noch in keine Schule – auch die vorschulische Einrichtung für behinderte Kinder habe das Mädchen zunächst noch abgelehnt, da es so unruhig, tolpatschig und selbstgefährdend sei –, man müsse wirklich ständig auf sie aufpassen, es kote und nässe auch noch tagsüber ein – sie arbeite aber gern mit dem Mädchen, weil es so anhänglich sei und sie so brauche; »minutenlang klammert sie sich ganz fest an mich an, da spüre ich auch ohne Worte, denn sprechen kann sie nicht viel, daß ich für jemand da sein kann«. Das Mädchen sei nun 2 Jahre täglich bei ihr – die Mutter sei früher mit ihr zusammen in die Schule gegangen und habe sie gebeten, ihr doch tagsüber das Kind abzunehmen, da sie durch das behinderte Kind kaum noch Zeit für dessen 3 Geschwister fand. Eduard sei damals gerade in die Schule gekommen, und sie habe am Vormittag Zeit gehabt. Die Sozialarbeiterin des Wohnbezirkes habe ihr dann noch geholfen, über das Stadtjugendamt ein Pflegegeld zu erhalten, so daß ihr eigener Haushalt nicht belastet wurde; da sie einmal Kinderpflegerin habe werden wollen, sei es ihr auch gar nicht schwergefallen, sich an ein zweites Kind zu gewöhnen. Überhaupt habe sie Kinder sehr gern.

Während Frau P. bislang zwar langsam und mit kleinen Unterbrechungen berichtet hat, versinkt sie nun in ein längeres Schweigen, um dann sehr stockend, mit deutlich gefühlsmäßiger Ergriffenheit und bruchstückhaft noch folgendes anzufügen:
Gern hätte sie noch zwei, drei eigene Kinder gehabt. Seit Jahren gab es aber kaum noch eine Intimbeziehung zwischen ihr und ihrem Mann. »Wenn ich mich einmal an ihn hinschmiegen möchte, spüre ich ein Wegschieben – es ist nur so eine leichte Bewegung

mit dem Arm – aber anschließend bleibt er stocksteif – er läßt mich nicht an sich heran.« »Ich hätte so viel zu geben – aber gerade er, für den ich alles sein möchte, braucht mich nicht.« Sie ist verzweifelt, weil er seit einem Jahr von Scheidung spricht und sie nicht weiß, wie sie ohne ihn leben soll, wie sie mit dem Leben fertig werden könnte. »Was bedeuten mir Wohnung und Möbel, die er mir lassen will, wenn er nicht mehr da ist?« »Ich sitze oft stundenlang am Abend zu Hause und weine, das Leben ist leer für mich.«

Fragen und Hypothesen nach der 1. Sitzung: Sind genügend Hinweise gegeben, die eine sich ankündigende endogene Depression bei Frau P. ausschließen? Wenn angenommen werden kann, daß keine endogene Depression vorliegt, was bedingt das reaktiv depressive Verhalten von Frau P.? Was hält dieses Verhalten aufrecht, wie verhält sich der Mann, wie der Sohn zu Frau P.? Wird für den Fall einer Scheidung Frau P. in der Lage sein, ein eigenes Leben zu führen, den Alltag zu bewältigen?
Der Therapeut vermutet, daß Frau P. ein größeres Ausmaß an Lebensangst und Unsicherheit erlebt, als es eine andere Frau in der gleichen Situation erfahren würde; wir nehmen an, diese Lebensunsicherheit wurde in ihrer Kindheit aufgebaut und begleitet sie jetzt in allen Handlungen und Überlegungen. Möglicherweise hat Frau P. Zuflucht in der Ehe gesucht, um Geborgenheit bei einem starken Partner zu finden, dessen Souveränität ihre vielen Bedenken, Ängste und Vorbehalte gegenüber dem Leben zerstreuen würde. Vielleicht hatte sie unausgesprochen und ihr selbst verborgen doch so etwas wie eine ›Familie als Sanatorium‹ (RICHTER) im Auge, als sie heiratete, und mußte es nun erleben, daß der Mann die ihm zugedachte Rolle nicht übernahm? Wäre es denkbar, daß Frau P. mit ihrer persönlichen Vorerfahrung gar keine andere Vorgehensweise verfügbar hatte, um mit ihrem Leben zurechtzukommen, als sich einen möglichst starken Partner zu suchen? Wenn man einmal davon ausgehen wollte, daß Frau P.s Verhalten nicht nur in den geschilderten Szenen, sondern insgesamt eher anklammernd, zärtlichkeitsbetonend sei, wodurch wurde dieses Verhalten bei ihr verstärkt – war es der Mann, der zwar körperliche Anlehnung zurückwies, aber doch Abhängigkeitsverhalten belohnte?

Diese Fragen und Hypothesen würden sich im Gespräch mit Herrn P. eventuell ändern, abklären oder als hinfällig erweisen, wenn er einen Termin vereinbaren würde. Tatsächlich ruft nach wenigen Tagen Herr P. an und kommt dann auch zum vereinbarten Termin.

Im äußeren Erscheinungsbild ein sportlich-drahtiger, mittelgroßer Mann mit dem männlich-jungenhaften offenen Blick und Lächeln, wie es in der technisch-kaufmännischen Branche heute das Klischee-Bild des Erfolgreichen zu kennzeichnen scheint. Die Redeweise ist ruhig, die Sätze prägnant – nicht in diese Erscheinung paßt die leicht gepreßte Stimme.

Der Therapeut kann nicht umhin, im Wissen um den schweren beruflichen Weg dieses Mannes und vor der Ausstrahlung von natürlicher Lebendigkeit und Frische Achtung zu empfinden – er glaubt aber auch sehr deutlich, etwas nur Äußerlich-Vordergründiges zu erleben, einen vielleicht berufsnotwendigen Umgangsstil, durch dessen gesellschaftlich freundliche Herzlichkeit nur schwer ein Weg zu den individuell persönlichen Anliegen dieses Menschen führen würde. Hier schien jemand zu sein, der auch nur den leisest gespürten Versuch einer psychologischen Einflußnahme durch ein starkes Sich-Verschließen zurückweisen würde, der es gelernt hatte, nichts von sich zu zeigen und die weiche, gefühlshafte Komponente seines Wesens zu verleugnen. Auch hier wurde das erste Gespräch vorwiegend unter gesprächstherapeutischen Gesichtspunkten geführt, wobei jedoch das Eingehen auf emotionale Erlebnisinhalte mit äußerster Zurückhaltung praktiziert wurde.

Herr P. faßte seine Stellungnahme sehr knapp – sein Studium wie auch die ständige Fortbildung und das Bemühen um eine gute Stellung im Beruf hätten ihm aus der Natur der Sache wenig Zeit gelassen, sich viel um die Familie zu kümmern. So wie er die Situation jetzt sehe, sei es ihm selbstverständlich, daß er auch weiterhin für seine Familie sorgen werde. Seine Frau könne Wohnung und Möbel behalten, und entsprechend seinem Einkommen werde er auch immer dafür sorgen, daß sie genügend Geld für den Lebensunterhalt habe – es sei wohl wenig sinnvoll, jetzt über seine Beziehung zu Eduard zu sprechen, nachdem sich durch die von ihm angestrebte Scheidung doch vieles in der Familie insgesamt ändern werde. Er habe sich innerlich einfach von seiner Frau entfernt, seine Empfindungen für sie hätten sich irgendwie schleichend in Richtung auf ein immer größeres Bedürf-

nis nach Abstand von seiner Seite geändert, erstmals habe er solche Wünsche nach Einsamkeit kurz nach der Hochzeit verspürt,
sie seien im Lauf der Jahre zunehmend stärker in den Vordergrund getreten. Und wie beiläufig kommt ein Ausspruch, der die
innere Not dieses Mannes beleuchtet: »Ich bin es gewohnt, allein
zu sein – schon als Kind war ich mir selbst Vater und Mutter,
ich habe niemanden gebraucht.« Uns möchte das, was hier mit
einer Mischung aus Stolz und Trotz erzählt wird, fragen lassen,
ob nicht die Welt ohne das Erlebnis von Vater- und Mutterliebe
sehr kalt war, ob eine so lange dauernde Einsamkeit nicht das
Leben erfrieren lassen kann. Bevor noch der Therapeut seine
Überlegungen abschließt, daß es verfrüht wäre, hier auf die sich
andeutende Enttäuschung Herrn P.s einzugehen, hat Herr P. den
weichen, emotionalen Anklang in seiner Darstellung wieder
überspielt, indem er eine lustige Anekdote über sich und seinen
Adoptivvater erzählt. Es geht dabei darum, wie er den ein-
schränkenden Verboten des Adoptivvaters zum Trotz sich einen
freien Nachmittag herausholte. Die Wahl dieses Themas, wie
auch die Art der Schilderung des Vorfalles lassen vermuten, daß
hier eine vehement andrängende, vielleicht teils bewußt erlebte
Aggressivität gegen den Adoptivvater und die elterliche Familie
bei Herrn P. da ist, die auch ich-näher und damit eher ansprechbar zu sein scheint. Nachdem sich Herr P. in dieser kleinen Begebenheit jedoch erstmalig etwas persönlicher hervorgewagt hatte, schien es verfrüht, diese Äußerung auch nur andeutungsweise
in einen interpretierenden Rahmen zu stellen, wichtig jedoch, den
Mut zu persönlicher Mitteilung durch eine aufmerksam positive Aufnahme des Erzählten zu verstärken. So konnte Herr
P., nachdem er mit dem Therapeuten über den Trick aus seiner
Kindheit gelacht hatte, noch eine weitere Begebenheit humor-
voll berichten, die jetzt die Aggressionen gegen seine Eltern noch
deutlicher anklingen ließ. Anschließend, so schien es, hatte er
Vertrauen genug gefaßt, um ein Stück seiner weichen Seite zeigen zu können. Er sehe einfach gegenwärtig keine Möglichkeit,
seine Frau ganz zu verlassen, da er sich für sie verantwortlich
fühle und er es nicht fertigbringe, sie so gänzlich hilflos, wie sie
jetzt sei, sitzenzulassen. Unbedingt aber brauche er eine längere
Zeit einmal für sich – wenn er wenigstens den Urlaub von
3 Wochen mit Zustimmung seiner Frau und ohne befürchten zu
müssen, sie tue sich etwas an, allein verleben könne, würde ihm
das schon viel helfen. Den Vorschlag, ob er nicht eventuell ein-

mal mit seiner Frau hier zusammentreffen wolle, um dieses Thema anzusprechen, nimmt er gern auf und erklärt sich bereit,
einen beliebigen Abendtermin, der ausgemacht werde, wahrzunehmen.
Was Herr P. hier für eine Fortführung des Kontaktes und einen
Versuch neuen Beginns des Gespräches mit seiner Frau zu motivieren scheint, ist die Verheißung einer zwar mehr vordergründig, zeitlich begrenzten Erleichterung, die jedoch in der Gegenwart eine Weiterführung des gemeinsamen Lebens überhaupt
wieder erträglich werden läßt. Das therapeutische Vorgehen der
Motivierung durch das Erlebnis einer Alltagsproblementlastung
ist verhaltenstherapeutisch begründet und erklärt sich aus der
Verstärkung, die der Kontakt wie die Kommunikation zwischen
den Partnern daraus erfahren, daß sie miterleben können, wie
ihrer beider Auseinandersetzung bzw. Gespräch dazu führt, daß
sie eine für jeden als angenehm empfundene Situation schaffen
können.

Vor dem gemeinsamen Gespräch mit dem Paar scheint unbedingt
noch eine ausführliche Klärung der Frage einer möglichen weiteren Belastbarkeit der Frau durch die Bitte des Ehemannes nach
einem getrennten Urlaub unerläßlich. Wieweit hat sich Frau P.
bereits mit der vom Mann geplanten Trennung auseinanderge-
setzt? Ist ihre Niedergeschlagenheit und Depresssion nur eine
Folge des Erlebnisses des drohenden Verlassenwerdens, der nar-
zißtischen Kränkung, oder sind bei ihr deutliche Anzeichen für
den Beginn einer endogenen Depression vorhanden?
Zwar wäre für eine ausführlichere Unterhaltung die bereits vereinbarte Zeit zur Verfügung gestanden, es hätte sich aber
schlecht noch ein neuer Termin mit Herrn P. arrangieren lassen,
um mit ihm Möglichkeiten für eine Modifikation des Wunsches
zu ergründen.
Der Beginn dieser Paartherapie setzt bei Einzelgesprächen an,
weil beim männlichen Partner zunächst nur für diese Form eine
Bereitschaft bestand. Die Einzelgespräche werden auch aus
einem methodisch-therapeutischen Grund für die ersten Sitzungen beibehalten, da in vorliegendem Fall ohne nähere Vorkennt-
nis der Wünsche, Ängste, Bedürfnisse und Aggressionen beider
Partner und ohne den Aufbau einer positiven Übertragung zum
Therapeuten, aus der heraus ein Ansprechen der Beziehungsstruktur angenommen werden kann, für den therapeutischen

Prozeß sich Erschwernisse bilden könnten – etwa daß die Partner in der festgefahrenen Form aufeinanderprallen, einander als weh tuend erleben und in einen destruktiven Streit geraten, bzw. so tiefe Kränkungen wachrufen würden und keiner sich mehr öffnen könnte.

Der baldmöglichste Beginn von Paarsitzungen würde vor allem zuerst der Querschnittkonfliktanalyse (Kommunikationsdefekte; emotionale, subjektive und gemeinsame Erlebnisse) und der Gewinnung neuer emotionaler Erfahrungen durch Änderung des Miteinander-in-Beziehung-Tretens wie auch Verbesserung der kommunikativen Fertigkeit beim einzelnen Partner durch Erkenntnisse in einem therapeutisch abgesicherten gemeinsamen Erfahrungsfeld zu dienen haben.

Frau P. war sehr gern bereit, noch einmal zwischenzeitlich zu kommen, vor allem deswegen, weil sie inzwischen in einer Frauenzeitschrift einen Artikel über plastische Schönheitsoperationen gelesen hatte und bereits bei dem Leiter einer entsprechenden Klinik in der nächsten Großstadt angefragt hatte, was denn eine Korrektur der Büste an zeitlichem und finanziellem Aufwand erfordere; es wäre ihr dort Brusthebung und Straffung, Silikonfüllung bzw. Implantation empfohlen worden. Immer schon habe sie nur einen sehr flachen Busen gehabt und nach der Geburt des Buben, den sie teilweise gestillt habe, hatte sie den Eindruck, daß ihre Brüste ganz schlaff seien – so könne sie sicher ihrem Ehemann nicht gefallen, und es liege an ihr, hier eine Korrektur vornehmen zu lassen, damit der Mann wieder Freude an ihr gewinnen könne. Da ihr jedoch die Kosten einer solchen Operation zu hoch seien und man ihr in der Klinik angedeutet habe, daß unter Umständen die Privatkasse eine Kostenbeteiligung zahle, wenn ein Gutachten vorliege, das die Notwendigkeit eines solchen Eingriffes deutlich mache, wolle sie gleichzeitig anfragen, ob nicht vielleicht dieses Gutachten von der Eheberatung erstellt werden könne.

So entschieden, wie dieser Wunsch vorgetragen wurde, und so umfassend, wie sie sich über die Möglichkeit der operativen Eingriffe erkundigt hatte, paßte das Verhalten gar nicht in das Bild der mehr apathisch depressiven Frau, das sie in der ersten Sitzung gezeigt hatte. Es schien jedoch der verzweifelte Versuch, eine letzte Chance wahrzunehmen, von der scheinbar alles abhängen würde; eine Chance, die möglicherweise als die noch einzig mögliche gesehen wurde, um sich vor dem endgültigen Zurückgewiesenwerden durch den geliebten Mann zu bewahren. Noch etwas Neues klingt hier auf, das die Bedeutung dieser Zurückweisung durch den Partner in einem tiefgreifenden persönlichen Erlebniszusammenhang für die Frau zeigt. Die Frage: Wie kann sie ihren eigenen Körper, sich in der körperlichen Gestalt akzeptieren; welche Wünsche stehen hier offen, welche Ängste werden von ihr über das körperliche Erscheinungsbild erlebt? Ist für sie die sexuelle Ablehnung, die sie durch das Desinteresse des Mannes am Verkehr erlebt, mehr noch als für andere Frauen in ähnlicher Situation, nicht nur eine Negierung ihrer sexuellen Bedürfnisse, sondern die Bedrohung ihrer Person überhaupt, da sie sich als »wertloses, häßliches Entlein« fühlt? Sucht sie vielleicht über den sexuellen Kontakt in vermehrter Weise eine positive Bestätigung ihres körperlichen Erscheinungsbildes, um sich selbst annehmen zu können?

Wenn dem Therapeuten auch deutlich war, daß die Beziehungsstörung tiefer lag und eine solche Korrektur vermutlich nicht viel bringen würde (wie sich später herausstellte, zeigte Herr P. kein Interesse an sexuellen Beziehungen mit anderen »reizvolleren« Frauen), so schien doch ein sehr vorsichtiges Umgehen mit diesem Wunsch geboten, da eine zu direkt ausgesprochene Relativierung eventuell neue Ängste ausgelöst hätte.

Es wurde daher zunächst festgestellt, daß Psychologen für Erstellung derartiger Gutachten nicht von Kassen anerkannt seien; vielleicht könne Frau P. die doch erheblichen operativen Eingriffe einmal mit einem Mediziner besprechen, der nicht unter kaufmännischen Gesichtspunkten an dieser Schönheitsklinik arbeite und ihr auch eventuelle Risiken darstellen würde, die aus ärztlicher Sicht zu bedenken seien. Sie wußte dann selbst zu berichten, daß man sie in der Klinik auf solche Risiken hingewiesen habe, es sei aber alles so voller Fremdwörter gewesen, daß sie nicht viel vestanden habe, um was es da gehen könne.

Wir konnten Frau P. einige Gynäkologen und Gynäkologinnen nennen, von denen wir wußten, daß sie auch über große Praxis mit psychiatrischen Fällen verfügten, und baten sie, dort auch ihre Niedergeschlagenheit zu erwähnen.

Eine psychologische Abklärung der Frage nach einer endogenen Depression hatte zwar eindeutig gegen endogene Momente gesprochen, es schien jedoch unerläßlich, ein ärztliches Urteil verfügbar zu haben.

Einschiebend darf hier das Problem der Motivierung von Patienten zu psychiatrischen Untersuchungen überhaupt erwähnt werden, da die Bitte oder der Vorschlag an einen Patienten, den Nervenarzt aufzusuchen, bei Fällen mit nur sehr geringen Verdachtsmomenten Befremden auslöst; sie fühlen sich trotz aller Vorsicht bei der Nahelegung des Gedankens doch sehr oft diskriminiert und suchen weder den Facharzt noch weiterhin die therapeutische Praxis auf.

Für unsere Praxis konnte diese Schwierigkeit inzwischen durch die direkte Mitarbeit mehrerer Fachärzte auf die wohl unproblematischste Weise gelöst werden, indem die Psychiater bei unklaren Diagnosen und dort, wo, wie im vorliegenden Fall, nicht ein Facharzt die Überweisung in die Ehetherapie eingeleitet hat, als Co-Therapeuten Einzelsitzungen übernehmen und/oder über einige Zeit an der Paar-Therapie mitwirken.

Frau P. zeigte sich sehr bereit, nochmals zu einem Arzt zu gehen. Im Verlauf der weiteren gesprächspsychotherapeutisch geführten Unterhaltung wurde deutlich, daß Frau P. sich bereits mit dem Gedanken beschäftigt hatte, wie sie denn weiterleben könne, wenn ihr Mann sie tatsächlich verlasse, daß sie aber keine Möglichkeiten für sich gesehen hatte, mit der Situation fertigzuwerden. Sie offenbarte jedoch gleichzeitig das Bedürfnis, eigenständiger zu werden, um die Abhängigkeit, die sie »an sich selbst zu hassen« begann (womit eine Wendung der vorhandenen Aggression gegen die eigene Person angedeutet wird), zu überwinden.

Der Therapeut hielt es für wirksam, die auch nur geringsten Ansätze, zunächst zu Wünschen nach größerer Unabhängigkeit, zu verstärken. Es bestand eine Hoffnung, daß Frau P. mit einem neuen Erlebnis der eigenen Person ihr Verhalten so ändern würde, daß dies den Mann veranlassen könnte, sich weniger bedrängt zu fühlen – wenn aber eine Trennung unumgänglich war, würde Frau P. um so mehr eigener Techniken der Lebensbewältigung bedürfen, um mit der neuen Situation fertig zu werden.

Das Verstärken von Äußerungen, die Unabhängigkeitswünsche und -bedürfnisse offenbarten, führte in diesem Gespräch dazu, daß Frau P. auch Andeutungen machte, die anzeigten, daß es gelegentlich sehr unterschiedliche Interessen in der Ehe gab, sie es aber selbstverständlich empfand, sich ein- und unterzuordnen. Insgesamt schienen Ansatzpunkte vorhanden, die es wahrscheinlich machten, daß Frau P. sich zu ihrem Vorteil mit der Idee des Mannes von einem getrennten Urlaub auseinandersetzen würde.

Soweit wir bisher die Partner kennenlernen konnten, schien sich eine Konstellation anzudeuten, die von RIEMANN als depressiv-schizoide Partnerverbindung bezeichnet wird: Der depressive Partner (hier Frau P.) ist um der erhofften Erfüllung seiner passiven Ansprüche willen alles zu tun bereit, um dem anderen zu Gefallen zu sein, da er selbst Einsamkeit, Alleinsein nicht ertragen kann – da er jemand braucht, an den er sich anlehnen kann; denn er spürt nicht die Kraft, ein eigenes Ich zu sein. Der schizoide Partner dagegen fühlt sich der Nähe anderer nicht gewachsen und sucht daher die Distanz, den Abstand, sowohl im Gefühl wie auch räumlich-zeitlich; er glaubt als wirklich verläßlich nur sich selbst zu haben und sucht einer möglichen Enttäuschung schon dadurch vorzubeugen, daß er sich in die Beziehung nicht voll einbringt. In der Partnerwahl wird sozusagen im anderen die Ergänzung gesucht, die einem fehlt, im gemeinsamen Leben fühlt sich jeder dann durch das Ausmaß des Anderssein beim Gegenüber bedroht oder enttäuscht. Der Depressive bewundert bei der Heirat die Selbstsicherheit, die scheinbare innere Stärke des Schizoiden und stößt sich im Zusammenleben an der Gefühlskälte und Ferne. Der Schizoide wiederum sucht im Depressiven die Möglichkeit der Hingabe, bewundert die Gefühlswärme und fühlt sich im Zusammenleben von der Anklammerung, den übergroßen Ansprüchen nach Gemeinsamkeit beim Partner bedroht.

Im Sinne des oralen Konfliktmodelles nach JÜRG WILLIS Kollusionstheorie würde dies bedeuten, daß die Partner vor dem Zusammenleben und zu Beginn desselben sich als positiv ergänzend in dem Sinn erleben, daß der eine Teil so hilfsbedürftig und die Betreuung bestätigend sein kann, weil der andere Teil so pflegerisch und betreuend stark erscheint, und dieser sich wiederum so versorgend stark und pflegerisch erleben kann durch die Hilfsbedürftigkeit und anlehnend-zärtliche Abhängigkeit des ersten. Es ist ein Kreisprozeß, in dem die Partner gegenseitig Bestätigung finden, die sich auf der bewußten Ebene des Seelenlebens abspielt. Der Konflikt entsteht durch die unbewußten, verdrängten, gegenteiligen Wünsche und Bedürfnisse. Auf dem Boden dieser abgewehrten und projizierten Bedürfnisse (beim oral-gebenden Partner: Bedürfnis nach passiv-femininer Hingabe, nach empfangend-oraler Befriedigung; beim oral-nehmenden Partner: Bedürfnisse nach aktiver Umweltgestaltung, Ansprüche, zu geben) fühlt sich der bewußt gebende »männliche« Teil pflegerisch wie sexuell so impotent, weil der nicht-gebende »weibliche« Teil so *hilfefordernd* und kastrierend vereinnehmend ist.

Im verhaltenstherapeutischen Konfliktmodell wäre zu zeigen, wie durch biographisch-spezifische Verstärkungen und die Mitwirkung von Anlagen (Längsschnitt-Verhaltensanalyse) und die gegenwärtig bestehende Verstärkungssituation unter besonderer Berücksichtigung des Vermeidungslernens (Querschnitt-Verhaltensanalyse) der Konflikt aufrechterhalten wird, weil jeder der beiden Partner durch sein Verhalten jeweils im *Augenblick* sich eher erfolgreich und belohnt erlebt, angenehme Erlebnisse hat, wenn auch die Dauersituation für beide äußerst belastend und konflikthaft ist.

Im vorliegenden Fall können wir verhaltenstherapeutisch nach dem bisher gegebenen Material annehmen, daß Frau P. für ihr hilfloses, anklammerndes Verhalten gegenüber dem Mann gegenwärtig dadurch verstärkt wird, daß Herr P. die geplante Scheidung nicht durchführt, daß Frau P. aber, auf lange Sicht betrachtet, erreicht, daß ihr Mann sich noch stärker zurückzieht, weil er sich bedrängt fühlt und ihr Verhalten ihm lästig ist. Umgekehrt wird Herr P. für sein Fernbleiben von der Familie durch sogenanntes Vermeidungslernen verstärkt, indem er der Belastung entgeht, mit dem bedauernswerten Zustand seiner Frau konfrontiert zu werden – er gewinnt damit kurzfristig Ruhe; auf Dauer betrachtet, veranlaßt er allerdings Frau P., ihre Bemühungen, ihn im Haus festzuhalten, zu erhöhen, da sie wiederum ihr Alleinsein durch gehäufte Zuwendung zu Herrn P. zu vermeiden suchen wird.

Die kommenden Sitzungen würden zu erweisen haben, ob diese frühe Hypothese zutrifft; und wenn ja, wäre zu überlegen, welche Möglichkeiten sich anbieten, den Teufelskreis gegenseitig verschränkter Belastungen zu durchbrechen und die Gemeinschaft wieder als angenehm erleben zu lassen.

Vereinbarungsgemäß kam Frau P. etwas früher zum nächsten Termin, um ein kurzes Einzelgespräch zu ermöglichen. Sie war inzwischen bei einer der Ärztinnen gewesen, mit denen wir zusammenarbeiten, und hatte sich entschlossen, die figurverbessernde Operation zunächst noch zurückzustellen. Frau P. erlaubte es dem Therapeuten, mit der Ärztin telefonischen Kontakt aufzunehmen. Dies geschah in den nachfolgenden Tagen. Sofern sie ihre Ehetherapie fortsetze, hatte Dr. X. eine spezifisch medikamentöse Behandlung der gelegentlichen Verzweiflung und Lebensunlust nicht für angezeigt gehalten. Dr. X. hatte keinen Anlaß gesehen, eine beginnende endogene Depression zu vermuten.

Die insgesamt 4. und erste Paarsitzung brachte in der Querschnittanalyse des Konfliktes bedeutsames Material. Seit Monaten fand zwischen den Eheleuten kaum noch ein Gespräch statt – man beschränkte sich auf die üblichen Grußworte und den gelegentlichen Austausch von ein paar Belanglosigkeiten. Herr P. schien alle Gelegenheiten für Abendtätigkeiten außerhalb wahrzunehmen (er müsse als Chef seine Mitarbeiter einmal vom häufigen Nachtdienst etwas entlasten und ein gutes Beispiel geben, war seine Begründung); soweit er nicht beruflich beansprucht war, pflegte er in einen Fitness-Club zu gehen (Schwimm-Training), einen Stammtisch zum Kartenspielen aufzusuchen, gelegentlich ein paar Freunde zum Bowling zu treffen, und wenn ihm mehr Zeit blieb, dann machte er körperlich anstrengende große Bergtouren. Seine Frau fühlte sich in den Freundeskreisen ihres Mannes nicht wohl, sie war sich immer als Randfigur, unbeholfen und nur geduldet vorgekommen, ging seit langem nicht mehr aus, wurde auch von ihrem Mann nicht mehr eingeladen mitzukommen.

Ihr gefiel es am besten zu Hause, wo sie sich endlich eine kuschelige, gemütliche Wohnung hatten einrichten können, bei deren Zusammenstellung sie das Wesentliche habe allein leisten müssen – aber sie habe es gern getan, um es ihrem Mann schön zu machen. Stunden habe sie in Möbelhäusern zugebracht, um alles zu finden, was die Wohnung schön mache, und doch habe sie wohl falsch zusammengestellt, denn ihm, für den sie sich angestrengt habe, scheine es nicht mehr zu gefallen. Freundinnen hatte sie nicht, bis auf die Mutter des Pflegekindes. Wenn er wenigstens ein paar der dringlich anstehenden Fragen aus der Erziehung mit ihr besprechen könne, es stehe jetzt z. B. die wichtige Frage an, ob Eduard, der durch seine Leistungsstörung manches an Lernstoff verloren habe, in einen Nachhilfekurs gehen solle, den die Schule anbiete. Sie wage gar nicht, ihren Mann nach seiner Meinung zu fragen, da er sich dann wieder von ihr bedrängt fühlen könne, wie das in der Vergangenheit schon oft geschehen sei.

Die Eheleute wurden vom Therapeuten gebeten, die Frage, ob der Mann für ein spezielles Gespräch über Eduard sich einmal Zeit nehmen könne, im Rollentausch (vgl. Kap. 2) zu stellen. Zu beider Überraschung stellte sich heraus, daß jeder es für wichtig hielt, dem Jungen in seiner Schulnot zu helfen, und der Mann durchaus bereit war, gemeinsam mit Frau P. einen Abend lang zu überlegen, was man am günstigsten tun könne. Bisher oft erlebte Verhaltensweisen des Partners ließen es in der subjektiven Erwartungshaltung jedes Ehegatten nur unwahrscheinlich erscheinen, daß ein Gespräch zustande kommen könne. Über die aversiv wirkende Handlungsweise des Partners war aber kaum je gesprochen worden, weil jeder meinte, der andere solle und könne von sich aus merken, was er zum Mißverständnis beitrage. Beim Gedankenaustausch mit verteilten Rollen wunderten sich beide, wie schnell und ohne unangenehme Gefühle des Übervorteiltseins oder Nachgegebenhabens um eines lieben Friedens willen sie sich einigen konnten.

Eine anschließende vorsichtige gemeinsame Überlegung, was denn bisher das beiderseitige Verständnis für die gelegentliche Notwendigkeit auch längerer organisatorischer Gespräche so schwergemacht habe, brachte teils deutlich, teils im Ansatz und noch nicht voll anzusprechen, da für die Partner zum gegenwärtigen Zeitpunkt wohl zu erschreckend, zutage: Herr P. hatte es in der Vergangenheit mehrfach erlebt, daß seine Frau ihn gebeten hatte, eine Frage der Haushaltführung oder Kindererziehung mit ihm zu besprechen. Wenn er dann zu Hause geblieben war und sich ganz dem Thema zu widmen bereit war, hatte Frau P. sich neben ihn gesetzt, sich zunehmend weniger um den Gesprächsinhalt gekümmert, sich angeschmiegt, ihn träumerisch angeschaut, zärtlich gestreichelt und ihn zu verführen versucht. Herr P. hatte angenommen, seine Frau könne erfassen und respektieren, wenn er nicht zu intimen Beziehungen aufgelegt sei, war weiterhin selbst überzeugt, daß der angeschnittene Themenkreis tatsächlich einer dringenden Lösung und Besprechung bedürfe, und fühlte sich in die Falle gelockt sowie in seiner Zielsetzung (Lösung eines akuten Problems) behindert. – Er zog sich dann vor den Fernsehschirm zurück und wehrte die Annäherungsversuche Frau P.s ab. Frau P., die so oft erleben mußte, daß ihr Mann keine Zeit für sie hatte, war der Meinung gewesen, daß zu diesen Gelegenheiten, wo sie einmal seine volle Aufmerksamkeit spürte, sie es sich beiden schuldig sei, ihn spüren zu

lassen, daß sie auch immer bereit sei, als Frau und Geliebte ganz
für ihn dazusein. Sie hatte dies um so lieber getan, da sie durch
lange Pausen des Wartens auf einen sexuellen Kontakt nach
einer Bestätigung hungerte. Da es für Frau P. ein echtes Anliegen
war, über organisatorische Aufgaben inhaltlich zu sprechen, und
sie sich bislang ihres nicht-verbalen körperlichen Verhaltens in
solchen Situationen gar nicht recht bewußt geworden war,
konnte sie zusammen mit ihrem Mann überlegen, wie es ihnen
gelingen könnte, beim vorher abgesprochenen Thema zu bleiben.
Wie beide in der Folgezeit berichten konnten, gelang ihnen dies
in den meisten Fällen dadurch, daß sie ein in der Sitzung verein-
bartes Zeichen anwendeten, mit dem sie andeuteten, wenn sie
vom Partner den Eindruck hatten, er weiche vom Thema ab
oder ziehe sich zurück. Ungelöst blieb in dieser Sitzung das
mangelnde sexuelle Interesse Herrn P.s an seiner Frau. Seitens
Frau P.s war ja die Vermutung laut geworden, daß er Anstoß an
ihrer körperlichen Erscheinung nehme (sie einfach nicht mehr
attraktiv genug sei),

– vielleicht finde er sie auch in ihrer Wesensart abstoßend und
wolle deswegen nichts mehr mit ihr zu tun haben;

– einmal hatte Frau P. auch angedeutet, daß sie nach der Geburt ihres Sohnes den Eindruck gehabt habe, ihr Mann fühle
sich zurückgesetzt, da sie sehr von dem Kind beansprucht worden sei.

Erstaunlicherweise wurde von Frau P. nicht der Gedanke geäußert, daß eine andere Frau ihren Mann mehr faszinieren
könne – dies wohl deshalb nicht, weil vermutlich für die Klientin eine solche Zurücksetzung so vernichtend gewirkt hätte, daß
sie »nicht einmal daran zu denken wagte«.

Herrn P.s Rückzug aus dem Ehebett wäre vielleicht auch als
Folge einer homophilen Neigung zu erwägen, die in seiner
scheinbar einzigen Bindung an Männergesellschaft in der Freizeit sich andeuten könnte. Offen bleibt teilweise auch noch die
Frage, wie Frau P. mit ihrer zurückgewiesenen Sexualität außer
durch verstärktes Auffordern gegenüber dem Ehemann umzugehen gelernt hat. Denkt sie gelegentlich an andere Männer?
Könnte es sein, daß sie unbewußt selbst die Ablehnung durch
ihren Mann herausfordert, um für sich selbst außereheliche Beziehungen schuldgefühlfreier beanspruchen zu können?
Diese Fragen bleiben zunächst im Hintergrund, während in den

nächsten beiden Sitzungen die Eheleute versuchen, eine Klärung
für den Urlaub zu finden. Als die depressiv Nachgebende bedauert es Frau P. zwar, daß sie nicht für ihren Mann so ganz
sorgen und dasein kann, und fragt sich, ob er sich mit seinen
körperlichen Kraftproben im Urlaub ohne ihr vernünftiges Mildern nicht überfordere. Sie läßt auch erkennen, daß es ihr weh
tut, von ihrem Mann zu einer Zeit getrennt zu werden, wo der
notwendigerweise sich ergebende stetigere Kontakt, so wie sie
ihn erhoffen würde, auch vielleicht zu einem neuen intimen Verständnis der Partner hätte führen können. Ihrem Mann zu Gefallen, gibt sie bald nach. Ein wenig dürfte für ihre Entscheidung
auch der Hinweis des Partners auf die gemeinsam verbrachten
Urlaubszeiten der beiden vergangenen Jahre eine Rolle gespielt
haben, aus denen sie jeweils völlig enttäuscht in verletztem
Schweigen und mit dem Eindruck, zusätzlich belastet und mehr
erschöpft als erholt zu sein, zurückgekehrt waren. Frau P. setzte
sich wohl nur wenig mit diesem Gesichtspunkt auseinander, weil
sie dann auf ihre Enttäuschung und Belastung durch den Partner
hätte aufmerksam werden können und es während aller Sitzungen bisher aufgefallen war, daß sie sich nicht mit der eigenen
Wut auf einen Mann, der sie ständig allein ließ, zu konfrontieren wagte. Die aggressive Komponente ihres Erlebens blieb ihrer
Wahrnehmung verborgen (psychoanalytisch gesprochen: verdrängt), da Frau P. vermutlich nicht gewußt hätte, wie sie damit
umgehen sollte und gleichsam Angst vor dem Überschäumen des
eigenen Zornes hatte.
Nur in kleinen Schritten gelang es, zusammen mit Frau P. ins
Auge zu fassen, daß sie sich selbst auch einen richtigen Urlaub
leisten, für sich etwas beanspruchen könne und nicht einfach zu
Hause bleiben müsse. In zwei ausführlichen Gesprächen mit dem
Paar konnte Frau P. sich wohl besonders deshalb mit der Ur-
laubsidee anfreunden, weil ihr Mann bereit war, gemeinsam mit
ihr die Vorbereitungen für den Einzelurlaub zu treffen und viel
Zeit zu investieren. Sie schien seit langem erstmalig wieder zu
spüren, daß das Band zwischen ihnen nicht ganz gerissen war.
Auch im extra-verbalen Verhalten zeigte sich Herr P. insgesamt
mehr zuwendend, besorgt, väterlich-beschützend, auch wenn er
verbal sein Tun ironisierend bagatellisierte. So war im gesamten
Kontext eines scheinbar abstandnehmend selbstironisierenden
Satzes »Da wird wohl der alte Organisator zeigen müssen, daß
er auch mal für seine Frau was tun kann« doch zu spüren, daß

es ihm wohl um mehr ging, als eine Bestätigung seiner Leistungsfähigkeit und den Abbau eigener Schuldgefühle.
In diesen Vorbereitungen nun offenbarte Frau P. zunehmend
soziale Ängste, die nicht partnerbedingt und partnerbezogen
waren, sondern insgesamt ihr Leben eng und eingeschränkt sein
ließen. Obwohl sie sich zunehmend für einen Urlaub in einem
selbstgewählten griechischen Ferienort erwärmte, wurden zugleich Ängste wach, wie sie wohl von den Mitreisenden dieser
Pauschalreise aufgenommen werde, ob sie überhaupt im Ausland
zurechtkomme, wie man mit dem Hotelpersonal umzugehen
habe, ob Eduard nicht etwa jemanden verärgern könne, usw.
Wenn in diesen Ängsten sich auch ein Appell an den Gatten ausdrücken mag, sie nicht allein zu lassen, so zeigte eine Verhaltensanalyse ihrer gegenwärtigen sonstigen sozialen Kontakte doch
deutlich, daß sie tatsächlich unsicher und gesellschaftlich unerfahren war. Der Auslandsaufenthalt machte ihr so viel Angst,
daß sie dann doch lieber auf eine der Nordsee-Ferieninseln fuhr.
Für diese Reise wurde verhaltenstherapeutisch noch vor Beginn
ein kleines Programm in Selbstbehauptungstraining zusammengestellt, für dessen Durchführung auch Herr P. gewonnen werden konnte. In den nächsten vier Wochen begann Frau P. sich,
nach Schwierigkeitsgraden gestuft, mit dem künftigen Leben am
Ferienort auseinanderzusetzen und teilweise mit ihrem Mann,
später allein mit Eduard Schwimmbad-Aufenthalt, Gaststätten-
besuche, ja sogar die Teilnahme an zwei Bowling-Abenden zu
erproben. Unter dem Titel, seiner Frau eine Hilfe für die
Urlaubsselbständigkeit zu geben, war Herr P. gern bereit gewesen mitzumachen, und Frau P. konnte zugleich mit der Verbesserung ihrer Selbstsicherheit die zusätzliche Zuwendung ihres
Mannes genießen.
In der therapeutischen Gesamtstrategie mit Herrn P. verwende-
ten wir eine paradoxe Kommunikationsstruktur: Wir halfen
sichtbar seiner Frau (und damit ihm), daß sie von ihm unabhängig werden konnte, so daß die von ihm beabsichtigte Scheidung vordergründig ermöglicht wurde. Gerade aber dadurch,
daß er anhand der therapeutischen Intervention »von seiner Frau
befreit wurde«, konnte ihm allmählich die spontane Gegenbe-
wegung, nämlich wieder auf seine Frau hin, gelingen.
In speziellem Verhaltenstraining wurden besonders belastende
Szenen für Frau P. (etwa Ankunft im Hotel) im Rollenspiel
geprobt, bis sich die Klientin angstfrei fühlte. Die Mithilfe des

Gatten im Ferienvorbereitungsprogramm kam allerdings mehrfach in Gefahr, da Frau P., von seiner stärkeren Beschäftigung
mit ihr ermutigt, ihn sexuell bedrängte, was nach wie vor Rück-
zugstendenzen beim Mann auslöste.

In der Urlaubsvorbereitung zuwenig beachtet wurde leider vom
Therapeuten die aggressive Komponente in Frau P.s Bedürfnissen, die zwar verdrängt war, aber durch die Trennung aktiviert
und von den Freizeitmöglichkeiten begünstigt, in Kontakten mit
männlichen Urlaubsbekanntschaften einen Ausdruck finden
konnte. Vor allem hätte der Therapeut bedenken sollen, daß
Frau P. für die Ablehnung eines feurigen Verehrers keine aus-
reichenden Verhaltensmuster zur Verfügung standen, da sie gerade auch in der Beziehung zum anderen Geschlecht sich sozial
ungeschickt und gehemmt fühlte. Dieser Fehler in der Therapie
führte dazu, daß Frau P. im Urlaub, der sonst von ihr als großer
Erfolg erlebt wurde, da sie deutlich an Sicherheit gewann, nach
einem Bunten Abend im Hotel dem Drängen eines Verehrers
nachgab und mit ihm zu Bett ging, woraus sich starke Schuldgefühle bei ihr aufbauten. Diese konnten nur langsam gesprächspsychotherapeutisch angegangen werden. Näherungsweise tauch-
ten hier auch erstmals Rachewünsche gegenüber dem Ehemann
auf.

Herr P. hatte seinen Einzelurlaub mit gewagten Hochgebirgs-
touren genossen und, wie er sagte, gegen Ende der Zeit sich
»plötzlich in einer Stimmung befunden, eine kraftfahrerische
Leistung zu vollbringen«. Er war quer durch Deutschland gefahren und hatte Frau und Kind mit dem Auto an der Nordsee
abgeholt. Die Scheu Herrn P.s, ein Gefühl zu äußern, auch wenn
es wie hier (Dankbarkeit gegenüber seiner Frau und Freude, die
Familie wiederzusehen) sich klar anzubieten schien, blieb nahezu
bis ans Ende der sechsmonatigen Therapie bestehen. Es häuften
sich die praktisch sichtbaren Beweise seiner Zuneigung, aber er
vermochte seine Gefühlswelt nicht zu verbalisieren. Dem Therapeuten fiel auf, daß Herr P. auch bisher keine eindeutig negativen Gefühle gegenüber seiner Frau geäußert hatte. Wahrscheinlich würde es Herrn P. noch schwerer fallen, ablehnende Gefühle
auszusprechen. Ein Teil seines Rückzugsverhaltens könnte demnach darin bedingt sein, daß er vor einer Partnerin auswich, die
er mit einer negativen Gefühlsmitteilung nicht belasten zu können glaubte (und so wie Frau P.s gegenwärtiger Zustand war,
auch nicht konnte), obwohl die Offenbarung auch enttäuschter

oder abweisender Gefühle in der Einzelsituation viel zur Klärung des Gesamtgeschehens hätte beitragen können. Als eher feinsinnig schizoider Typ hatte er seine Gefühle sehr zu verbergen gelernt, um nicht verletzt zu werden, und war selbst im allgemeinen sehr besorgt, andere nicht zu verletzen. Frau P. freute sich riesig über das Kommen ihres Mannes. Es kam auch in den letzten Urlaubstagen, die sie zusammen verbrachten, zu zweimaligem sexuellem Kontakt, wobei allerdings das Schuldgefühl wegen der kurzen außerehelichen Beziehung sie sehr quälte und ihr den Genuß nahm.

Nach Hause zurückgekehrt, fiel die angebahnte positive Erlebnisbeziehung zwischen den Partnern bald wieder dem Alltag und alten, eingefahrenen Mustern zum Opfer. Es drohte die ursprüngliche Entfremdung zwischen den Partnern wieder Platz zu greifen. In der Fortführung der Therapie schien eine erneute und vertiefte biographische Analyse des Entstehens gegenwärtiger Reaktions- und Verhaltensformen sowohl zur Ermöglichung eines gezielten Ansatzes von Hilfen als auch zur Weckung des Verständnisses für bestimmte »Eigenheiten« des Ehegatten angebracht. Auch schien der Zeitpunkt für dieses Vorgehen jetzt deshalb günstig, da beide Klienten wenigstens vorübergehend und erstmals entlastend erlebt hatten, daß ein neues Sich-Öffnen, Sich-Riskieren und ein neuer Einsatz für die beidseitige Beziehung sich lohne und tatsächlich neue Möglichkeiten berge.

Diese Gespräche empfehlen sich zunächst allein mit dem jeweiligen Partner, damit er ohne Bedenken alles mitteilen kann, auch Tatsachen, von denen er fürchtet, daß sie die Beziehung belasten könnten. Es wird mit dem einzelnen Partner dann gemeinsam überlegt, wieweit der Erzählende in einer späteren Paarsitzung solche Lebenserfahrungen ansprechen möchte, von denen er vermutet, daß sie die gegenseitige Beziehung direkt oder indirekt beeinflussen. Aus der Lebensgeschichte von Frau P. war zusammengefaßt folgendes zu erfahren: Sie war die ältere von zwei Schwestern, hatte mit ca. 5 Jahren die sehr heftigen und tätlichen Auseinandersetzungen zwischen ihren Eltern vor deren Ehescheidung miterlebt. Die Ehe war etwa zur gleichen Zeit geschieden worden, wie sie in die Schule kam. Vater und Mutter hatten versucht, das Kind als Zeugin gegen den anderen Ehepartner zu benützen. Frau P. entsinnt sich, daß sie damals sehr traurig und allein war und viel geweint hat. Nach der Scheidung kümmerte sich der Vater auch nicht mehr um die finanzielle

Sicherung der Familie. Die Mutter, eine eher gefühlskalte, sehr nüchterne Frau, zeigte sich von den Notwendigkeiten der Beschaffung eines Lebensunterhaltes (sie arbeitete teils als Putzfrau, teils lebten sie von Fürsorgeunterstützung) so ausgefüllt, daß keine Zeit für die Kinder blieb. Darüber hinaus hatte die Mutter ständig Streitereien mit den Nachbarn und schärfte dem Kind schon früh ein, daß alle anderen ihnen nur Böses wollten. Frau P. wurde als 6jährige mit der Aufgabe betraut, für das vier Jahre jüngere Schwesterchen zu sorgen. Dies blieb so, bis die kleinere Schwester vier Jahre später von einer Tante in Pflege genommen wurde, da die Mutter keinen neuen familiären Lebensstil gefunden hatte, sondern mit ständig wechselnden Männerbekanntschaften und bei zunehmend geringerem eigenem Arbeitseinsatz an der Grenze der Verwahrlosung stand. Mit 11 Jahren mußte Frau P., die ein körperlich kräftiges Kind war, bereits einige der Zugehplätze der Mutter übernehmen. Das Geld, einschließlich des Trinkgeldes, das sie bekam, mußte sie restlos zu Hause abgeben, wenn sie sich die Zuneigung der Mutter erhalten wollte. Außer der Mutter hatte sie keine Bezugsperson. Immer wieder versuchte sie, in der Schule Freundinnen zu gewinnen, und war bereit, sehr viel für ein wenig menschliche Zuwendung zu opfern (ließ abschreiben, gab sich für andere als schuldig aus, usw.); immer wieder wurde sie von diesen Freundinnen im Stich gelassen, teilweise sogar ausgelacht. (Frau P. mußte in der Erinnerung an diese demütigenden Erfahrungen bei der Schilderung weinen.)
Durch die Zugeharbeiten hatte sie für andere Kinder zuwenig Zeit und von klein auf keine Sicherheit im Umgang mit gleichaltrigen Mädchen gewonnen. Sie kam zu selten mit ihnen zusammen, konnte ihre Spiele nicht spielen und ihre Unbekümmertheit nicht teilen. Als sie 13 Jahre war, merkte sie, daß sich die Aufmerksamkeit der Buben auf sie richtete, und sie erhoffte sich durch eine gegengeschlechtliche Bindung nun die stets angestrebte menschliche Zuwendung. Sie ließ sich gern von Jungen ansprechen, war stets bereit, sich mitzuteilen, und enttäuscht, wenn sie merkte, daß sich der einzige Mensch, der sie zu lieben schien, sich um ihre Probleme nicht sorgte und von ihr zurückzog. Um den jeweiligen Freund nicht zu verlieren, gab sie jeweils auch dem Drängen nach sexuellen Beziehungen nach (es kam jedoch in keinem der Fälle zum Koitus). Trotz ihres bereitwilligen Eingehens auf ein intensives Petting sah sie sich von den

meist 15jährigen Buben, die, selbst unerfahren, keine feste Bindung suchten, bald verlassen, und ihr Elend verstärkte sich.

Als sie die Schule verließ, wollte sie Kindergärtnerin werden. Es gab jedoch nicht sogleich einen Ausbildungsplatz, und die Mutter, die ihre Tochter gern schnell in einem Beruf untergebracht gesehen hätte, sorgte dafür, daß sie eine Stelle als Friseur-Lehrling erhielt – wohl nicht zuletzt auch wegen der erhofften Trinkgelder. In dieser Lehrstelle blieb Frau P. zwei Jahre, dann stellte ein älterer, verheirateter Angestellter aus dem Betrieb ihr nach und erreichte bei dem einsamen Mädchen sehr viel. Frau P., auf ihrer steten Suche nach bleibendem Kontakt und als 16jährige zur damaligen Zeit sehr unerfahren, ließ sich ganz auf den Mann ein und war entsetzt, als er sie verleugnete, sobald ein Baby unterwegs war. Im 4. Monat wurde die Schwangerschaft durch einen natürlichen Abgang zur Entlastung Frau P.s beendet. Zuvor hatte jedoch die Mutter, ohne auf die psychische Lage des Mädchens einzugehen, durch Behördengänge, Anzeige usw. eine Situation herbeigeführt, von der sie sich zunächst finanzielle Hilfe erwartete, die jedoch durch die ungeschickte Vorgehensweise der Mutter so niederdrückend und sozial belastend auf das Mädchen wirkte, daß es glaubte, sich nicht mehr im Betrieb sehen lassen zu können. Sie begann der Lehrstelle und dem Berufsschulunterricht fernzubleiben und verlor den Ausbildungsplatz. An allem verzweifelnd, unternahm sie als 17jährige einen ernsthaften Selbstmordversuch, konnte jedoch durch einen mehrwöchigen Klinikaufenthalt noch gerettet werden. Erstmalig schien die Mutter ernsthaft um die Tochter besorgt. Als diese jedoch aus der Klinik entlassen war und auf Anraten einer Sozialberaterin des Krankenhauses sich über das Arbeitsamt eine Arbeitsstelle als Hausmädchen in einem Altersheim besorgt hatte, weil sie sich emotional der Fortführung der Friseurlehre nicht gewachsen sah und einen neuen Berufsanfang nicht wagen wollte, präsentierte ihr die Mutter eine Rechnung aller Kosten (einschließlich der Telefongebühren), die durch den Selbstmordversuch entstanden waren. Durch die verständige Hilfe einer Sozialarbeiterin konnte sie diese neue Enttäuschung ohne Zusammenbruch überwinden und sich von der Mutter wenigstens räumlich lösen, indem sie das mit der Arbeitsstelle verbundene Wohnangebot wahrnahm.

»Was ich kann, ist putzen und Haushalt führen. Sonst bin ich zu nichts nütze. Mit meinen Männererfahrungen bin ich es gar nicht wert gewesen, so einen tüchtigen Menschen wie meinen Ehemann kennenzulernen.« Das ist das Resumée, das Frau P. aus ihrer Darstellung zieht. Während des Gespräches war es nicht leicht, Frau P. das Ausmaß an innerer Freiheit zu geben, das sie benötigte, um wenigstens teilweise ihre Mutter zu belasten. Und erst in weit späteren Sitzungen konnte sie ihrem Zorn gegenüber der versagenden Mutter und dem sich entziehenden Vater freien Lauf lassen.

Als roter Faden, der sich durch die Lebensgeschichte Frau P.s hindurchzuziehen scheint, fällt verhaltensanalytisch auf, daß andere, vornehmlich die Mutter, über sie bestimmen. Eigene Initiativen bleiben von der für sie entscheidenden Umwelt unberücksichtigt (werden nicht verstärkt) oder werden sogar bekämpft und zunichte gemacht. Frau P. sucht immer wieder durch Einsatz ihrer ganzen Person wenigstens einen Menschen zu gewinnen, für den sie alles zu geben bereit ist, von dem sie aber auch alles erwartet. Diese Beziehungen sind jeweils nur von kurzer Dauer, erhöhen das Unsicherheitsgefühl in ihr. Sie rufen so, vermutlich über intervenierende Ersatz- und Tröstungsphantasien, nach einer je neuen, je festeren, ausschließlicheren und akzeptierenderen Bindung, die zunehmend in Gefahr gerät, an der Überforderung des Partners zu zerbrechen. Gegenüber Männern erreicht sie ein wenigstens kurzfristiges Verlängern der Beziehung durch Bereitschaft zu sexuellem, intimem Verhalten. Durch ihre gleichzeitige Verhaltensunsicherheit und deutlich werdende Wünsche in gegengeschlechtlichen Beziehungen wird sie von solchen Männern angesprochen, die bereit sind, ihre Unsicherheit auszunützen, und selbst kein bindendes Engagement suchen. In ihrem gesellschaftlichen und beruflichen Verhalten erlebt sie sich nur im Haushalt sicher, glaubt darüber hinaus nichts leisten zu können.

Auf ihre Ehe angewandt, könnte dies bedeuten, daß Frau P. nun dem Ehemann gegenüber die Riesenansprüche auf persönliche Zuwendung und »Wiedergutmachung« unbewußt aufrechterhält, die sie immer schon gegenüber dem Menschen hegte, den sie einmal zu finden hoffte. Es kann weiterhin vermutet werden, daß sie sich gedrängt fühlt, um so mehr sexuelles Verlangen zu offenbaren, je mehr sich der Partner zurückzieht, nicht nur, weil eigene sexuelle Bedürfnisse unbefriedigt bleiben, sondern vor allem auch, weil sie das Anbieten sexuellen Kontaktes in der

Vergangenheit als Möglichkeit zu neuer Bindung eines sich lösenden Partners erfahren hat. Ferner ist zu bedenken, daß evtl. ihre so intensive Zuwendung zu Wohnung und Haushalt gleichsam das stets neue Anbieten dessen ist, was in ihrem Leben als einziges Verhalten bislang Bestätigung und Verstärkung empfangen hat, daß sie aber nun zusätzlich enttäuscht ist, weil ihr Mann diese Tätigkeiten als selbstverständlich hinnimmt. Neben einem beruflich so erfolgreichen Mann, der aus eigener Energie etwas wird und ihr gleichsam demonstriert, was sie versäumt, wäre es nicht verwunderlich, wenn sie sich zusätzlich abgewertet fühlen würde oder wenigstens eine so ambivalente Haltung zu den beruflichen Erfolgen ihres Mannes hätte, daß es ihr nicht leicht fiele, den Mann dort anzuerkennen, wo er sich leistungsstark (und trotzdem bestätigungsbedürftig) erlebt, in seinem Beruf. Eine wichtige weitere Überlegung deutet sich hier nur leise an, wird im Fortgang der Therapie von ihr mit dem Ausspruch: »Ich war ganz weg, wenn ich daran dachte, daß ich ein eigenes, geliebtes Baby bekommen würde; ich war wirklich wie in Wolken und dachte an nichts anderes mehr«, bestätigt. Auch ihr Verhalten – sie wendet sich mit ihrer Liebe in den ersten Ehejahren sehr stark dem Buben zu, der durch sein Angewiesensein auf die Mutter ihr sehr viel von der Bestätigung des Gebrauchtwerdens gibt, die sie sucht – läßt anklingen, daß sie vermutlich in höherem Maß ihren Mann tatsächlich ausgeschlossen hat.

Herr P. war ein Adoptivkind, die Schwester seiner Pflegemutter hatte ihn unehelich geboren und war bald nach der Geburt verstorben. Da die Mitglieder der Großfamilie auf der Flucht aus den Ostgebieten umgekommen oder verschollen waren, hatte sich seinerzeit die Tante verantwortlich gefühlt, das Kind aufzuziehen. Selbst in ungünstigen finanziellen Verhältnissen, ging die Tante, als der Bub etwa vier Jahre alt war, eine Versorgungsheirat ein und brachte das Kind in die Ehe mit; es wurde adoptiert. Bald nach der Heirat erwartete die Tante ein eigenes Kind aus der Ehe, dem in der Folge die volle Liebe des Vaters galt, da es ja sein leibliches Kind war. Die natürlichen Geschwisterrivalitäten des Adoptivsohnes wurden als Böswilligkeit und Undankbarkeit schwerstens geahndet. Die Tante war gegenüber ihrem jähzornigen Mann nicht in der Lage, den Neffen/Adoptivsohn zu verteidigen. Herr P. glaubt, sich schon früh ein

»dickes Fell« zugelegt zu haben. Daß dieses Fell wohl doch nicht so dick wurde, beweist sein galliger Humor: »Ich kam halt nach Hause, um mit dem Essen auch meine regelmäßigen Prügel zu beziehen.« Der Adoptivvater pflegte die körperliche Züchtigung damit einzuleiten, daß er sagte: »Nun komm mal schön her«, ein Satz, der Herrn P. heute noch unangenehm in den Ohren klingt. Außer der Verköstigung und bestrafenden »Erziehung« nahm sich das Adoptivelternpaar des Buben nicht an. Er lernte es, sich dem Strafgericht des Vaters und dem für ihn immer negativ ausfallenden Vergleich mit einem in jedem Fall als Vorbild geltenden jüngeren Stiefbruder dadurch zu entziehen, daß er vom Elternhaus so oft und so lange wie möglich wegblieb. Außerhalb der Familie hatte er sich einer kleinen Gruppe Buben angeschlossen, die in der Arbeiterwohn- und Kasernengegend ihre gewagten, aber im Grunde harmlosen Streiche suchten. In der Familie mehr und mehr zum schwarzen Schaf und Verbrecher gestempelt, riß er als 15jähriger von zu Hause aus, suchte sich selbst einen Lehrplatz und biß sich bis zur heutigen Stellung durch. »Mein Stiefbruder, der große Schatz vom Alten, ist heute Hilfsarbeiter. Es würde mich schon interessieren, was er jetzt zum Vergleich sagen würde. Wahrscheinlich müßte er schweigen.« Er bedauert nur die Tante (Adoptivmutter), die er schon als Kind habe gelegentlich trösten müssen, da sie in ihrer Schwäche beim Stiefvater einfach untergehe. Es fällt in seiner Darstellung auf, daß er bereits sehr deutlich Aggressionen gegen die Adoptivfamilie äußern kann.

Für Herrn P. wird, lerntheoretisch gesehen, zu überlegen sein, ob er nicht in seiner Kindheit die Familie als etwas Bestrafendes erlebt hat. Könnte es sein, daß auch heute noch ein Teil seines Verhaltens davon mitbedingt ist, daß er es frühzeitig lernte, eine stets belastende Familienwohnung zu meiden und lieber in einem Kameradschaftskreis sich außerhalb familiärer Verpflichtungen aufzuhalten? Dies allein würde allerdings nicht erklären, warum er heute noch seiner eigenen Wohnung fernbleibt. Es dürfte ja vermutet werden, daß durch positive Erlebnisse im Rahmen des eigenen Heimes die alten Reaktionsformen der Angst und des Vermeidungsverhaltens gelöscht bzw. abgebaut wurden. Man darf demnach annehmen, daß erneut eine Belastung im Familienzusammenhang erlebt wird. Diese erneute Belastung würde auf dem Boden der verfestigten Verhaltensmuster aus der Vergangenheit seine starken Tendenzen, der Familie fernzubleiben, zum größten Teil erklären. Es könnte sein, daß der indirekte Ausschluß seiner Person durch die überaus enge Mutter-Kind-Beziehung wie auch das passive stete Anbieten sexueller Kontakte seitens der Frau solche von ihm gegenwärtig negativ erlebten Gegebenheiten in der Familie sind. Bezeichnend für seine Beziehung zu Männergesellschaften in der Freizeit scheint ebenfalls die aus der Kindheit stammende positive Gefühlserfahrung mit den Gruppenkameraden des Wohnviertels zu sein.

In Paar-Sitzungen werden beide Partner vorsichtig auf die genannten Möglichkeiten angesprochen und, soweit sie von ihnen akzeptiert werden können, auf Verschränkungen aufmerksam gemacht, die aufgrund der Wiederholung früherer, in der Kindheit erfolgreicher Ausdrucks- und Verhaltensformen heute bei veränderter Situation den Partner belasten.

So kann es die Frau erleichtert aufnehmen, daß der seitens ihres Mannes immer spürbare Rückzug aus der Familie nicht ihr persönlich gilt, sondern weitgehend auf Lebensumstände aus der Vergangenheit des Mannes bezogen ist. Herrn P. eröffnet sich eine Möglichkeit, die vielen Hinweise seiner Frau auf das gemütliche Daheim und die Bequemlichkeiten des Familienlebens weniger als eine Methode seiner Frau zu erleben, mit der er zu Hause festgehalten werden soll, sondern mehr dahinter den aus ihrer Kindheit stammenden Wunsch nach Anerkennung zu sehen.

Während sich durch die schrittweise Analyse der Lerngeschichte beider Partner ein neues Verständnis für den anderen und die Bereitschaft, eigene Verhaltensmuster auf ihre gegenwärtige Angemessenheit zu überprüfen, anbahnt, bleibt die Atmosphäre zwischen den Eheleuten doch noch so gespannt und die Beziehung so vielen Mißverständnissen ausgesetzt, daß Herr P., wenn auch keine Scheidung mehr, so doch eine länger dauernde räumliche Trennung in Erwägung ziehen möchte.

Frau P. hatte inzwischen aus der Erkenntnis, einiges an außerhäuslicher Eigenständigkeit gewinnen zu können, aus dem Wunsch, noch zu einem beruflichen Abschluß und einer damit verbundenen Anhebung ihres Selbstwertgefühls zu kommen, sowie beflügelt von ihren kleinen Erfolgen in der Selbstdurchsetzung während des Urlaubs, für sich entschieden, eine Ausbildung als Kindergärtnerin oder wenigstens Erziehungshelferin nachzuholen.

Zwar schien es dem Therapeuten unwahrscheinlich, daß bei den heutigen Eingangs-Voraussetzungen für den Kindergärtnerinnen- bzw. Erzieherinnenberuf (Mittlere Reife) Frau P. die Geduld und Zeit aufbringen werde, zunächst noch einmal in einem Vorkurs reinen Schulstoff zu lernen, sie war jedoch auf gerade diesen Berufswunsch so fixiert, daß ein Äußern sachlicher Bedenken nur als Frustration erlebt worden wäre. Dies um so mehr, als es für sie schon einen großen Schritt bedeutete, den Vorsatz, eine Ausbildung nachzuholen, zu fassen, ohne den Bedenken ihrer Leistungsfähigkeit zu erliegen. Einige Bedenken mußten jedoch vorsichtig als Möglichkeit angesprochen und in die Trainingsübungen für die persönliche Anfrage Frau P.s bei den Schulen aufgenommen werden. So wurde vor allem das Erlebnis und ihr Verhalten bei einer möglichen Absage durchgearbeitet und geübt.

Nachdem Frau P. vier Absagen durchgestanden hatte, ohne den Mut zu verlieren, begann sie selbst ihren Wunsch als unrealistisch zu sehen und überlegte, ob sie nicht in eine Arbeitsstelle gehen könne, wo sie nach kürzerer Anleitung eine feste Tätigkeit erhalte. Sie war bereits aus eigenem Antrieb in einem Krankenhaus gewesen, in der Hoffnung, dort im Pflegedienst etwas zu finden. Da jedoch auch für die Pflegeaufgaben eine mehrjährige Ausbildung vorausgesetzt wurde, hatte man ihr vorgeschlagen, evtl. als Schreibkraft zu beginnen.

In einem längeren Gespräch konnte mit Frau P. erarbeitet werden, daß dieser Vorschlag für eine Tätigkeit im weiteren Umfeld des sozialen Dienstes ihr eine reale Chance zur beruflichen Eingliederung geben würde. Praktische Notwendigkeiten der Vorbereitung auf die Arbeitsstelle über einen Kurs in Schreibmaschine und Stenographie beim Arbeitsamt wurden mit ihr erörtert. Es wurde vereinbart, bei Beginn des Kurses Frau P. bei der Erstellung und Durchführung eines kleinen Lern- und Arbeitsprogrammes zu helfen. Mit einer Desensibilisierung der sozialen Ängste wurde sie so auf den Beginn des Kurses vorbereitet, daß sie sich fähig fühlte, angstfrei in der schulähnlichen Situation zu bestehen.

Herr P. erlebte zu diesem Zeitpunkt die Bitte, durch Übernahme von Betreuungsaufgaben beim Sohn seiner Frau die Teilnahme am Kurs zu ermöglichen, zwar als zeitlich belastend, war aber ähnlich wie bei den Vorbereitungen zum getrennten Urlaub hochmotiviert mitzuwirken, da er sich von größerer Selbständigkeit der Frau eine für ihn selbst von Schuldgefühlen freiere Durchführung der von ihm geplanten räumlichen Trennung erhoffte. Das Schwergewicht therapeutischer Bemühungen wurde in dieser Phase auf folgende Ziele ausgerichtet:

Für die Frau:

1. Aufbau eines besseren Durchsetzungs- und Selbstbehauptungsverhaltens in außerfamiliären Situationen;
2. Einüben und Verfestigen sozialwirksamer Verhaltensmuster für Beruf und Freizeit;
3. Abbau von sozialen Ängsten und Gehemmtheiten im Freizeitbereich;
4. Durch 1, 2 und 3 sowie durch kognitive Veränderung in der Selbstwahrnehmung von ›Ich bin nichts wert‹ zu ›Ich kann etwas und werde noch mehr aus mir machen‹ (Selbstkommunikation) Steigerung des Selbstbewußtseins;
5. Durch ein Durcharbeiten der verdrängten aggressiven Bedürfnisse Befreiung von der Angst, angemessene eigene Wünsche in direkter Form, speziell auch gegenüber dem Partner, durchzusetzen;
6. Durch das Erleben von Bestätigungen, von Verstärkungen im beruflichen Rahmen und in der Freizeit eine höhere Frustrationstoleranz, die es ihr ermöglichen würde, sich mit den Forderungen ihres Mannes ohne depressive Unterwerfung oder aggressiv-depressiven Rückzug auf ihre allgemeine »Unfähigkeit« auseinanderzusetzen.

Für den Mann:

1. Aktivere Teilnahme am Familienleben durch neues Erleben der häuslichen Situation;
2. Befreiung von der Angst gegenüber den eigenen weichen Gefühlen durch das Erleben positiver Umweltreaktionen auf die Äußerung solcher Gefühle;
3. Aufhebung der Erfahrung, von der Mutter-Sohn-Dyade ausgeschlossen zu werden, durch eine Verbesserung seines Kontaktes zum Sohn;
4. Durcharbeiten aggressiver Impulse gegenüber dem Sohn auf dem Hintergrund seiner Geschwisterrivalität gegenüber dem

jüngeren, bevorzugten Stiefbruder;
5. Durcharbeiten seiner aggressiven verdrängten, zu detaillie-
renden Vorwürfe gegenüber der Frau zugunsten einer gerin-
geren Tendenz zur Trennung;
6. Gewinnen von Einsicht in sein Vermeidungsverhalten sowohl
gegenüber der Frau wie der familiären Gesamtsituation.

In den nachfolgenden Paarsitzungen wurde unter Hervorhe-
bung der von beiden Partnern gleicherweise für wichtig und
förderlich erachteten beruflichen Rehabilitation der Frau zugleich jede sich im Verlauf der Behandlung bietende Gelegenheit
für eine Annäherung an die obigen Ziele genutzt.
Vor allem wurden Situationen bevorzugt, wo Mann und Frau
sich positiv neu erleben und sich gegenseitig in ihrem veränder-
ten Verhalten bestätigen konnten.
Durch die scheinbar mehr äußerliche sachlich-technische Aufga-
benstellung, nämlich seiner Frau bei den Hausaufgaben für den
Kurs zu helfen (etwa durch Diktieren eines Textes) oder den
Sohn am Morgen in die entfernter liegende Schule zu bringen,
ihn, gleichsam in Vertretung der Mutter, am Abend bei den
Hausaufgaben zu unterstützen, konnte Herr P. seine Familie
neu erfahren, ohne den Druck einer geforderten emotionalen
Leistung zu spüren. Diese zunächst vordergründig sachliche Auf-
gabenübernahme führte im Laufe der Durchführung bei ihm zu
einer Reaktivierung von Gefühlen. Er setzte sich in den nachfolgenden Sitzungen sehr intensiv mit dem Stiefbruder und seinem Haß auf die Zuwendung-versagende Familie des Adoptivvaters auseinander, erzählte immer neue Begebenheiten aus jener
Zeit und freute sich offensichtlich über das Verständnis, das er
bei seiner Frau fand. Zunehmend mit der Erfahrung, daß seine
Frau selbständiger wurde, offenbarte er in diesen Schilderungen
aus der Vergangenheit auch Ängste, die in mehr oder weniger
veränderter Form ihn auch heute noch belasteten.
Zusammen mit dem Paar konnte durch Rollenspiel und Gefühls-
rückmeldungen erarbeitet werden, daß die gesamte Persönlich-
keitskomponente der Schwäche und Ängstlichkeit sowie des Lei-
stungsversagens, die Herr P. ja im Adoptivelternhaus nie als angenommen erlebt hatte, auch von ihm bislang in seiner Ehe nicht
gezeigt wurde, da er immer den Eindruck hatte, seine Frau reagiere ängstlich abwehrend auf solche Mitteilungen seiner Unsicherheiten. Er konnte das Verständnis für seine Ängste, das er

nun bei seiner Frau erlebte (die wiederum ihr Mitgefühl selbst angst- und abwehrfrei zeigen konnte, nachdem sie sich von solchen Mitteilungen nicht mehr dringend aufgefordert fühlte, für eine Lösung bzw. Abhilfe umgehend zu sorgen, was sie bislang ihre Ohnmacht in Beziehung zu anderen zusätzlich hatte erleben lassen und ihre Abwehr aktiviert hatte), anscheinend so befreiend spüren, daß er während der Sitzung den Sessel seiner Frau spontan ganz nah an sich heranzog. Ihre Reaktion war daraufhin verschämte Verlegenheit, und Herr P. erinnerte sich, daß es zu Beginn ihrer Ehe oft ähnlich gewesen sei, wenn er spontan positive Gefühle gegenüber seiner Frau geäußert habe. In der letzten Therapiephase bei diesem Paar, der Beschäftigung mit der Sexualität, sollten ähnliche Verhaltensweisen noch eine Rolle spielen.

Im Verhältnis zu Eduard bauten sich für den Vater langsam anscheinend immer mehr unbewußte Gleichsetzungen mit der »Bande« Gleichaltriger aus seiner Kindheit auf, und er begann gelegentlich, alte wilde Spiele mit dem Buben zu spielen. Die Mutter wehrte sich gegen das, was sie »toben« nannte, und meinte, daß es doch besser sei, »ruhige und lehrreiche« Spiele mit dem Buben zu machen, so wie sie es immer getan habe. Bei gemeinsamer Überlegung zu dieser unterschiedlichen Auffassung erlebt die Mutter unabhängig von einer Offenbarung ihrer Ängstlichkeit auch die Einsicht, daß sie möglicherweise mit dem Vater um das Kind konkurriert. Eine weitere Vermutung, daß sie in diesem Zusammenhang auch aggressive Impulse abwehrt (sie wurde von Vater und Sohn z. B. eingeladen, bei einem Raufspiel mitzumachen, und fand sich unfähig, auch nur ansatzweise teilzunehmen), liegt ihrem Bewußtsein noch sehr fern und kann daher vom Therapeuten nicht als Interpretation angeboten werden.

Insgesamt beginnt der Vater, sich selbst in einem neuen Licht zu sehen. Dies wird aber noch nicht in seiner rationalen Reflexion deutlich, sondern zeigt sich mehr praktisch in einem zunehmend gelockerten Verhalten der Familie gegenüber, in der Bemerkung, daß es im Augenblick wohl unklug sei, sich von seiner Frau zu trennen, und in einem interessanten Traum, den er unaufgefordert mitteilt (während er in der Vergangenheit sich nur an einen Verfolgungs- und Angsttraum nach dem Besuch eines Gruselfilms erinnern konnte). Auch dieser neue Traum ist lediglich sehr knapp:

Er hat sich die Haare selbst geschnitten, er schaut in den Spiegel und nimmt erschreckt wahr, wie zerzaust und schartig sein Kopf nun aussieht. Dabei hat er sich so merkwürdig gefühlt.

Im Scherz meint er dazu, daß er es vielleicht einmal nötig habe, in den Spiegel zu schauen. Parallelen zu seiner Einzelgängerschaft und dem bisherigen Bemühen, eher allein mit dem Leben fertigzuwerden, sieht er andeutungsweise ebenfalls, möchte aber offenkundig sich nicht zu weit auf diesen Traum einlassen. Es scheint so, als ob ihn die Erkenntnis, daß er im Grunde Sehnsucht nach Geborgenheit und Ordnung in der Familie hat, noch zu sehr verunsichert.

Frau P. machte im Abendkurs gute Fortschritte, freute sich sehr über die Hilfe durch ihren Mann und ihre Erfolge. Die anscheinend zunehmende Verfügbarkeit neuer sozialer Verstärker machte es ihr erstmals auch möglich, die Frage der Weiterbetreuung ihres Pflegekindes zu überdenken. Von Zeitmangel getrieben, war es für sie auf Dauer nicht mehr tragbar, während 6 Stunden des Tages fast nur für dieses Kind dazusein. In diesem Zusammenhang wagte sie auch erstmals Kritik gegenüber anderen auszusprechen. Die Mutter des Pflegekindes, deren ältere Töchter inzwischen recht selbständig seien, habe die bestehende Situation genutzt, um selbst einer Halbtagsbeschäftigung nachzugehen. Sie habe die Mutter des behinderten Kindes gebeten, diese Halbtagsbeschäftigung so einzurichten, daß sie ihr teilweise das Kind zurückgeben könne. Diese habe sie dann aber überzeugt, daß Frau P. als ihre einzige Freundin sie nicht im Stich lassen dürfe und daß sie, um mehr zu verdienen, unbedingt bei der Schichtarbeit bleiben müsse, die es nicht erlaube, daß sie das Kind regelmäßig bei sich habe. Wenn Frau P. die Sache jetzt betrachte, so fühle sie sich von der Freundin »ausgetrixt«, denn »die nimmt sich ihren Teil am Leben«. In diesem Zusammenhang erfährt sie zu ihrer Überraschung von ihrem Mann, wie sehr er an dem behinderten Pflegekind Anstoß nahm, sich ekelte, wenn er gelegentlich in der Wohnung den Geruch der verkoteten Unterwäsche des Kindes noch wahrnehmen konnte, Bedenken hatte, daß sein Sohn in diesem Kind eher eine Belastung als einen Spielgefährten habe. Sie: »Da hast du mir aber nie etwas gesagt.« Er: »Ich war der Meinung, du könntest mir doch nicht glauben.« Sie: »Es ist mir nicht leicht, dieses Kind abzugeben, aber du und der Junge gehn mir doch vor.« Er: »Vielleicht hätte ich eher einmal was sagen sollen.«

Für Frau P.s Durchsetzungsfähigkeit war es eine harte Probe, das Gespräch mit der Freundin zu führen. Sie konnte sich dann auch zunächst nur teilweise behaupten und ließ sich überreden, das behinderte Mädchen noch für zwei Wochentage zu behalten. Trotzdem war die Freude ihres Mannes nicht zu übersehen und machte ihr Mut, sich nun auch direkt mit einem Wunsch an ihren Mann zu wenden, der ihr in einer Einzelsitzung bewußt geworden war: Sie würde gern gelegentlich mit ihm ausgehen, wenn möglich sich auch gelegentlich in den Freundeskreis mitnehmen lassen, wisse aber nicht, was er davon halte, und habe Angst, wenn nicht von ihm, so doch von seinen Bekannten zurückgewiesen zu werden. In der Reaktion ihres Mannes konnte sie erleben, daß ein Aussprechen eigener Wünsche und Bedürfnisse dem Partner die Gemeinsamkeit erleichtert. Herr P. wußte nun zu berichten, wie er in den ersten Ehejahren seine Frau gelegentlich zum Mitkommen aufgefordert habe, aber gewöhnlich gehört hätte, sie bleibe lieber zu Hause. Jetzt wisse er, daß die Ablehnung in der Angst seiner Frau vor den Kollegen begründet gewesen sei. Damals habe er allerdings eher den Eindruck gehabt, sie lehne seine Vergnügen irgendwie ab (und wiederhole damit ein aversives Verhalten seiner Mutter, wie sich später herausstellte). Er nehme sie gerne mit. In den nächsten Wochen ging Frau P. öfter mit zum Bowling und wurde dort zu ihrer eigenen Überraschung gut aufgenommen. Ausgezeichnete Aufnahme fand sie auch als Schreibkraft in der Klinik, und sie fühlte sich von ihren neuen Aufgaben so ausgefüllt und bestätigt, daß sie es ihrem Mann zwar mit kleinem Bedauern, aber ohne ihn festzuhalten, gestatten konnte, gelegentlich ganze Wochenenden im Gebirge für sich allein zu verbringen.

Nachdem die Gesamtbeziehung aufgelockert und Herr P. nicht mehr zu einer Scheidung oder Trennung entschlossen schien, konnte die Störung im sexuellen Bereich nochmals gezielter angegangen werden:

Herr P. hatte sexuell über längere Zeit großes Desinteresse gezeigt, und nach einem kurzen Aufflackern vermehrter sexueller Wünsche gegen Ende des getrennten Urlaubes war der Intimverkehr wieder auf eine einmalige Begegnung in mehreren Monaten abgesunken. Erneutes stärkeres Sich-Anbieten durch Frau P. mit Andeutungen ihrer Enttäuschung und Verlassenheit hatte zu einem neuen zwischenzeitlichen Rückzug Herrn P.s mit der Planung räumlicher Trennung geführt. Es dauerte sehr lange, zu ihm eine Beziehung aufzubauen, die tragfähig genug erschien, um vor dem Therapeuten in einem Einzelgespräch seine Zurückhaltung im Sexuellen zur Sprache zu bringen. In diesem Gespräch, das zeitlich etwa mit den Vorbereitungen seiner Frau auf einen neuen Berufseinstieg zusammenfiel, konnte zunächst abgeklärt werden, daß auch bislang keine andere Frau für Herrn P. in den Vordergrund getreten war. Von ihm wurden folgende Überlegungen geäußert:

– Besorgnis gegenüber dem Wunsch seiner Frau nach einem zweiten Kind und einer damit verbundenen untragbaren wirtschaftlichen Belastung der Familie;
– Damit verbunden, ein Mißtrauen gegenüber seiner Frau, die zwar erklärt habe, daß sie mit ihm darin einig sei, ein weiteres Kind würde die Familie finanziell zu sehr belasten, die aber auch geäußert habe, sie wünsche sich so sehr ein Baby, daß sie manchmal in Gefahr sei, die Pille »zu vergessen«;
– Verärgerung (in der Vergangenheit) über ängstliches Verhalten seiner Frau bei sexuellem Verkehr während des Tages. Sie habe durch ihre ständigen Befürchtungen und Fragereien, ob der Bub nicht doch dazukommen könne, auch ihn selbst unsicher gemacht;

Weniger bewußtseinsnah konnte man vermuten:

– Angst vor Potenzunsicherheit bei der scheinbar unersättlichen, stets neu sexuell bereiten Frau (phallisch-kastrierend erlebte Partnerin);
– Bestrafung der Frau für die enge Bindung an den Sohn und die Übernahme des Pflegekindes;

Als stärker verdrängt war evtl. noch anzunehmen:

– Angst vor dem erneuten Aufbrechen der Geschwisterrivalität gegenüber einem weiteren Kind, das die Ehefrau–Mutter voll beanspruchen würde, und ihn damit ausschlösse;
– Angst vor stärkerer Gefühlsbindung.

Die Frau bot vor allem eine weiche, zärtliche, stets einladende, sanft lockende Sexualität an. Aggressive, aufreizende und aktiv-verführerische Elemente traten in ihrem Sexualverhalten fast gänzlich in den Hintergrund. Sie war geneigt, sich gekränkt zu erleben, wenn sie kein Echo fand. Wir haben schon gesehen, daß vordergründiger bei der Klientin

– der Wunsch nach einem weiteren Kind,
– das Bedürfnis, ihrem Mann ihre Zuneigung zu zeigen, von

Bedeutung waren für ihr gesteigertes sexuelles Verhalten.
Weniger bewußtseinsnah vermuten wir:
– die Angst vor dem Partnerverlust bzw. die Angst vor Zuwendungsverlust überhaupt, die nach immer neuer Sicherheit in engster Verbindung mit dem Partner sucht;
stärker verdrängt:
– mangelndes Identitätsbewußtsein, das nach Bestätigung sucht.
Seitdem für Herrn P. ein Verbleiben bei der Familie nicht mehr ausgeschlossen erscheint und er dem Thema der sexuellen Beziehung zu seiner Frau im Gespräch zu begegnen bereit ist, kann auch einmal eine Verhaltensanalyse des Ablaufes einer sexuellen Begegnung zwischen den Partnern versucht werden.

Die gemeinsame Schilderung durch das Paar zeigt, daß Herr P. Schwierigkeiten hat, Zärtlichkeiten, Hautkontakt in weicher, sanfter Form anzunehmen; auch wenn er zum Verkehr bereit ist und sich auf das Zusammensein mit seiner Frau freut, bereiten ihm ihre streichelnden Hände doch irgendwie Mißbehagen, und Frau P. kann ergänzend beisteuern, daß sie in solchen Augenblicken deutlich seine körperliche Abwehr spürt. Wenn er selbst seine Frau streichelt, so löst das eine ziemlich neutrale Empfindung in ihm aus.
Bei Erinnerung an Herrn P.s Kindheit dürfte es uns nicht schwerfallen nachzuvollziehen, daß für diesen Mann das Erlebnis von körperlicher Zärtlichkeit etwas Ungewöhnliches war; Körperkontakt drückte sich für ihn eher in der Form von Schlägen aus, die er empfing; daß man sich gegen Schläge wehrt, hatte er in der Kindheit gelernt, wie man mit Zärtlichkeiten umgehe, hatte er nicht gelernt, sie wirkten daher befremdend auf ihn und lösten eine Rückzugstendenz aus.
Sein aktiver Kontakt im sexuellen Vorspiel war durch eine leicht aggressiv getönte Verspieltheit (am Ohrläppchen zupfen, freundliches Kneifen, Tätscheln usw.) gekennzeichnet, die anscheinend wegen der aggressiven Komponente, welche Frau P. nicht zu erwidern wagte, von ihr als »zu kindisch«, »albern« erlebt wurde.
Im Geschlechtsverkehr selbst war Frau P. sehr ängstlich darauf bedacht, ja nichts falsch zu machen, horchte gleichzeitig nach draußen, ob auch kein Geräusch zu Kind oder Nachbarn dringen könne, ein Verhalten, das wohl hauptsächlich durch ihre frühen

sexuellen Kontakte mit der steten Angst des Entdecktwerdens aufgebaut worden war. Herr P. spürte die Unruhe seiner Frau und beendete den Verkehr meist ziemlich schnell, woraufhin er sie äußerlich etwas ruhiger erleben konnte. Frau P. selbst blieb jedoch meist unbefriedigt zurück.

Beide Partner entdeckten bei dieser Ablauf-Analyse Fehlverhalten, das ihnen bislang nicht aufgefallen war, da sie nie ausdrücklich über Sexualverkehr gesprochen hatten.

Sie kamen überein, künftig dann Verkehr zu haben, wenn keine Störung zu erwarten war. Es gab bestimmte Zeiten, zu denen die Wahrscheinlichkeit auch tagsüber äußerst gering war, daß jemand stören könne. Schwieriger war es, bei Herrn P. die Sorge abzubauen, daß diese bestmöglichen Zeiten auch verpflichtend notwendige Zeiten würden.

Nachdem sehr gründlich von beiden erörtert war, daß Herrn P.s Sorge hinsichtlich eines In-die-Falle-Gelockt-Werdens durch heimliches Auslassen des Kontrazeptivums jetzt unbegründet war, da Frau P. auf keinen Fall durch eine Schwangerschaft den neuen Arbeitsplatz verlieren wollte, atmete der Mann sichtlich auf.

Da Herr P. die Erfahrung eines neuen Erlebnisses von Zärtlichkeit gern gemacht hätte und ihm die konditionierte Abwehr des Streichelns aus der Erklärung seiner Kindheits-Erlebnisse recht bewußtseinsnah war, wurde vom Paar die ›Hautkontaktübung‹ (siehe Kap. 5) mehrfach durchgeführt. Herr P. konnte sich, wie beide Partner übereinstimmend berichteten, zunehmend auf Zärtlichkeit einstimmen und sie angenehm erleben.

Nicht so leicht war es, Frau P. mit der aggressiven Komponente der Sexualität vertraut zu machen, da sie insgesamt zupackendem, härterem Körperkontakt eher erschreckt gegenüberstand. Bei ihr wurde indirekt versucht, sie durch ein schrittweises Teilnehmenlassen an sportlichen Spielen mit Mann und Sohn, wobei sie auch zunehmend in lustige Kampfspiele einbezogen wurde, mit aggressiverem Körperkontakt vertrauter werden und ihn als Ausdruck eigener Begeisterung erleben zu lassen.

Beide Gatten gewannen zunehmend an neuer sexueller Ausdrucksmöglichkeit, und die Intimbeziehungen hatten sich gegen Ende der Gesamt-Therapie nach insgesamt sechs Monaten (mit 25 Sitzungen von durchschnittlich zwei Stunden) auf ein bis zwei Begegnungen in 14 Tagen eingespielt. Frau P. hätte sich eigentlich eine etwas größere Häufigkeit gewünscht, war aber durch die insgesamt höhere Zuwendung ihres Mannes zu ihr auf allen Gebieten, durch die Teilnahme an gemeinsamer außerhäuslicher Freizeitgestaltung und durch ihren neuen Beruf so ausgefüllt, daß ihr dies keinen Verzicht bedeutete.

Ein Informationsgespräch nach einem Jahr ergab, daß sich beide in der Partnerschaft weiterhin sehr wohl fühlten. Herr P. hatte sich gegenüber seiner Frau weiterhin sehr aufgeschlossen. Einen entscheidenden Anstoß dazu hatte gegeben, daß er erleben konnte, wie seine Frau sich klar für ihn entschied, als sie von einem anderen Mann aus dem Bekanntenkreis sehr umworben wurde. Frau P. wirkte lebensfroher und hatte beruflich volle Sicherheit gewonnen. Die schulischen Schwierigkeiten des Sohnes waren überwunden. Das Pflegekind war zu seiner leiblichen Mutter zurückgekehrt.

Dritter Teil

Weiterentwicklung
kommunikationstherapeutischer
Theorie

10.
Kommunikationstherapie als Verhaltenstherapie bei Ehekonflikten (1972)*

>»Die Grundlage menschlichen Zusammenlebens ist eine zweifache und doch eine einzige – der Wunsch jedes Menschen, von den anderen als das bestätigt zu werden, was er ist, oder sogar als das, was er werden kann ... Wirkliche Menschlichkeit besteht nur dort, wo sich diese Fähigkeit entfaltet.«
>
> MARTIN BUBER

a. ZUR FRAGE DER PSYCHOTHERAPIE-SCHULEN

Das ehetherapeutische Konzept, welches hier in der gebotenen Kürze nur umrißhaft skizziert werden kann (ausführliche Darstellung: A. MANDEL et alii 1971), erstrebt die *Integration der verschiedenen psychotherapeutischen Schulen.*
Die *Notwendigkeit* zu dieser Integration ergab sich im Laufe einer mehrjährigen Entwicklungsarbeit im Team. Aufgrund von Erfahrungen mit recht verschiedenartigen Fällen erscheinen uns Elemente jeder Schulrichtung als unverzichtbar für den Heilungsprozeß; nicht in jedem Einzelfall, aber doch insgesamt.
Wenn dies auch noch nicht mit statistischen Designs nachgewiesen worden ist, so ergibt sich für uns doch die wahrscheinliche Richtigkeit dieser Annahme aus einer Fülle von Einzelfall-Studien. Ausschlaggebend für dieses Ergebnis ist das bei mehreren Fällen angewandte *phasische Therapie-Konzept:* Es wurde mit psychoanalytischen, nondirektiven, familientherapeutischen und verhaltenstherapeutischen Techniken in verschiedener Reihenfolge gearbeitet. Dabei machten wir die Erfahrung, daß bei jedem dieser Ansätze der therapeutische Lernprozeß völlig ins Stocken geraten konnte. Bei einem *Wechsel der Technik* änderte sich dies jedoch oft umgehend. Die *nun einsetzende Modifikation* führte zum bleibenden Heilungserfolg, oder aber zur Motivierung des Klienten für die Durchführung eines weiteren Ansatzes, der dann die Auflösung des Konflikts bzw. der Symptomatik erbrachte.
Auf dem Hintergrund einer von Differenzierung und Integra-

---

* Vorabdruck in der Zeitschrift Ehe, 1973, Heft 2.

tion einer Unzahl von Pharmaka und Techniken bestimmten Medizin hebt sich die gegenwärtig immer noch anzutreffende Situation der Psychotherapie als ein unseres Erachtens kultur-geschichtlich recht merkwürdiges Phänomen ab: *Verschiedene Schulen bekämpfen sich* und behaupten, die einzig richtige, die reine, die wahre, allumfassende und allheilende Lehre zu besitzen. Keine Kirche kann heute diesem *Dogmatismus* das Wasser reichen! – *Doch wächst die Minderheit* derer, die sich im informellen Gespräch auf Kongressen und anderswo dazu bekennen, daß sie »heimlich« *Verfahren der »gegnerischen« Seite verwenden* und noch besser erlernen möchten. Der Verhaltenstherapeut spricht den Psychoanalytiker an, um subtilere soziale Phäno-mene und biographische Momente besser erfassen zu lernen; der Psychoanalytiker gesteht, daß er bei einer Reihe von Patienten die leidensträchtigen Symptome trotz langwieriger Prozesse der Selbsteinsicht nicht zum Zerfall bringen kann, er versucht zu desensibilisieren, Interaktionen zu trainieren oder gar konkrete Anweisungen zu geben. Konfrontiert mit den Nöten der Praxis und aus dem Bedürfnis, seinen Patienten zu helfen, hat er schon versucht, diese Methoden anzuwenden, teils unter beträchtlicher Angst, sein Berufsverband könnte davon erfahren, ihn ausschlie-ßen und damit wirtschaftlich durch Entzug der Kassenzulassung ruinieren.

Dazwischen gibt es Therapeuten, die sich Erkenntnisse verschie-dener Schulen in ihrer Praxis zu eigen machen, dies aber nicht reflektieren oder nicht bekennen wollen.

Die Forderung, die sich aus der psychotherapeutischen Praxis bei Ehekonflikten ergibt, kann unseres Erachtens nur die sein, immer differenziertere und objektivere *Kriterien der Indikation für verschiedene Prinzipien und Techniken* zu finden, und zwar be-deutet dies nicht: für Fall A Psychoanalyse, für Fall B Verhal-tenstherapie, sondern: den phasischen oder gleichzeitigen Einsatz verschiedener Verfahren bei ein und demselben Fall aufgrund der jeweils vorliegenden Daten bzw. Reaktionen im Therapie-prozeß. Das ist ein *Forschungsprogramm* für Jahrzehnte, das nur in internationaler Zusammenarbeit geleistet werden kann.

Aus einer Reihe von Gründen bzw. gleichartigen Intentionen erachten wir unseren Integrationsversuch »*Kommunikationsthe-rapie*« (vgl. A. MANDEL et alii 1971) als *akzentmäßig der Ver-haltenstherapie zugehörig:*

Erstens: Die Verhaltenstherapie leitet ihre Verfahren aus *expe-*

rimentellen und statistischen Befunden der biologischen Grund-
lagen- sowie vor allem der gesamten Verhaltens- und Sozial-
wissenschaften ab (BANDURA 1969, FRANKS 1969, KANFER 1970).
Oder sie setzt ihre Verfahren wenigstens in möglichst strenge
Analogie zu der ungeheuren Fülle *wissenschaftlicher For-
schungsergebnisse* und stimuliert dadurch wiederum die Grundlagenforschung zu neuen Untersuchungen, woraus ein schöpferi-
scher Kreisprozeß resultiert. – Gegner dieses wissenschaftlichen
Bemühens ignorieren die *anthropologische Relevanz* bzw. »existentielle Tiefe« vieler unmittelbar am menschlichen Erleben und
Verhalten gesicherten Erkenntnisse bzw. kennen diese Befunde
überhaupt nicht. (Nur zwei Hinweise auf solche »lebensnahe«
Untersuchungen: BANDURAS Experimente zur Kernfamiliensi-
tuation; MILGRAMS berühmt gewordene Studien zur Autoritäts-
bzw. Vorbild-Abhängigkeit sadistischen Verhaltens.)
Zweitens: Der *Effekt* therapeutischen Vorgehens wird wenigstens phasenweise und/oder dimensionsweise *gemessen* (dabei
ist im Auge zu behalten, daß es grundsätzlich nur drei grundlegende Klassen von Daten gibt: physiologische; Verhalten und
Ausdruck; subjektive bzw. »Selbstaussagen«). Nur dadurch aber
wird *therapeutisches Handeln* auf lange Sicht *verbesserbar,* und
das heißt auch: schließlich weitgehendst lehr- und lernbar (soweit der jeweilige Therapeut lernfähig ist).
Drittens: Der *Möglichkeit* nach scheint uns somit die Verhaltenstherapie das *einzige offene System* zu sein: Kein empirischer Befund wird aufgrund vorgefaßter Prinzipien ignoriert. Der Verhaltenstherapeut »darf« auch Träume »bearbeiten«, solange er
es nicht für überflüssig hält, drei Fragen zu überprüfen: ob die
dabei sich manifestierenden verbalen und/oder extraverbalen
Reiz-Reaktions-Ketten funktionelle Abhängigkeiten enthalten;
ob dadurch eine nachweisbare und therapierelevante Veränderung, etwa im kognitiven System des Klienten, erfolgt; ob darüber hinaus dieses Verfahren bei diesem Patienten im Sinn der
Therapieziele ökonomischer arbeitet als ein anderes.
Viertens: Durch wissenschaftlich *objektive Untersuchungen* der
Elemente therapeutischer Techniken, den Vergleich mit Verfahren anderer Schulen an Klienten mit ähnlichen Störungen, sowie
Katamnesen (teils durchgeführt von Psychoanalytikern und Ge-
sprächstherapeuten), ist es der Verhaltenstherapie bereits gelungen, dogmatische Behauptungen, etwa der Psychoanalyse, erheblich zu erschüttern. Die *Diskussion* hat sich versachlicht. Immer

mehr offizielle Vertreter der Psychoanalyse geben zu, daß die
(rascher arbeitende) Verhaltenstherapie *dauerhafte Heilerfolge
ohne Symptomverschiebungen* bei einem zumindest gleich hohen
Prozentsatz behandelter Fälle hat wie die Psychoanalyse. Eine
solche Versachlichung des Streits ist wohl nicht zuletzt den wissenschaftlichen Untersuchungen zu verdanken.

Fünftens: Die verhaltenswissenschaftlichen *Begriffe und Methoden* haben, nicht zuletzt aufgrund ihrer Operationalisierbarkeit,
eine wesentlich größere *Integrationsfähigkeit* in bezug auf die
anderen Denksysteme (z. B. die Psychoanalyse), als dies umgekehrt der Fall ist. Die Gefahr erkenntnishindernder Mythenbil-
dung durch Sprachspiele scheint uns somit geringer, die *mögliche
Realitätsnähe* größer.

Freilich ist gegen extremen Dogmatismus noch kein Kraut gewachsen. So mancher Analytiker verharrt in affektiv hochbe-
setzter Ignoranz und verleugnet die inzwischen eingetretene
Realität oder doch wenigstens Teile derselben: recht eigentlich
das zentrale Merkmal einer Neurose, wie es dem »daseinsana-
lytisch« denkenden späten FREUD erschien. Dieser kreativitäts-
hemmende Dogmatismus ist freilich eine Krankheit, die unter
Verhaltenstherapeuten auch nicht seltener anzutreffen ist: bei so
manchem Behandlungsfall die Selbstverurteilung des Therapeuten zur Erfolglosigkeit.

b. Bedingungen einer befriedigenden Ehegemeinschaft

Voraussetzungen einer in unserer heutigen kulturellen Situation
für beide Partner befriedigenden Ehe werden auch an defizien-
ten Formen von Partnerbeziehungen und deren Heilung in der
therapeutischen Praxis sichtbar.

Grundlegend für das Gelingen sind *polare, in einem dynamischen Gleichgewicht befindliche Verhaltenshierarchien,* deren Er-
lebnisseite man etwa wie folgt umschreiben kann: einerseits
Vertrauen, Nähe, Hingabe, Aufopferung; andererseits kritische
Distanz, Eigenständigkeit, Unabhängigkeit, Eigengestaltung,
Autonomie. Eine weitere Polarität bezeichnet die Fähigkeit,
eigenverantwortlich zu führen, wie sich führen zu lassen bzw.
schöpferische Kompromisse und Problemlösungen gemeinsam zu
suchen. Grundlegend ist ferner das Verhältnis zu den Realitäten
des Lebens und der eigenen Person, mit deren kaum oder gar

nicht veränderbaren Faktoren sich der reife Mensch ohne Selbst-
zerfleischung oder andere pathogene Abwehrformen zu arrangieren weiß (soweit er in einer Lebenssituation steht, die überhaupt als erträglich bezeichnet werden darf). Auch läßt sich das
erwachsene Ich von der Ungesichertheit des Daseins nicht er-
drücken, versucht nicht die (vergebliche und aufzehrende) Flucht
in Sicherungszwänge.
Solche und ähnliche »Grundformen der Angst« (RIEMANN 1975[9])
behindern gegenseitige Befriedigung der Partner und Wandlungsfähigkeit ihrer Beziehung. Daraus resultiert eine gestörte
Kommunikation, ein »Gesprächsdefekt« (RICHTER 1970), der sich
auf die verbalen wie noch mehr auf die (beziehungsrelevante-
ren!) extraverbalen Kontaktdimensionen der Partner erstreckt
und sich einerseits, angstbedingt, als nicht offen, andererseits,
aggressionsbedingt, als destruktiv erweist. *Offene und destruk-
tionsfreie Kommunikation aller Regungen* und Phantasien, aller
Wünsche und Ärger- bzw. Enttäuschungsreaktionen erweist sich
aber als das Instrument par excellence zur Lösung von Ehekonflikten. Ein approximatives Gelingen solch optimaler Kommunikation scheint uns die *unabdingbare Voraussetzung schöpferi-
scher Wandlungsfähigkeit und Erfüllung einer Ehe.*
Weitere Bedingungen für eine befriedigende Ehe liegen sicherlich
in der *Harmonisierungsmöglichkeit von Interessen und Bega-
bungen,* weil davon Häufigkeit und Intensität des Kontakts
bzw. die davon ausgehenden gegenseitigen Verstärker abhängen.

c. Bedingungen der Entstehung und Aufrechterhaltung
   von Ehekonflikten

Die gesamten Bedingungen und Prozesse *sozialen Lernens* von
Geburt an sind in diesem Zusammenhang zu beachten. Klinische
Untersuchungen an Heimkindern wie Experimente an Affen haben beispielsweise die überragende Bedeutung einer bestimmten
Qualität und Quantität taktiler Kontakte und der Konstanz
dieser Kontakte durch eine feste Beziehungsfigur in den ersten
Lebensmonaten gezeigt (vgl. die bekannten Untersuchungen von
SPITZ und von HARLOW). Eine Fülle von Experimenten und Beobachtungen hinsichtlich der weiteren Lebensjahre macht wahrscheinlich, daß *Grundmuster der Partnerbeziehung,* günstige wie
ungünstige, bereits gelernt sind bzw. erst mühsam neu gelernt

oder umgelernt werden müssen, wenn die Partner ihr gemeinsames Leben beginnen. Größte Bedeutung in der Genese kommt
dabei neben den frühestkindlichen Einflüssen dem *Lernen am
Modell,* d. h. der Identifikation mit, dadurch aber der Übernahme von Interaktionsmustern zu, die das Kind zwischen seinen *Eltern* und zwischen sich selbst und den Eltern beobachtet
(vgl. die zahlreichen Experimente der BANDURA-Gruppe).
Faktoren und Gesetzmäßigkeiten, die die Entstehung sozialer
Verhaltensmuster bestimmt haben und sie aufrechterhalten, determinieren auch den therapeutischen Prozeß der Reversion und
Modifikation der für die Partnerbeziehung ungeeigneten Reaktionen bzw. den Aufbau neuer, befriedigenderer Interaktionsformen.

d. GRUNDVORGÄNGE IM THERAPEUTISCHEN PROZESS

Veränderungswahrscheinlichkeiten in den Reaktionen von Organismen sind elementaren Gesetzmäßigkeiten unterworfen, die
sich sogar noch bei der Modifikation von Denkprozessen als Dominanten nachweisen lassen. Einige dieser Grundvorgänge seien
hier erwähnt:
Für jedes Lebewesen gibt es Reize, die ohne jede Erfahrung
(Lernen) ganz bestimmte Reaktionen auslösen. Diese Reaktionen betreffen auf der biologischen Ebene vor allem das vegetative Nervensystem und manifestieren sich auf der subjektiven
Ebene als Empfindung oder Gefühl. Läßt man nun einen beliebigen Sinnesreiz jenem nicht gelernten, unkonditionierten Reiz
zeitlich unmittelbar vorausgehen, so erlangt der neue (konditionierte) Reiz nach einigen Paarungen die Fähigkeit, jene Reaktion auch allein, d. h. ohne den unkonditionierten Reiz auszulösen. Der russische Physiologe PAWLOW hat diese Form des
Lernens, die sogenannte *klassische Konditionierung,* entdeckt
und als erster systematisch erforscht. Ein ganzer Kosmos von
erwünschten wie unerwünschten (meist unbewußten) Reaktionen
zwischen Partnern unterliegt den grundlegenden Gesetzmäßigkeiten des klassischen Konditionierens. Aufgrund divergenter
Lerngeschichte können Gefühlsreaktionen zweier Partner auf
ein und denselben Reiz diametral entgegengesetzt, damit aber
konfliktträchtig sein. — Eine Löschung solcher Reaktionen erfolgt, wenn der konditionierte Reiz häufig ohne den unkonditionierten aufgetreten ist.

Löschungsvorgänge spielen bei der inzwischen allgemein bekannt-
gewordenen verhaltenstherapeutischen Technik der systematischen Desensibilisierung eine zentrale Rolle.
Von ebenso umfassender Bedeutung ist das »Lernen am Erfolg«
oder die *operante Konditionierung* (in erster Linie von SKINNER
erforscht): »Willkürlich« emittierbare Verhaltensweisen werden
je nach den *zeitlich unmittelbar* folgenden Reizen (*Verstärkern*)
in ähnlichen Situationen künftig häufiger oder seltener auftreten; auf der phänomenologischen Ebene kann man cum grano
salis diese Reize als für ein bestimmtes Individuum »angenehm«
oder »unangenehm« klassifizieren. Auch operante Verhaltensweisen unterliegen einer je nach Struktur der Lerngeschichte
mehr oder weniger »hartnäckigen« Löschungs-Resistenz. Das
kann beispielsweise das Eingehen auf ein neues Verhaltens-An-
gebot des Partners sehr erschweren, weil automatisch immer
noch mit denselben Mustern reagiert wird (z. B. mit Flucht auf
Entgegenkommen), die in der Lerngeschichte konditioniert worden sind.
In der Therapie wird der Neuerwerb bzw. die Formung partnerschaftlicher Verhaltensweisen durch positive Verstärkung
entscheidend gefördert.
Klassisches wie operantes Konditionieren erfolgt nicht nur durch
unmittelbare Einwirkung auf den Organismus, sondern auch
durch *Beobachtung anderer* (aufgrund bestimmter Merkmale zur
»Identifikation« einladender) Organismen, die Ausdrucksreaktionen (z. B. eine Mimik des Schmerzes) zeigen und wahrnehmbare
Konsequenzen auf Verhaltensweisen (Strafreize oder positiv
verstärkende Reize) erfahren. Dieses *Lernen am Modell* kann
den Therapieprozeß erheblich beschleunigen, vor allem in Gruppen.
Die experimentelle Kommunikationsforschung (ARGYLE 1972)
konnte beweisen, daß die für die emotionale Beziehung zweier
Menschen bei der Interaktion *ausschlaggebenden Reize bzw.
Verstärker extraverbaler Natur* sind. Verstärkend oder bestra-
fend wirkt also nicht in erster Linie, *was* ein Partner inhaltlich
sagt, sondern alle übrigen Reize (z. B. Mimik, Stimme, sprachliche Form). Dabei handelt es sich wiederum um überwiegend
unbewußte Vorgänge, auf die das therapeutische Augenmerk in
erster Linie zu richten ist.

e. THERAPEUTISCHE PRINZIPIEN UND VERFAHREN

Ehetherapeutische Zielvorstellungen ergeben sich implizit aus
dem früher Gesagten: Die alle Persönlichkeitsbereiche umfassende angst- und aggressionsfreie Kommunikation ermöglicht
künftig den eigenschöpferischen Reifungsprozeß der Partner.
Der Abbau von Ängsten durch Löschungsvorgänge, der Aufbau
bzw. die Erweiterung befriedigender Interaktionsmöglichkeiten
durch Verstärkung und Beobachtungslernen spielen daher bei
jeder Ehetherapie eine zentrale Rolle.
Im *Mittelpunkt* unserer therapeutischen Verfahren steht sowohl
qualitativ wie auch quantitativ eine umfassende *Konfliktanalyse.* Sie bildet, vergleichbar der ärztlichen Differentialdiagno-
stik, die unverzichtbare Voraussetzung für die Indikationsstellung zu jedwedem therapeutischen Vorgehen bzw. technischen
Einzelverfahren.
Der *Therapeut* versucht, in seinem *Verhalten* die in der nondirektiven Gesprächstherapie erforschten Variablen der Selbstkongruenz, der Wertschätzung und der Empathie zu realisieren,
deren Verwirklichung sich bei Therapieprozessen verschiedener
Art und verschiedener Schulen als ergebnisrelevant erwiesen haben (TAUSCH 1970). – Wir bezweifeln, ob dieses Ziel nur durch
äußerliches und verbales Verhaltens-Training erreicht werden
kann und meinen, daß Gegenübertragungsanalysen erforderlich
sind, will man solche Verhaltenswirkungen anstreben. Denn gerade »unbewußte Gefühle« sind sozial wirksam (vgl. ARGYLE
1972), man kann sie nicht *nicht* kommunizieren (vgl. WATZLA-
WICK, BEAVIN und JACKSON 1969).
Unter *Konfliktanalyse* verstehen wir eine *Verhalten wie Erleben
umfassende Reiz-Reaktions-Analyse* der Interaktion, und zwar
unter besonderer Beachtung extraverbaler Reize, wenn man so
will, des *nicht* Ausgesprochenen und des »Unbewußten«. Dieses
Unbewußte ist kein mythischer Vorgang, sondern eine wahrnehmbare extraverbale Reiz-Konfiguration, die beispielsweise
zeigt, daß ein Partner den anderen als unmündig behandelt,
letzterer aber dieses geradezu provoziert und anschließend durch
Konsequenzen verstärkt.
Konfliktanalysen sind immer *mehrdimensional.* Sie umfassen die
aktuelle Situation einerseits und machen andererseits durch deren *lebensgeschichtliche Erhellung* verstehbar, warum der eine
Partner auf ein und denselben Reiz ganz anders reagiert als der

andere. *Bewußtmachung unterdrückter Bedürfnisse,* die sich aufgrund sozialer Erfahrungen nur noch in entfremdeter Weise andeuten, ist unverzichtbarer Bestandteil der Analyse. In zahlreichen Fällen und bei verschiedenen Symptomen erweist sich die Erhellung der Lerngeschichte für die dauerhafte Beseitigung einer Störung als überflüssig, wie die verhaltenstherapeutische Forschung nachgewiesen hat. Bei behandlungsbedürftigen *Ehekonflikten* stoßen wir jedoch in der Mehrzahl der Fälle auf eine *unzureichende Motiviertheit meist beider Partner,* die Änderungsbedürftigkeit eben gerade *jener* Reaktionen einzusehen, die die Verletzung des Partners bewirken und die Störung der Partnerschaft aufrechterhalten – ein Problem, von dem viele Verhaltenstherapeuten aufgrund ihrer ganz anders zusammengesetzten Klientel kaum eine Ahnung haben.

Die eigentliche *»Kunst« der Ehetherapie* besteht oft gerade in diesem die Heilung fundierenden *Prozeß des Motivierens.* Wenn es der Therapeut versteht, durch ein sehr individuelles Ansprechen den Patienten in seinen besseren Möglichkeiten, seinen ihm und dem Partner oft *verborgenen Wachstumschancen* zu erkennen und zu bestätigen, wirkt dies als gewaltiger Verstärker. Ein einziges derartiges Ereignis kann in der Lage sein, die Bereitschaft zur selbstkritischen Wahrnehmung und Änderung des eigenen Verhaltens rapide und dauerhaft zu erhöhen. Auf dieser Basis sind dann verhaltensändernde kognitive Dissonanzen zwischen dem Wunschbild vom eigenen Verhalten und dem faktischen Verhalten erreichbar. (Ein technisches Hilfsmittel *kann* dabei das Playback einer Bandaufzeichnung sein.)

Gelegentlich bewirkt erst eine etwas eingehendere Aufhellung der Lerngeschichte jene Bereitschaft des Klienten, sich selbst bzw. seine eigenen Verhaltensweisen in Frage stellen zu lassen. (Auf die Analyse dieses motivierenden Lernprozesses gehen wir hier nicht näher ein.)

Ist eine Motivierung beider Klienten zur Modifikation des *eigenen* äußeren und inneren Verhaltens erzielt, kann der Aufbau befriedigenderer Kommunikationsformen beginnen.

Manchmal löst bereits die quer- und längsschnittliche Konfliktanalyse einen anschließenden Selbstheilungsprozeß der Ehe aus. Nicht selten jedoch bleiben Klienten bei ihren neugewonnenen Einsichten im großen und ganzen stehen, was eine gezielte *Einübung neuer Verhaltensweisen* und eine *Dekonditionierung alter Reaktionen* angezeigt erscheinen läßt.

Ein breites Repertoire therapeutischer Techniken steht für diese Aufgaben zur Verfügung, von Varianten der Desensibilisierung bis zu Kommunikationsübungen und Trainingsansätzen zur Selbstkontrolle (ausführliche Schilderung und Diskussion: MANDEL et alii 1971). Den inhaltlichen Mittelpunkt aller Verfahren bildet einerseits die *Reduktion von Angst und Aggression*, andererseits die *Zunahme positiver Verstärkungen* zwischen den Partnern.

Ausschlaggebend für den therapeutischen Nutzen ist die schrittweise *Generalisierung* des in der Sitzung Analysierten und Geübten *auf die reale Lebenssituation* außerhalb der Therapie. Wo dies nicht gelingt, sind Variablen bei der Konfliktanalyse übersehen worden.

Kommunikationsübungen werden am besten fragmentarisch und unauffällig in den Fluß des therapeutischen Gesprächs *eingebettet.* Sie erzielen bewußte Wahrnehmung aversiver wie positiver extraverbaler Elemente des Kontakts, erleichtern die *explizite Metakommunikation,* d. h. das ausdrückliche *Gespräch der Partner über ihre Beziehung* zueinander (ihre Ängste, Aggressionen, Wünsche, Freuden) und erweitern das Repertoire positiver gegenseitiger Verstärker. Gelingt dieser Versuch, hört man Reaktionen wie diese: »So haben wir überhaupt noch nie miteinander geredet... Wenn ich geahnt hätte, daß es dir *darauf* ankommt... daß du darunter *so* gelitten hast... daß du das so gut *annehmen* kannst...« u. ä.

Der Therapeut erleichtert das Lernen offener Kommunikation durch metakommunikative Rückmeldung, durch differentielle Verstärkung, durch Modellbildung. Der schrittweise Abbau angst- und aggressionsbedingter Vermeidungsreaktionen der Klienten hat dabei oft den Charakter einer subtilen *Widerstandsanalyse.* Manchmal erklären erst lerngeschichtliche Daten, warum sich einer an einem bestimmten Punkt »sperrt«. Ihre Erinnerung gibt dann den weiteren Weg frei.

Übungen *können* die Erreichung eines therapeutischen Ziels sehr beschleunigen. Darüber entscheiden aber Form und Zeitpunkt ihres Einsatzes. Dies zu treffen sowie die richtigen Übungselemente auszuwählen erfordert lange Erfahrung und viel »Fingerspitzengefühl«, d. h. eine hochdifferenzierte soziale Wahrnehmung. Ansonsten bleiben Übungen völlig wirkungslos, ja sie können auch Schaden anrichten. Die *richtig eingesetzte Übung* erbringt hingegen eine *nachhaltige Entspannung des Konflikts.*

Sie *schafft neue Erfahrungen* des Miteinander und läßt die positiv verstärkende Wirkung *reiferen* Verhaltens unmittelbar und rascher *erleben*, als dies aus der Einsicht in defiziente Verhaltensmuster zu resultieren pflegt.

Eine wichtige *Selbsterfahrung* machen Klienten bei Übungen, *den anderen besser anzusprechen: Ausdruck* ist *letztlich nicht machbar*, damit letztlich nicht fälschbar. Man kann ungeübt und ungeschickt sein im Umgang mit den eigenen Ängsten und Aggressionen wie mit denen des Partners, wenn man ihn im Gespräch zu erreichen sucht; man wird dann wahrscheinlich »verkannt«. *Dieses* kann durch geduldige gemeinsame Übung geändert werden. Man kann aber seine »*Gesinnung*« (d. h., im negativen Fall, eine Inkongruenz zwischen Gefühl und Verhalten) auf die Dauer nicht verbergen: Sie teilt sich auf extraverbalen Kanälen unweigerlich mit.

Solange etwa ein Partner den anderen entwertet, indem er ihn als »infantil«, »krank« oder »böse« behandelt, ohne das einzugestehen und ohne sich davon zu distanzieren, fehlt die Basis für gemeinsame Übungen. Zuerst muß die Konfliktanalyse solche Interaktionsstrukturen aufdecken. Auch Mitglieder einer *Ehepaar-Therapiegruppe* erkennen sie oft erstaunlich scharfsinnig und konfrontieren den Betreffenden mit seiner Fehlhaltung. Er gibt seinen Widerstand in der Gruppe leichter auf und bekommt mehr Alternativmodelle vermittelt, als dies in der Regel bei der Einzel-Paartherapie der Fall ist (vgl. PREUSS und WILLI/ROTACH-FUCHS).

f. FALLBEISPIELE

Ausschnitte von Behandlungen, vor allem Konfliktanalysen und Beispiele aus verschiedenen Kommunikationsübungen, sind in größerer Anzahl in unseren Monographien dargestellt worden (vgl. Literaturangaben).

Hier sollen einige therapeutische Episoden kurz illustrieren, wie *wahrscheinlich* in den vorliegenden Fällen nur durch einen *Wechsel der Technik* bzw. Hereinnahme von Elementen aus jeweils anderen Therapieschulen der Weg zur Heilung oder Linderung seelischer Not frei wurde. (Freilich fielen dem Therapeuten *hinterher* schwache Indizien ein, die schon vor dem Einschlagen des ungeeigneten Weges wahrnehmbar waren und bei richtiger Gewichtung den Umweg erspart hätten. Jedoch ist dies die gegenwärtige Situation: Unsere differentialdiagnostischen Kriterien sind noch zu unsicher und zu wenig objektiv, um therapeutische Verläufe schon in hohem Maß optimieren zu können.)

Fall A: Ein 43jähriger Handelsvertreter zeichnete sich durch Wohlverhalten, Selbstbeherrschung, Hilfsbereitschaft aus. Seiner (zwölf Jahre jüngeren) Frau ging das allmählich auf die Nerven, weil er sie damit indirekt beherrschte. Sie fühlte sich durch seine Art eingeengt, aber ihm war ja nichts nachzuweisen. Bei Verwandten wie Bekannten galt er als Mustergatte, um den man sie beneidete. Völlig »unverständlich«, wie sie und der jüngere Sohn gegen ihn ausfällig werden konnten! Wir bemühten uns längere Zeit vergeblich, diesem Klienten durch Playback von Bandaufzeichnungen, Rückmeldungen, Modellieren etc. die feine, aber aufweisbare Aggressionsnuance in seinem Wohlverhalten begreiflich zu machen. Sogar in der Gruppe sperrte er sich dagegen. Wir änderten dann unsere Strategie: in Einzelsitzungen besprachen wir mit ihm seine *Träume.* Zuerst entfremdet, in der Gestalt exotischer Tiere, zunehmend aber ich-hafter, wurde ihm sein ungeheures Maß unterdrückter aggressiver *Phantasien* sowie korrespondierende Kindheitserlebnisse bewußt. Er akzeptierte die Gleichung: »Wenn ich unbewußt *so* aggressiv bin, dann gibt es das gar nicht, daß mein Verhalten davon ›chemisch rein‹ ist!« Die Erschütterung seines Selbstbildes machte ihn zugänglich für die notwendigen Verhaltenskorrekturen bzw. kritischen Rückmeldungen seitens seiner Frau.

Fall B: Eine 52jährige Frau lebte in kinderloser Ehe mit einem seit zwei Jahren körperlich unheilbar erkrankten Mann. Sie hatte mit einer Depression auf die Erkrankung reagiert. Ihre mürrische Gereiztheit machte ihr besonders zu schaffen. Da sie sich in ihren Außenkontakten seither zurückgezogen hatte, bemühten wir uns, diese wiederherzustellen und auch neue Kontakte anzuknüpfen. Doch brachte das wenig. Auch eine Desensibilisierung gegen gelegentliche »aufreizende« Eigenarten des Partners war nicht durchschlagend. Psychopharmaka hatte sie schon früher vergeblich ausprobiert. Wir bemühten uns nun ausschließlich, die Klientin in ihrer ausweglosen Situation (sie liebte ihren Mann sehr) anzunehmen, in der *Haltung des Gesprächspsychotherapeuten* mit emotionaler Wärme ihre Gefühlslage zu reflektieren. (Eine Gegenübertragungsreaktion stand dem zu-

nächst im Weg: unbewußt hatten wir selbst gegen das Schicksal
dieser Frau protestiert, mußten es erst selbst innerlich annehmen
lernen, um jene Gesprächshaltung verwirklichen zu können.) Zu
unserem Erstaunen milderte sich im Verlauf von zehn Sitzungen
die gereizte Verstimmung der Klientin ganz erheblich. Die Besserung hielt ohne weitere Behandlung an. (Eine Katamnese erfolgte nach zehn Monaten.)

Fall C: Ein beruflich überlasteter Vater von sechs Kindern
konnte nicht ertragen, wenn er bei der späten abendlichen Heimkunft seine Frau noch geschäftig in der Küche vorfand, wenn sie
sich nicht *sofort* um ihn bemühte, ihn nicht gleich mit Essen ver-
sorgte. Seine Mutter hatte ihn als »Kronprinz« sehr verwöhnt.
Obwohl er schließlich diese biographische Bedingtheit und die
Untadeligkeit des Verhaltens seiner liebevollen Frau einsah und
begriff, daß er jeweils zu einem ungünstigen Zeitpunkt seinem
Regressionsbedürfnis nachgab, ja schließlich selbst seinen Anspruch als ungerechtfertigt bezeichnete, änderte dies alles doch
nicht viel an seinen gereizten Reaktionen in jener für ihn kritischen Situation. Auch eine längere, vor zwei Jahren abgeschlos-
sene Psychoanalyse hatte anscheinend darauf keinen stärkeren
Einfluß nehmen können (wie auch die Frau bestätigte). Da wir
im Verhalten der Partnerin keine gewichtigen Probleme finden
konnten und in der Partnerbeziehung keine schweren Depriva-
tionen vorlagen, die den Aggressionspegel und damit die Aus-
lösewahrscheinlichkeit für gereizte Reaktionen hätten erhöhen
können (die Berufssituation war kaum zu modifizieren), entschlossen wir uns zu einer *Desensibilisierung* der kritischen Situation (des Anblicks der oral frustrierenden Frau bei der abendlichen Heimkunft). Dies führte binnen drei Sitzungen zu einer
starken Reduktion seiner Gereiztheit. Da aber die Frau noch
immer Angst vor diesen Reaktionen hatte, ihn deswegen am
Abend übervorsichtig behandelte und gerade dadurch kränkte
bzw. reizte (sie sagte ihm damit ohne Worte: »Du bist jetzt
schwierig!«), war die Gefahr eines weiteren Circulus vitiosus gegeben. Wir desensibilisierten deshalb auch die Frau, und zwar in
bezug auf die (intermittierend vielleicht wieder auftauchenden,
potentiell damit aber besonders lernwirksamen) gereizten Reaktionen ihres Mannes. Die Katamnese nach eineinhalb Jahren
ergab, daß die entscheidende Besserung hinsichtlich der kritischen
Situation wie der gesamten Partnerbeziehung angehalten hat.

Fall D: Eine mit ihrer Partnerwahl unzufriedene (seit sieben Jahren verheiratete) Frau hatte, wann immer sie ihren Mund aufmachte, etwas permanent Klagendes, Jammerndes. Das hatte bei ihrem Mann eine Rückzugshaltung verstärkt. In längerer Therapiedauer war ihr Entschluß gereift, sich nicht scheiden zu lassen, sondern das Bestmögliche aus ihrer Partnerbeziehung zu machen. Trotzdem änderte sich in ihrem Kommunikationsstil wenig. Erst nach Bandwiedergaben und Rückmeldungen fiel ihr auf, *wie* sie mit ihrem Mann redete; sie fand sich selbst unsympathisch und glaubte, ihre eigene Mutter zu hören (gerade auch diesen Aspekt konnte sie an sich selbst nicht leiden, nachdem sie ihn jetzt voll wahrgenommen hatte). Aber auch jetzt war noch wenig Modifikation zu erkennen. Da ihr Partner zum Ausdruck brachte, wie sehr ihn das indirekte Jammern abstieß, schlugen wir *Kommunikationsübungen* vor, in denen die Klientin durch Rückmeldung, differentielle Verstärkung und Modell-Lernen ihr Verhalten nachhaltig ändern bzw. ihr Repertoire erheblich erweitern konnte. Sie fand sich selbst nun viel sympathischer. Doch auch jetzt trat der Mann noch nicht anhaltend aus seiner Reserve heraus. Im Einzelgespräch kamen wir darauf, daß ihn in den vergangenen Jahren einige Situationen furchtbar verletzt hatten, in denen seine Frau ihn spüren ließ, daß sie an ihrer Partnerwahl zweifelte. Das steckte ihm wie ein Kloß im Hals. Nachdem er nun endlich wagte, auch seiner Frau diese Frustration in ihrer vollen Intensität mitzuteilen und sie das optimal akzeptierte, trat seine in der Verlobungszeit noch vorhandene Spontaneität wieder auf den Plan, was seine Partnerin sehr wohltuend empfand. Die Änderung manifestierte sich unter anderem in einer anhaltenden Besserung der sexuellen Beziehung. (Katamnese: zwei Jahre).

LITERATUR

Psychoanalyse

PREUSS, H. G.: Die kranke Ehe – neurotische Interaktionen in der Ehe und ihre Analyse in der Gruppe; in: SCHELKOPF, A. und ELHARDT, S. (Hrsg.): Aspekte der Psychoanalyse, Göttingen 1969, (Verlag für Medizinische Psychologie)

RICHTER, H. E.: Patient Familie. Entstehung, Struktur und Therapie von Konflikten in Ehe und Familie, Hamburg 1970, (Rowohlt)

RIEMANN, F.: Grundformen der Angst, München 1961, 9. Auflage 1975, (Reinhardt)

WILLI, J. und ROTACH-FUCHS, M: Über die spezifische Struktur und Dynamik der Ehepaar-Therapiegruppe, Ehe – Zentralblatt für Ehe- und Familienkunde, 1970, 7, 165–168

Nondirektive Gesprächstherapie

TAUSCH, R.: Gesprächspsychotherapie, Göttingen 1968, 4. Auflage 1970, (Hogrefe)

Verhaltenstherapie

BANDURA, A.: Principles of behavior modification. New York 1969, (Holt, Rinehart & Winston)

FRANKS, C. M. (Hrsg.): Behavior therapy. Appraisal and status, New York 1969, (McGraw-Hill)

KANFER, F. H. und PHILLIPS, J. S.: Learning foundations of behavior therapy, New York 1970, (Wiley)

LAZARUS, A. A.: Behavior therapy and beyond, New York 1971, (McGraw-Hill)

STUART, R. B.: Operant-interpersonal treatment for marital discord, Journal of Consulting and Clinical Psychology, 1969, 33, 675–682

Kommunikationsforschung

ARGYLE, M.: Soziale Interaktion (aus dem Englischen übersetzt), Köln 1972, (Kiepenheuer & Witsch)

WATZLAWICK, P., BEAVIN, J. H. und JACKSON, D. D.: Menschliche Kommunikation. Formen, Störungen, Paradoxien (aus dem Amerikanischen übersetzt), Bern 1969, 3. Auflage 1972. (Huber)

Kommunikationstherapie und Kommunikationstraining

MANDEL, A., MANDEL, K. H., STADTER, E. und ZIMMER, D.: Einübung in Partnerschaft durch Kommunikationstherapie und Verhaltenstherapie, München 1971, 7. Auflage 1974, (Pfeiffer)

MANDEL, A.: Einübung in das partnerschaftliche Gespräch; in: MANDEL, K. H., MANDEL, A. und STADTER, E.: Ehevorbereitung und junge Ehe, München 1972, (Pfeiffer)

MANDEL, A.: Lernschritte für eine partnerschaftliche Beziehung in der Ehe, München 1971, 3. Auflage 1972

11.
Kommunikationstherapie:
Versuch einer integrativen Psychotherapie
bei Partnerkonflikten (1973)*

Das Thema »Kommunikationstherapie in verhaltenspsychologi-
scher Sicht« bezeichnet eine *tiefenpsychologische Verhaltenstherapie* für Partnerbeziehungen oder auch den Versuch einer *ganz-
heitlichen Psychotherapie des Liebesgefühls, der Liebesfähigkeit.*
Befassen wir uns zuerst mit einer erstaunlichen Erscheinung, die
zugleich Ausgangspunkt und Zielsetzung unseres Gegenstands
bildet: Eine Frau und ein Mann begegnen sich, finden im Gespräch zueinander, beginnen sich zu lieben. Das heißt doch: Sie
bringen einander fast grenzenlose Wertschätzung entgegen, richten eine Unsumme von Erwartungen aneinander, bringen vielleicht ein wunderbares Ausmaß an Hingabe zustande. Bisherige
Verhaltensformen und Lebenserfahrungen dieser beiden Partner
haben einen derartigen Aufschwung nicht einmal ahnen lassen.
Dieses Phänomen der Liebe bildet den Anfang sehr vieler Ehen.
Sollten wir dieses Wunder angesichts seines peinlichen Untergangs nun hinterher in Anführungszeichen setzen? Ist sein überaus häufiges Absterben vielleicht ein Beleg, daß es sich dabei nur
um eine kindische oder romantische Illusion handelt? Oder be-
graben wir durch derartige Realismen die Hoffnung auf das
Kostbarste, nur weil es zerbrechlich, kaum großzuziehen, schwer
am Leben zu erhalten ist?
Der Inder TAGORE sagt: »Daß Liebe je verloren gehen kann, ist
eine Tatsache, die wir nicht als Wahrheit hinnehmen können.«
Unsere lebenslange Sehnsucht, immer wieder etwas von jener

* Vortrag beim Dritten Internationalen Gamologischen Symposium,
Zürich 1973; Vorabdrucke in der Zeitschrift Ehe, 1974, Heft 1; in
dialogue (Zeitschrift der französischen Eheberater) 1974; in der Süd-
deutschen Zeitung vom 17. 11. 73 und in Bondy, B. (Hrsg.): Le-
benskunst, Freiburg 1975 (Herder).

Glückserfahrung zu verlebendigen – sie gibt uns Impulse, Bedingungen des Untergangs und der Wiederbelebung zu erforschen, Formen der Verwandlung und Bewahrung zu finden.

Ich betrachte eine Ehetherapie nur dann als erfolgreich, wenn beide Partner wieder etwas von diesem beglückenden ursprünglichen Gefühl füreinander empfinden, und wenn sie beide die Wege seiner Befreiung bewußt erfahren und eingeübt haben. Die Befreiung der Liebenden in der psychotherapeutischen Begegnung erfordert oft ein ganzheitliches Vorgehen, also Änderungen auf allen Ebenen: in den körperlichen Reaktionen, im Gefühlsbereich, in Denkreaktionen und Vorstellungen, schließlich in Verhalten und Ausdruck.

Immer geht es darum, der Entfaltung der Liebe eine Chance zu geben, mag sie uns, so wie wir sie zunächst antreffen, auch noch so sehr als neurotische Kümmerform erscheinen. Wer könnte behaupten, er habe alle therapeutischen Wachstumsmöglichkeiten ausgeschöpft, wenn sich ein Paar schließlich doch trennt?

Freilich können die Kräfte, durch welche die Liebesfähigkeit beeinträchtigt, das Liebesgefühl eingeengt wird, überwältigend erscheinen. Fast immer entspringen sie ungünstigen Entwicklungs- und Lernbedingungen, oder auch mangelnder Liebeszuwendung im bisherigen Lebenslauf der Partner. Ihre Störungs-Vielfalt ist in der Literatur hinreichend beschrieben worden.

Der Therapeut kann oftmals einen Patienten nur dann verstehen und zu einem lebensnotwendigen reiferen Verhalten bewegen, wenn er selbst Ähnliches bewußt erlitten und bewältigt hat. Das spürt der Patient am nichtsprachlichen Ausdruck, es braucht nie ausgesprochen zu werden. Besonders im Feld der Partnerschaftstherapie wird wohl kein diagnostisches Testverfahren diese existentielle Bedingung der Erkenntnis ganz erübrigen können.

Bei jedem Paar muß der Therapeut mehr oder weniger neuartige Formen finden; es muß ihm immer wieder etwas ganz Individuelles, Personenbezogenes einfallen, um die Partner im Wort zu erreichen.

Das mag in weiten Bereichen psychotherapeutischen Handelns nicht so wichtig sein, etwa überall dort, wo es um die Beseitigung von isolierten Symptomen bzw. allerlei Ängsten und um das Eintrainieren bestimmter expansiver oder kontrollierender Reaktionen geht.

Haben wir es jedoch mit Charakterneurosen im engeren oder weiteren Sinne zu tun, um Fehlhaltungen, die die Entfaltung menschlicher Liebe behindern, so scheint uns die persönliche Begegnung zwischen Klient und Therapeut wie auch eine sehr individuelle Form der Behandlung ausschlaggebend. Gelingt diese Begegnung, dann hat der Patient das Gefühl: »So hat noch nie jemand mit mir gesprochen!« Das kann ihn bewegen, seine reiferen Möglichkeiten zu erproben.

Ferner erweist sich eine Grundhaltung des Therapeuten als richtunggebend: seine Gelassenheit bei Rückfällen und Tiefpunkten. Sie hat zu tun mit ROGERS Therapieprinzip des Nicht-Vorantreibens. Naturgemäß läßt sich diese Geduld nicht erreichen durch Eintrainieren eines Verbalverhaltens, wie dies einzelne Gesprächstherapie-Ausbilder zu glauben scheinen.

Das alles macht die Therapie von Partnerbeziehungen im letzten schwer lehrbar und überschaubar. Deshalb werde ich auch weniger Gewicht darauf legen, ein System therapie-technischer Manöver zu demonstrieren, so bequem und befriedigend das auch erscheinen könnte. Lieber möchte ich einige Erfahrungen und Gedanken mitteilen, durch die sich Entwicklungen unseres kommunikationstherapeutischen Arbeitens der letzten Jahre umschreiben lassen. Dieser Weg bestand teilweise in Änderungen therapeutischen Verhaltens, noch mehr jedoch in einer Änderung der Wahrnehmung dessen, was wir tun bzw. aus welchen Empfindungen und Gedanken wir so handeln. Wir sind uns dabei bewußt, daß fast alle psychotherapeutischen Ideen Vorläufer haben, die teils Jahrtausende alt und unüberholbar sind.

Notwendig für die Mehrzahl der Patienten mit Partnerkonflikten dürfte sein, daß eine Vielfalt therapeutischer Ansätze zur Verfügung steht und miteinander sinnvoll verbunden bzw. im Behandlungsverlauf richtig eingefügt wird. Vieles muß ich hier im Nacheinander darstellen, was in der therapeutischen Praxis gleichzeitig und in gegenseitiger Ergänzung geschieht.

Wenn wir für unseren Weg der Psychotherapie von Partnern den Ausdruck »Kommunikationstherapie« bevorzugen, so deshalb, weil wir die Erfahrung machen, daß Heilung durch Begegnung erfolgt (HANS TRÜB), daß Heil und Unheil ihren Ursprung im Dialog haben. Freilich muß dem Gelingen des Gesprächs mit dem Partner sehr häufig eine geglückte Kommunikation mit sich selbst vorausgehen. Partner und Therapeut können wiederum unerläßliche Helfer in diesem Gespräch sein, das einer mit sich selbst führt, womit sich der Kreis schließt.

Voraussetzungen der Liebesfähigkeit beginnen beim Umgang

mit dem eigenen Körper und seinen Reaktionen. Aus der Grundlagenforschung ist bekannt, daß durch Entspannungsreaktionen Emotionen wie Angst und Ärger reziprok gehemmt werden. Das bedeutet: Ein- und derselbe Reiz, ein- und dieselbe kritische Situation im Zusammenleben löst im angespannten Zustand innere und äußere Abwehrmanöver bzw. Fluchtimpulse aus, bei Entspannung hingegen bedingt sie nur schwache Vermeidungs- bzw. Angriffsreaktionen, oder sie bleibt sogar unter der Reizschwelle. Untersuchungen haben ferner REICHS Annahme bestätigt, daß Entspannung jene Gefühlsreaktionen, vor allem in Form erotischer und sexueller Empfindungen, leichter aufkommen läßt, die eine Brücke zum Partner schaffen. Wir konnten immer wieder beobachten, daß auch im kognitiven Bereich bedeutsame Änderungen einsetzen: Der Partner und sein Verhalten wird vertrauensvoller und wohlwollender interpretiert, bei gleichzeitiger Intensivierung sachlicher und offener Selbstkritik.

Vielleicht lassen sich manche Ehekrisen ausschließlich durch die Wirkungen eines sorgfältigen Entspannungstrainings beheben, da Entspannung die kommunikative Basis merklich verbessert.

Diese Ansatzmöglichkeit wird nach meinem Eindruck in der Partnerschaftstherapie noch viel zu wenig genutzt, und sei es nur als Grundlage für psychotherapeutische Prozesse, die dadurch unterstützt werden sollen.

Eine weitere wissenschaftliche Begründung erfährt die Anwendung von Entspannung durch Ergebnisse der Zwillingsforschung, die gezeigt hat, daß es einen Anlagefaktor für vegetative Labilität gibt. Vegetativ labile Menschen bilden aber aufgrund ihres höheren Erregungsniveaus bereits bei schwachen Reizen, außerdem viel rascher, intensiver und dauerhafter verschiedenartige neurotische Symptome bzw. Vermeidungs- oder Abwehrreaktionen aus. Ein durch gezielte Übung entspannter Organismus reduziert diese generelle Anfälligkeit erheblich.

Die Entspannung bringt also vieldimensionale Vorteile für die Bewältigung von Konflikten. Wir leiten unsere Patienten deshalb an, vor und in kritischen Situationen zu entspannen, aber nicht in diesen Zustand zu flüchten, sondern in der dadurch möglichen Gelassenheit dem Problem voll ins Auge zu sehen. Kleine Erfolgserlebnisse, die sich dabei sehr rasch einstellen, motivieren die meisten Patienten zum weiteren Einüben. Als Endziel zeigen wir auf, daß Entspannungsreaktionen schließlich in jeder kritischen Situation nahezu unwillkürlich vollzogen werden sollen.

Daraus kann eine Lebenshaltung entstehen, die reife, mitmenschliche Verhaltensweisen erleichtert.

Somatisch wie psychisch am tiefsten von allen Entspannungstechniken reicht sehr wahrscheinlich das Autogene Training. Bei schweren vegetativen Störungen wie Schlaflosigkeit wird man darauf nicht verzichten können. Jedoch ist der Aufwand und die Trainingsdauer von wenigstens einem halben Jahr für eine Partnerschaftstherapie häufig zu umfangreich. Die einfachere, rasch zu lernende Entspannungstechnik nach JACOBSON wird deshalb als Alternative verwendet. Wir sind in den letzten Jahren sogar dazu übergegangen, in vielen Fällen kein spezielles Training durchzuführen, sondern ganz einfache Entspannungs-Instruktionen zu geben. Neueste (noch nicht veröffentlichte) Experimente von TUNNER und BIRBAUMER an den Universitäten Wien und München belegen, daß damit bereits bedeutsame physiologische und lernpsychologische Veränderungen erzielt werden können, was ganz unseren klinischen Impressionen entspricht.

Auf eine Variable möchte ich Sie in diesem Zusammenhang noch aufmerksam machen: Eine Londoner Forschergruppe wies Mitte der Sechzigerjahre nach, daß die »mental relaxation«, die Ruhigstellung der Gedanken und Vorstellungen, auf das Vegetativum, bzw. auf die Herabminderung der Angst sogar mehr Einfluß hatte als der (myographisch gemessene) muskuläre Entspannungsgrad.

Nicht nur deshalb legen wir das Gewicht bei Entspannungs-Instruktionen auf die mentalen und die autogenen Elemente: Meditative Gelassenheit als erstrebte Grundhaltung wird damit durch einen geistigen Vorgang der Selbststeuerung eingeleitet und umgreift auch das körperliche Geschehen.

Entspannung mit dem Ziel der Gelassenheit begünstigt überdies eine Konzentration im Denken, eine Intensivierung der Vorstellung und der Phantasie, nicht zuletzt eine Verlebendigung der sinnlichen Wahrnehmung. Unser verhaltenstherapeutischer Kollege WOLFGANG TUNNER hat uns dafür die Augen geöffnet, daß viele Psychotherapie-Patienten Sinneseindrücke nur sehr reduziert aufnehmen und schon deshalb, keineswegs nur aufgrund ihres Über-Ichs, beschränkt genußfähig sind. In der Therapie sexueller Störungen nach MASTERS und JOHNSON wird denn auch die Intensivierung des Hautkontakts direkt geübt.

Auch in unserer Arbeit hat es sich als hilfreich erwiesen, manche Patienten ein wenig anzuleiten zum intensiveren und extensive-

ren Sehen, Hören, Tasten, Riechen und Schmecken. Oft genügt
es schon, auf diese Vorgänge und deren Bedeutung anschaulich
aufmerksam zu machen. Der Patient bemerkt dann, wie nervös
er über alle Eindrücke hinwegzuhuschen pflegt und wird dadurch
motiviert, diese Fluchtreaktionen zu unterlassen bzw. Sinneseindrücke mit voller Aufmerksamkeit verweilend aufzunehmen.

Wenden wir uns einem weiteren Bereich zu, der oft Barrieren für
die Liebesfähigkeit enthält, die jeder therapeutischen Einsicht
trotzen: dem der bedingten Reflexe. Wir beginnen erst zu begreifen, welch ungeheuren Schatz der russische Physiologe Iwan Pe-
trowitsch Pawlow gehoben hat. Die bei seinen Grundlagen-
experimenten gefundenen, Ihnen sicher bekannten Gesetzmäßigkeiten (er bekam dafür 1904 den Nobelpreis) erweisen sich gerade für die Partnerschaftstherapie von eminenter Bedeutung, weil
es hierbei ja häufig in erster Linie auf die Befreiung neutraler
Empfindungen von erworbenen emotionalen Hemm-Reaktionen
ankommt. Zahlreiche Störungen, zunächst schwer faßbare unbewußte Gefühlshindernisse, die eine Partnerbeziehung schließlich
zum Scheitern bringen können, bestehen im wesentlichen aus bedingten Reflexen, die oft schon in der Kindheit entstanden sind.
Was aus psychoanalytischer Sicht bis in die Topographie der Bewegung hinein als unbewußter Gegenwille, als unbewußte Intention und somit als psychodynamischer Konflikt erscheinen
mag, erweist sich sehr häufig als ein unglückliches Lernprodukt.
Wenn beispielsweise körperliche Nähe zu einem ödipal durchaus
verdächtigen, weil elternähnlichen Partner vermieden wird,
diese Nähe aber nach einer dekonditionierenden Behandlung
ohne Komplikationen subjektiv und objektiv realisiert werden
kann, dann beweist dies, daß diese Störung nicht unbedingt
einen unbewußten Sinngehalt symbolisiert hat. Hingegen haben
wir eine Reihe von Patienten erlebt, die durch eine längere Psychoanalyse differenzierte Einsicht in eine solche Beziehungsstörung gewonnen hatten, ohne daß sich dieses Gefühlsproblem wesentlich verändert hätte. Erst die Dekonditionierung, eine therapeutische Verwertung der grundlegenden Experimente von Pawlow, ging dann in die Tiefe und konnte den »Knoten« lösen.
Das besagt aber nicht weniger als dies: Gefühlssperren, die durch
das unglückliche zeitliche Zusammentreffen zweier Ereignisse in
der Lerngeschichte eines Patienten entstanden sind, kann man
prinzipiell auflösen. Ursprünglich eigene, naturale Empfindun-

gen und Gefühle sind damit wieder freigelegt. So werden etwa zärtliche Körperkontakte und sexuelle Reize, auch intensivere Erregungszustände ursprünglich als schön empfunden. Durch zeitliche Verknüpfung mit unangenehmen Erfahrungen, etwa des Zurückgestoßen-, Bestraft- oder Beschämtwerdens, gewinnen sie eine aversive Gefühlstönung, werden sie zu Fluchtsignalen, die bei massiver Konditionierung einer späteren therapeutischen Einsicht in ihre Entstehungsgeschichte wie in ihre allgemeine Unzweckmäßigkeit und Unsinnigkeit sowie einem erheblichen Leidensdruck standhalten. Dieser Patient möchte für sein Leben gern anders empfinden und kann doch nicht. Tiere, die äußerst schmerzhafte Schocks in einem bestimmten Käfig erhalten haben, verhungern lieber, als sich in diesem Käfig ans Futter zu begeben. Hier hilft nur eines: Die Fluchtreaktion muß unterbunden werden, bis der aversive Gefühlsanteil gelöscht ist. Nun genügt es im humanpsychologischen Bereich keineswegs, grob- und feinmotorische Vermeidungsreaktionen zu unterbinden, um eine neue, genauer: die ursprüngliche, homogen positive, Erfahrung zu vermitteln bzw. wiederherzustellen. Die Psychoanalyse hat eine Vielfalt innerer Vermeidungsreaktionen entdeckt und beschrieben: Man kann dem erlernten aversiven Reiz auf der Ebene der Gedanken, der Vorstellungen, der Phantasie, der selektiven inneren Wahrnehmung ausweichen und damit zeitlebens versäumen, ihn loszuwerden. Gerade aber im Bereich erotisch-sexueller Empfindungen sind diese subtilen Reaktionen ausschlaggebend. Sie bedingen ein sehr weit verbreitetes Störungsphänomen, die Impotentia satisfactionis, durch die sehr häufig der Aggressions- und Angstpegel erhöht wird, mit den bekannten Folgen für die Partnerbeziehung. Bevor wir die methodischen Konsequenzen darstellen, die wir angesichts dieser humanpsychologischen Komplikation gezogen haben, noch eine wichtige Ergänzung: Manche Reaktionen des Organismus hemmen sich reziprok: So sind beispielsweise Angst und sexuelle Erregung, sowie Angst bzw. Ärger und körperliche Entspannung, vegetative Ruhigstellung zumindest teilweise inkompatibel. Wenn ich also einen Patienten tiefentspanne, kann er sich leichter angstauslösenden Vorstellungen und Situationen aussetzen, die Befreiung gelingt viel rascher. Entspannung wird als Antagonist eingesetzt bei der systematischen Desensibilisierung, der inzwischen wohlbekannten Technik der Verhaltenstherapie, sowie bei vielen anderen therapeutischen Lernprozessen.

Nun zu einem zentralen Störungsbereich, der das Liebesgefühl und die Liebesfähigkeit beeinträchtigt. Trotz aller sexuellen Aufklärung, die ja doch zunächst nur kognitiv bleibt, hat sich eines noch wenig geändert: die lebensgeschichtlich bedingte Störung des Hautkontakts, kulturbedingt besonders häufig bei männlichen Patienten, die sich nicht mehr »gehenlassen«, nichts Weiches, Pathisches, Passives aufkommen lassen, weil das zum Vorsignal für Beschämtwerden, also zu sozialer Angst konditioniert worden ist.

Die Verhaltensforschung hat wahrscheinlich machen können, daß gerade auch der Mensch einen elementaren Hunger nach Hautkontakt hat. Wir beginnen erst allmählich, die klinische Bedeutung für die Erwachsenentherapie, besonders für sexuelle Empfindungsstörungen und für Eheneurosen, zu erkennen. Hier sind noch ungeheure Schätze zu heben, mit denen vielen Paaren geholfen werden kann. Wir haben gelegentlich erlebt, daß sich allein schon durch Auflösung solcher ganz subtiler Vermeidungsreaktionen im Körperkontakt das ganze hochneurotisch wirkende Beziehungsgefüge einer Ehe überraschend schnell geändert hat, daß dann scheinbar sehr tiefsitzende, hartnäckig anmutende und verfahren wirkende destruktive Einstellungen der Partner wie Schnee unter der Frühlingssonne dahinschmolzen.

Wir gewinnen den Eindruck, daß in den Fällen, in denen sich die aggressive Komponente sexuellen Erlebens und Verhaltens als gehemmt oder exzessiv erweist, immer auch die zärtliche Empfindung beeinträchtigt ist. Uns scheint, daß dann der Ansatz zur Behandlung bei der Zärtlichkeitsempfindung zumindest für männliche Patienten der bessere ist, daß sich in die Entwicklung dieser Seite die zupackende Komponente organisch von selbst integriert und frei von Feindseligkeit bleibt.

Im übrigen meinen wir, daß die Empfindung des erotischen Kontakts den verläßlichsten Indikator für die Beziehung bildet, daß sich in diesem Erlebnisbereich unweigerlich die Qualität einer Beziehung ausdrückt, wohlgemerkt: in der subjektiven Ebene, nicht in der Dimension äußeren Verhaltens oder Funktionierens.

Wir sind also ähnlich MASTERS und JOHNSON der Auffassung, daß in der Regel die so verstandene erotisch-sexuelle Beziehung über Zerbrechen oder Gelingen einer Verbindung Auskunft gibt. Doch lehrt die Praxis, daß der therapeutisch wirksame Ansatz häufig eben nicht bei der direkten Modifikation sexueller Reaktionen, sondern beim partnerlichen Gespräch liegt. Andererseits scheinen uns manche Ehetherapeuten zu versäumen, das Gespräch der Hände in Gang zu bringen, zu verlebendigen, weil sie sich zu sehr darauf verlassen, daß das von alleine geht, wenn das Paar auf der verbalen Ebene sich wiedergefunden hat.

Ich möchte nun in Kürze die kommunikationstherapeutische Dekonditionierung beschreiben, wie sie in unserer Praxis Gestalt gewonnen hat. Wir setzen sie nicht nur zur Löschung von Gefühlssperren gegenüber Zärtlichkeiten des Partners ein, sondern auch zur Behandlung tiefsitzender Ängste, die den gesamten Daseinsentwurf und Lebensstil eines Menschen beeinträchtigen. Ihre Grundform verwenden wir in vielen Variationen, je nach Patient, Problem und Behandlungsphase. Beide Partner entspannen sich mental und muskulär. Sie liegen beide, oder einer liegt, der andere sitzt bei ihm. Die kritischen Situationen bzw. Annäherungen an dieselben werden in der Vorstellung realisiert, bei Störungen des Hautkontakts teilweise auch durch Berührungen, durch Streicheln.

Kernstück des Löschungsvorgangs ist die Unterlassung jeder Vermeidungsreaktion, und zwar wird die Sitzung so lange ausgedehnt, bis jeder Fluchtimpuls, jedes aversive Gefühl verschwunden ist. Die Patienten werden angeleitet, angenehme wie unangenehme Gefühle in voller Stärke aufsteigen, sich ausbreiten zu lassen, ihnen keinen Lidschlag breit auszuweichen, sich völlig davon durchdringen zu lassen, auch wenn das streckenweise fast unerträglich erscheinen sollte.

Hier werden experimentell fundierte Prinzipien der Angstüberflutungs-Technik und der Implosionstherapie konsequent angewandt, die in den letzten zehn Jahren entwickelt wurden und sich als der Desensibilisierung zumindest gleichwertig erwiesen haben. Die Sensate focus-Technik von MASTERS und JOHNSON hat aufgrund offensichtlicher Unkenntnis der experimentellen Lernpsychologie einen erheblichen Mangel: ihre Instruktion vernachlässigt die Kontrolle von Fluchtimpulsen. Die bisherigen verhaltenstherapeutischen Techniken wiederum versäumen es weitgehend, die inneren Abwehrvorgänge zu beachten. Erst die Berücksichtigung dieses im weiteren Sinne psychoanalytischen Aspekts erbrachte uns eine deutliche Verbesserung der Erfolge in der direkten Behandlung taktiler Störungen. Schwer definier-

bare Feinheiten im Kontakt und in der Anweisung des Therapeuten scheinen uns ausschlaggebend, wie tief und ausdauernd
sich die Patienten der angst- und ärgerauslösenden Situation
auszuliefern, wie weit sie äußere und innere Abwehrmanöver zu
unterlassen vermögen. Sehr wichtig sind dabei Hinweise auf aktuelle Vermeidungstendenzen, wenn Körperbewegungen, besonders nonverbale Ausdrucksreaktionen zu beobachten sind. Es
kommt bei diesem Vorgehen, das oft nur zwei bis drei einstün-
dige Sitzungen erfordert, bisweilen zu lebhaften affektiven Reaktionen, denen am Ende ein Gefühl tiefer Harmonie folgt. Wir
befragen die Partner über ihre Empfindungen, zuerst einzeln,
dann gemeinsam.

Die Generalisation auf die häusliche Realsituation ist hervorra-
gend, begünstigt durch die Kooperation des Partners in der Therapiesitzung. Auch lassen wir häufig die Dekonditionierungs-
übungen daheim fortsetzen. In aller Regel sind die Partner von
ihren Gefühlsempfindungen, vor allem von deren Wandel, sehr
angenehm überrascht, manchmal fast bestürzt. Das wechselseitige Miterleben des Löschungsprozesses erweitert die Basis gegenseitigen Verstehens im emotionalen Bereich und bringt manche heilsame Korrektur des Partnerbildes, ganz abgesehen von
den positiven Auswirkungen, wenn jetzt körperliche Nähe ohne
gemischte Gefühle erfahren bzw. ohne Zurückweisung verwirklicht werden kann. In vielen Partnerbeziehungen gibt es Erinne-
rungsbilder, mit denen ungemein intensive erotische Gefühle ver-
woben sind. Gelingt es, in der therapeutischen Dekonditionierung die Lebendigkeit solcher durch spätere Erfahrungen ver-
schütteten Vorstellungen wieder freizulegen, so kann das bei
manchen Ehekonstellationen einen ungeahnt lebhaften Impuls
für die gegenwärtige Beziehung ergeben. Eine entscheidende
Verstärker-Qualität: Das spontane Sich-Hingezogenfühlen und
Aufeinanderzugehen kann durch Meditation solcher freigelegten
Erinnerungen wieder möglich werden. Diese therapeutische Neu-
entwicklung steht erst am Anfang, erscheint jedoch vielverspre-
chend. Wir hoffen, in ein bis zwei Jahren einen großen Schritt
weiter zu sein.

Unentrinnbar sind wir einer weiteren Naturgesetzlichkeit unterworfen: dem Lernen am Erfolg. Verhaltensweisen, die unmittelbar angenehme Konsequenzen nach sich ziehen oder unangenehme Situationen beenden, zeigen wir in Zukunft häufiger. Ex-

perimente haben wahrscheinlich gemacht, daß auch innere Verhaltensweisen, also Gedanken und Vorstellungen, nach diesem Gesetz geformt bzw. häufiger oder seltener werden. Dieser Tatsache verdankt der Mensch, daß er nicht »an den Pflock des Augenblicks« (NIETZSCI ?) angebunden bleibt: Er kann längere Sequenzen seiner Interaktion vorausplanen, in seiner Phantasie das bittere oder glückliche Endresultat vorwegnehmen und zur klugen Steuerung seines augenblicklichen Verhaltens einsetzen. Ja er kann sogar, wie Untersuchungen zum mentalen Training und zur Desensibilisierung erwiesen haben, Realsituationen über lebhafte Vorstellungen so wirkungsvoll einüben, daß sie bisweilen den Effekt einer Übung in der kritischen Situation selbst sogar noch übertreffen.

Eine weitere Bedingung der Liebesfähigkeit: die Kunst des offenen, vertrauensvollen, bestrafungsfreien Gesprächs mit dem Partner – sie ist immer noch nicht Gegenstand der Erziehung und des Bildungswesens. Überdies haben bislang nur wenige Männer und Frauen die Chance, ein realitätsorientiertes und glückliches Vorbild partnerschaftlicher Interaktion bei den eigenen Eltern beobachten, miterleben zu können. Vielfältige Untersuchungen haben in den letzten Jahrzehnten quantitativ belegt, was die Pädagogik seit langem fest angenommen hat: die hervorragende Bedeutung dieses unabsichtlichen, meist nur vorbewußten Lernens am Modell für das spätere Verhalten.

Nicht geübt in der Kultur des Gesprächs (die, beiläufig gesagt, nichts mit Zimperlichkeit zu tun hat), erkennen viele voneinander enttäuschte Paare nicht, wie sie mit weniger Energieaufwand viel glücklicher werden könnten. Sie unterlassen es, spürbar zu reagieren, wenn der Partner endlich eine seit langem vergeblich erwünschte Verhaltensweise zeigt, etwa Selbstkritik in einer bestimmten Sache, oder sie reagieren sogar mit Strafreizen, mit verschärften Vorwürfen, machen sich im unglücklichsten Augenblick Luft, weil sie die ihnen jetzt gegebene Chance der Veränderung ihrer Beziehung nicht wahrnehmen und nicht erkennen, was ihr Strafreiz beim Partner anrichtet.

Eine lernpsychologische Kommunikationsanalyse beleuchtet das Außen und Innen, das Jetzt und das Früher solcher verpaßten Augenblicke im gemeinsamen Gespräch mit beiden Partnern und zeigt daran auf, welche Wachstumschancen für ein befriedigendes Verhalten in solchen für jedes Paar typischen Keimsituationen des Konflikts liegen. Die Partner werden angeleitet, so lange

Alternativlösungen zu erarbeiten, meist in direkter Rede, bis jeder den Eindruck hat: »Auf diese Weise fühlt sich mein Partner wohler, und ich selbst komme auch nicht zu kurz.« Ein ausgewogenes Geben und Nehmen im weitesten Sinne, gegenseitige positive Verstärkung ist das Ziel. Das Buch »Einübung in Partnerschaft durch Kommunikationstherapie und Verhaltenstherapie« erörtert dieses Thema so ausführlich, daß wir uns hier nicht näher damit befassen wollen.

Wird ein Alternativverhalten zu Hause erfolgreich praktiziert, stellen die Klienten in aller Regel überrascht fest, daß das gar nicht so überanstrengend war, auch nicht einmal der erste Schritt, der dann rückblickend angesichts der positiven Kettenreaktion sogar relativ mühelos erscheint. Häufig wird das Erlebnis so umschrieben: »So haben wir überhaupt noch nie miteinander gesprochen!« Im übrigen haben die Partner nach solchen neuartigen Erfahrungen eine viel größere Selbstachtung, auch unabhängig von der Reaktion des anderen. Jeder erlebt außerdem, und dies dürfte einer der wichtigsten Vorgänge im Therapie-Verlauf sein, daß er zunehmend selbst in der Lage ist, Krisen in Zusammenarbeit mit dem Partner ohne fremde Hilfe zu bewältigen.

Partner gelangen nur dann zu einer befriedigenden Kommunikation, wenn sie lernen, ihr eigenes Gefühl zu fühlen und adäquat zum Ausdruck zu bringen: Ängste, Aggressionen, Ressentiments, Neid – aber auch Zuneigung, Verbundenheit, Mitgefühl, Seligkeit. Ärgerreaktionen und Mißverständnisse, das heißt Diskrepanzen zwischen gesendeter und empfangener Botschaft, werden gegenseitig verstehbar, wenn die nichtsprachlichen Aussageformen und -gestalten als unausgesprochene Sätze erfaßt werden, die unvermeidlicherweise Beziehung stiften und gestalten. Spontan und unbewußt werden diese wortlosen Aussagen immer auf ihren Kern hin befragt: auf die darin enthaltene Wertschätzung. Verstärkung sei letztlich Liebe, meint SKINNER. MARTIN BUBER sieht in der Bestätigung des Partners in seinem Sosein wie auch in den noch nicht gelebten Möglichkeiten seiner Selbstentfaltung die Grundlage menschlichen Zusammenlebens. Als Erfahrungsmaterial zur therapeutischen Analyse und Erhellung dieser tiefen und tragenden Schichten der Kommunikation verwenden wir deshalb keineswegs nur Situationen des Konflikts und der Entbehrung. Nicht weniger rücken wir auch Abundanzerfahrungen, Erlebnisse der Erfüllung, in den Blickpunkt der Beziehung.

analyse, geglückte Gespräche und Begegnungen. Die Erkenntnis von deren Bedingungen zeigt den Partnern, daß sie sehr viel in der Hand haben, daß sie sich viel geben und bedeuten können.

Liebesfähigkeit zeigt sich im Umgang mit Schulderlebnissen. Eine befreiende Erfahrung wird durch die eigene Annahme von Schuld und durch das partnerliche Angenommensein als Schuldiger vermittelt. Die Situation einer therapeutischen Gruppe von Paaren kann diesen Weg günstig beeinflussen. Nicht wenige Partner erkennen, daß sie gerade dann am unausstehlichsten sind, wenn sie in bezug auf ihr eigenes Verhalten ein schlechtes Gefühl haben, aber sich selbst nicht ertragen können als den, der tatsächlich so gehandelt hat. Wieviel schwerer ist dann erst der Schritt, so etwas dem Partner zu bekennen. Wir sprechen jetzt von Gewissensreaktionen und nicht von Über-Ich-Problemen, die sich unseres Erachtens hinreichend unterscheiden lassen. Bleibt ein Bedürfnis nach Vergebung unbefriedigt, kann das dazu führen, im anderen den Sündenbock zu suchen, um das eigene Selbstbild im Gleichgewicht zu halten. Partner, die gelernt haben, sich anzunehmen, fühlen sich viel stärker für ihr eigenes Verhalten und für das Wohlbefinden des anderen verantwortlich.

Freilich läßt sich dieses Lernziel nicht in voraus-programmierten Übungen erreichen, vielmehr müssen fruchtbare Augenblicke abgewartet werden, bis so etwas durch ein aktuelles Erlebnis zur wirksamen Erfahrung werden kann.

Hier der kurze Dialog eines Paares, das in längerem Bemühen gelernt hatte, offen zu kommunizieren, Schuld anzunehmen und zu vergeben, weil es die Fruchtlosigkeit und Schädlichkeit altgewohnten Verhaltens bewußtgemacht und alternative Verhaltensweisen wiederholt besprochen und praktiziert hatte.
Wegen eines unverdauten Ärgers hatte sie ihn eine Stunde auf sich warten lassen. Aufgrund der äußeren Situation – es war abends in einer etwas einsamen Gegend – machte er sich ziemliche Sorgen, weil sie sonst gerade bei Zeitabsprachen sehr verläßlich war.
Er: »Wußtest du nicht, wie weh mir das tut?«
Sie (nach einer Pause): »Ja . . .«
Er: »Ich weiß, du hattest dich heute nachmittag über mich geärgert. Doch warum hast du mir das jetzt angetan?«

Sie (nach längerer Pause, mit gesenktem Blick): »Weil ich nicht
lieb zu dir war!«
Er (geht auf sie zu, umarmt sie, streicht ihr übers Haar): »Ich
danke dir!«
Beide Partner berichteten, daß sie sich sofort wie befreit fühlten,
daß keine weitere Diskussion mehr nötig war. Sie erlebten einen
glücklichen Abend, das deprimierende Ereignis war vergessen.
Die Reaktionen dieses kurzen Dialogs hatten natürlich einige
Anstrengung gekostet, aber das Erfolgserlebnis war derartig
verstärkend, vor allem auf dem Hintergrund früher üblicher,
niederdrückender, längerdauernder Feindseligkeiten, die in solchen Situationen ihren Anfang nahmen, daß es ihnen in Zukunft
immer leichter fiel, in dieser reifen Weise zu reagieren.
Entscheidend für das Ankommen der einzelnen Antworten eines
solchen Dialogs sind die jeweils vorausgehenden, unausgespro-
chenen Gedanken, die Gesinnung, die dann in der Ausdrucksge-
stalt zu spüren ist. Auch ein Beispiel dafür, daß in der Ehe entweder beide verlieren – oder beide gewinnen, wie man sich
leicht ausmalen kann. Hätte nur einer der beiden in jener Situation reif reagiert, wäre es für ihn äußerst schwer, wenn nicht unmöglich geworden durchzuhalten, für den anderen offen zu bleiben. Ich glaube, das leuchtet unmittelbar ein, wenn man dieses
kurze Gespräch auf Aggressionsmöglichkeiten hin betrachtet.
Die Reflexion darüber legt auch nahe, beide Partner in die Therapie einzubeziehen, eventuell in alternierenden Einzel-, Paar-
und Gruppensitzungen. Eine gute Beziehung kann kaum von
einem allein verwirklicht werden. In Einsamkeit auf sich gestellt,
sich reif zu verhalten, ist auf die Dauer ebensowenig möglich,
wie sich ständig auf Entwicklungsimpulse des Partners zu verlassen.

Eine ganzheitliche Partnerschaftstherapie sollte die Erfahrung
bewußt machen, daß wir häufig dann dem andern Schmerz zu-
fügen, wenn wir einen Schmerz über uns selbst oder über eine
Realitätsgrenze, eine Daseinswirklichkeit nicht an uns heranlas-
sen. Die Erkenntnis und Verarbeitung des Schmerzes oder aber
seine Pervertierung in Aggression: wohl keinem Thema menschlichen Erlebens und Verhaltens sollte das Bemühen der Psychotherapie, der Pädagogik und der angewandten Sozialpsycholo-
gie in gleichem Maße gelten. So liegt ein qualitatives Schwergewicht unserer Arbeit in der Aufdeckung des inneren Verhaltens,

unserer verborgenen Strategien: Was fühle ich eigentlich? Was empfinde ich mir selbst und dem Partner gegenüber? Was sage ich zu mir selbst? Aus welcher Gesinnung handle ich, was wünsche, erwarte, befürchte ich als Reaktion? Wie rede ich mir unbemerkt zu, wenn ich wieder in einer für mich typischen Konfliktsituation bin? Welche halbbewußten gedanklichen Strategien verwende ich, die mich entlasten, aber die nächste Krise mit dem Partner heraufbeschwören? Bei allen Kommunikationsanalysen und Kommunikationsübungen geht es letztlich um die raschere, umfassendere Wahrnehmung dieses Inneren, weil davon das äußere Verhalten beseelt ist, weil daraus der Wirkstoff in der Partnerbeziehung besteht. Äußerliches Verhalten und seine Wirkung beobachten lernen – das hilft sehr wenig. Eine Phänomenanalyse zeigt überdies, daß das genaugenommen gar nicht geht: Verhaltenskategorien ohne Erlebnismomente sind leer, sind nichtssagend!

Bald kommt dann ein Zeitpunkt in der Therapie, da wird der Patient seines eigenen Verhaltens überdrüssig. Jetzt ist er motiviert, zu Hause kleine Programme zur Selbstbeobachtung und Selbststeuerung durchzuführen, Strichlisten und Notizen anzufertigen, wie oft er bestimmte innere und äußere Verhaltensweisen bei sich wahrnimmt, die sich als stimmungsverändernd für das Paar erwiesen haben. Er bewertet sich selbst, stellt erstaunt fest, daß es nicht so schwierig ist, sich zu ändern; er spürt, daß der Partner entsprechend reagiert, wenn er neue Verhaltensweisen zeigt, von denen er vor der systematischen Selbstbeobachtung glaubte, er hätte sie immer schon in ausreichender Frequenz praktiziert. Oder er bemerkt bestürzt, wie häufig er bestimmte Aggressionen emittiert. Der Partner erkennt jetzt vielleicht in einem Komplementärprogramm, daß er sich ganz speziell auf diese Aggressionen hin nachgiebig zeigt und so das unerwünschte Verhalten aufrechterhält, hingegen auf erwünschte Kommunikationsformen hin aus verspäteter Rache reserviert bleibt – was wiederum beim anderen bewirkt, daß er sich verkannt und ungerecht behandelt fühlt. Oft bewirkt schon allein die gezielte Selbstbeobachtung eine spürbare Veränderung. Wir unterlassen soweit möglich irgendwelche direkten Instruktionen, Häufigkeiten zu verändern, weil es aus dem soeben genannten Grund oft gar nicht erforderlich ist, vor allem aber weil eine Vereinbarung zur Selbstbeobachtung den nötigen Spielraum für spontane,

selbst initiierte Veränderungen offenläßt. Spontaneität aber
wirkt als tragender Verstärker in der Partnerbeziehung.

Ein wichtiges Gebiet der Selbststeuerung im Partnerverhalten ist
die Handhabung von Aggression. In vielen Ehen verdirbt nörgelndes Kritisieren oder gereiztes Ausdrucksverhalten, gelegentlich bis zum Jähzorn, einen Großteil der gemeinsam verbrachten
Zeit, teils unmittelbar, teils mittelbar durch die Stimmung, die
sich aufgrund dieses Verhaltens breitmacht.
Im Gefolge solcher Verhaltensketten haben die Partner ein gedrücktes Selbstwertgefühl; dieses wird häufig nicht ertragen,
deshalb durch Rationalisierungen kompensiert, meist des Inhalts,
daß beim Partner das »Haar in der Suppe« gesucht wird, wodurch der Kreislauf von neuem beginnt. Meist kommt es im Verlauf zu den bekannten Eskalationen der Aggression und der Erregung, nicht selten mit psychosomatischen Symptomen und sexuellen Erlebnisstörungen als Konsequenz. Die Beziehung der
Partner erreicht einen Tiefpunkt.
Wie kann der Ehetherapeut die Partner motivieren, einen Anfang zur Modifikation dieses häufigen und zerstörerischen Verhaltens zu machen? Einmal durch genaues Analysieren der sofortigen, der mittelfristigen und der langfristigen Folgen. Den
Klienten wird deutlich, daß der kurzdauernde Lustgewinn momentaner aggressiver Entladung nichts wiegt im Vergleich zu
den verheerenden späteren Konsequenzen. Wie mit dem Fernrohr können diese Folgen auf der kognitiv-imaginativen Ebene
herangeholt und dadurch steuernd wirksam werden. Die Bereitschaft zur Kooperation des Klienten läßt sich in drei Schritten
klären: Merken Sie, bevor Sie ein solches Verhalten zeigen, daß
sich so etwas in Ihnen anbahnt? Sehen Sie eine Möglichkeit, dieses Verhalten unter Kontrolle zu bringen, oder sind Sie ihm völlig ausgeliefert, überkommt es Sie einfach wie ein plötzliches
Naturereignis? Möchten Sie das ändern? Ich habe bisher noch
keinen Patienten erlebt, der nicht alle drei Fragen im positiven
Sinn beantwortet hätte.
Um realistische Erwartungen zu begünstigen, betonen wir beiden
Partnern gegenüber, daß dieses Verhalten natürlich zeitlebens
auftreten wird, daß wir jedoch erreichen können, daß es merklich schwächer, kürzer und seltener wird.
Verhaltenswirksamer als die Selbstwahrnehmung und akzeptable Formung verbalen Verhaltens in aggressiven Stimmungen er

weist sich die Innen-Wahrnehmung dieses Zustands, dieser Impulse und ihrer Kontrolle: etwa das Training der Wahrnehmung, daß solche Gereiztheitszustände dann auftreten, wenn sich, etwa nach einer Häufung von Mißerfolgen, eine unbewußte Rebellion gegen unabänderliche oder kaum veränderliche Wirklichkeiten des Daseins einstellt.

Der Patient lernt, sich eine halbe Minute körperlich zu entspannen und mental einzustellen, etwa mit den Worten: »Ich bleibe ganz gelassen an unerträglichen Tagen wie heute.« Das verändert augenblicklich den Spannungszustand, gibt eine neue Perspektive und erfüllt sogar mit einem gewissen Stolz. Technisch wichtig ist, daß der Patient über längere Zeit die Häufigkeit dieser Alternativreaktionen registriert, zum Beispiel mittels einer Strichliste im Kalender. Als sehr hilfreich hat sich folgendes erwiesen: Die Partner gewöhnen sich an, sich vor einer Begegnung zu fragen: »Bin ich jetzt gereizt?« und sich gegebenenfalls gleich zu Beginn des Zusammentreffens, etwa bei der abendlichen Heimkehr, mitzuteilen: »Du, ich bin heute in einem gereizten Zustand. Wenn ich heut abend ungerecht oder ungeduldig reagiere: es hat nichts mit dir zu tun, sondern kommt aus mir selbst!« Das entspannt erfahrungsgemäß beide Partner, bevor es überhaupt zur ersten Reiberei kommen kann.
Jeder Partner sollte lernen, auf Gereiztheiten angemessen zu reagieren. Zunächst gilt für beide: Man muß lernen, unwichtige und auch wichtige Gesprächsthemen auf den nächsten oder übernächsten Tag, auf die nächste gute Gelegenheit, zu verschieben, ein sicheres Gefühl dafür zu erwerben, wann ich ein bestimmtes Problem zur Sprache bringen kann und wann nicht.

Tritt aggressives Verhalten destruktiver Art auf, müssen die Partner lernen, dieses Verhalten auf keinen Fall zu verstärken, denn das hieße ja: erfolgreich sein zu lassen und damit in der Häufigkeit zu erhöhen. Beide sollen die Übereinkunft treffen, daß der unfair Angegriffene nicht darauf eingehen, sondern, eventuell nach einem kurzen Hinweis, mit Schweigen reagieren soll. Als günstig hat es sich erwiesen, wenn der Angegriffene nach einigen Minuten ein Gespräch beginnt oder ein Seitenthema aufnimmt in einem Ton, als ob nichts Unangenehmes geschehen wäre. Das entlastet den aggressiven Partner von Schuldgefühlen und reduziert seine Spannung augenblicklich. Durch die Blume,

auf der Beziehungsebene sagt ihm das: »Ich nehm das Ganze
nicht tragisch. Ich weiß, du meinst es nicht so, du bist jetzt über
dich selbst ganz und gar nicht glücklich. Nicht einzusehen, daß
wir deswegen uns den Abend verderben sollen!« Überzeugend
so zu reagieren, einfach zur Tagesordnung übergehen zu können,
erfordert aber, daß der angegriffene Partner in der Analyse dieser Verhaltenskette erfahren hat, wie es im Aggressor aussieht,
etwa, daß so manche aggressive Reaktion eine Folge schlechten
Gewissens war, also sogar Verbundenheit mit dem Partner an-
zeigte, wenn auch sehr indirekt. Motivierend ist auch die Mitteilung, wie dieses Zur-Tagesordnung-Übergehen entlastend
wirkt, eine Verhaltensmöglichkeit, deren positive Konsequenz
so mancher angegriffene Partner nicht geahnt, geschweige denn
ausprobiert hat. Außerdem sollte der Angegriffene in seiner Einstellung realisieren, daß diese Verhaltensschwäche nie völlig zu
beseitigen ist, daß es aber viel bedeutet und bewirkt, wenn beide
Partner systematisch an der Steuerung dieses Problems arbeiten
und Häufigkeit wie Intensität vermindern.
Wird ein solches Selbstkontrollprogramm richtig angesetzt, dann
hat der Aggressor nie das Gefühl der Einengung, im Gegenteil:
Er fühlt sich in jedem Fall, in welchem ihm die Steuerung gelingt, ungleich freier als bisher in diesen Situationen, weil die
schon genannten aversiven Langzeitfolgen entfallen, die viel
stärker einengen würden. Nur der allererste Schritt der Kontrolle kostet anfangs viel Mühe – zunehmend jedoch weniger,
weil er bei kooperativer Einstimmung und Einübung des Partners sofort durch angenehme Konsequenzen verstärkt wird: Die
innere Spannung läßt nach, die Selbstachtung steigt, die friedli-
che Beziehung zum Partner bleibt erhalten. Nicht selten lösen
sich durch längeres Üben der Aggressionshandhabung chronifi-
zierte psychosomatische Beschwerden auf. Das ist nicht verwunderlich, denn es passiert ja primär keine Unterdrückung des Ärgers, vielmehr wird das entstehende Quantum dieses auch körperlich schädlichen, biologisch meist unzweckmäßigen Affekts
minimal gehalten, das sonst durch eskalierende Interaktionen
stunden- bis tagelanger Dauer auf das Vielfache steigt.
Die positiven Konsequenzen auf den Partner verstehen sich von
selbst. Der andere merkt auch ohne Verbalisierung fast augenblicklich, wenn in einer Situation, in der gewohnheitsmäßig bisher Ärger destruktiv zum Ausdruck kam, dem Partner die
Selbststeuerung gelingt.

Läßt sich nun dieses häufige, vielen Partnerbeziehungen schädliche aggressive Verhalten nicht besser, gründlicher, dauerhafter durch erhellende analytische Einsicht in seine biographische oder aktuelle Bedingtheit, in unbewußte Motivationen ausräumen? Wir bezweifeln das. Natürlich müssen die Ursachen therapeutisch angegangen werden, aber gereiztes Verhalten ist häufig eine allzugut eingeschliffene motorische Gewohnheit, die in bestimmten Situationen automatisch einrastet und deshalb zusätzlich durch gezielte Selbstkontrolle verändert werden muß. Eine Parallele: Bei Zwangshandlungen hat sich häufig auch nach Beseitigung der sie motivierenden Angst gezeigt, daß sie aufrechterhalten bleiben können. Freilich kann sich die Gereiztheit selbst, als Innenzustand, durch eine neurotische Beziehungsstruktur ständig aufladen.

Ich denke etwa an einen Fall, in dem der Mann seit dem Kennenlernen gewohnt war, genauer gesagt: schlucken mußte, daß er seiner Frau nachlief. Das war aber weder ihr noch ihm bewußt. Beide hatten die Wahrnehmung dieses Verhaltensmusters, dieser Beziehungsregel, aus sehr unterschiedlichen Motiven geflissentlich verdrängt. Nun zeigte sich nach einer sehr amplifizierten Bewußtmachung dieser unbewußten Beziehungsdefinition in einer therapeutischen Ehepaar-Gruppe eine erhebliche und dauerhafte Verhaltensänderung bei der Frau, die der Mann sehr wohltuend empfand. Charakteristisch für die motorische Gewohnheit war aber nun, daß der Mann mittels Selbstkontrolle und Selbstverstärkung einerseits schon vorher sein gereiztes Verhalten erheblich hatte reduzieren können, was seine Frau nachdrücklich bestätigte, daß er aber andererseits trotzdem auch längere Zeit nach jener Verhaltensänderung durch Bewußtmachung bei seiner Frau und deren Gefühlswirkung auf ihn in noch sehr störendem Umfang sein Fehlverhalten zeigte. Erst eine Fortsetzung des Selbststeuerungsprogramms, zu dem er gut motiviert war, brachte den gewünschten Erfolg. In einer noch früheren Phase der Therapie hatte er übrigens in diesem Verhalten das Abbild seines Vaters und die unbewußte Identifikation mit ihm durchschaut — auch das hatte aber noch nichts Wesentliches im Verhalten geändert, wenngleich es ihn wohl mit-motivierte, etwas zu unternehmen, um nicht genauso zu sein wie sein Vater.

Freilich kann man einwenden, die Aufhellung eines weiteren,
noch unbewußten Motivs hätte das Fehlverhalten vielleicht zum
Einsturz gebracht. Betrachtet man jedoch nüchtern, wie zögernd
und spärlich sich Einsicht in neue Verhaltensgewohnheiten
umsetzt und gegen eingefahrene Geleise durchsetzt, wird
man sehr skeptisch und verläßt sich nicht mehr so sehr allein
darauf.

Durch gezielte Auswertung guter und schlechter Erfahrungen in
der Partnerbeziehung vermittelt der Therapeut seinen Klienten das Werkzeug zur Selbststeuerung. Anhand soeben erlebter
Konflikte und Glückserfahrungen lassen sich die naturhaften
Gesetzlichkeiten erarbeiten, denen diese Prozesse unterliegen.
Die Partner müssen ein umfassendes Bewußtsein von den Syste-
men bilden, nach denen ihr Zusammenleben gut oder schlecht
funktioniert. Implizit und explizit werden dabei falsche Erwartungen, weitverbreitete ungeeignete Ehekonzepte und Lebens-
philosophien korrigiert. Wir erklären am frisch erlebten aktuellen Konflikt und anhand lebendig gewordener Erinnerungen je
nach Bedeutung für den einzelnen Klienten verschiedene elementare Lerngesetze: beispielsweise der klassischen (PAWLOWschen)
Konditionierung, der operanten (SKINNERschen) Konditionierung, also des Lernens am Erfolg, sodann des stellvertretenden
Lernens durch Beobachtung von Modellen. Dem Klienten muß
anschaulich werden, wie Verstärkung, Löschung und Bestrafung
in bisher unbeachteten Interaktionen stattfindet und sich aus-
wirkt, zum Beispiel auf das Erregungsniveau. Sich dabei ausbil-
dende Vermeidungsreaktionen, innere und äußere Abwehrmaßnahmen und vor allem ihre Konsequenzen sollen als Fehlstrategien erkannt werden, die letztlich die Befriedigung auch der eigenen Bedürfnisse vereiteln, sich somit als Selbstbetrug erweisen.
Fehlstrategien beinhalten meist eine kurzschlüssige Befriedigung,
eine Verweigerung, Spannung auszuhalten, und statt dessen
kleine Sofort-Verstärker zu bevorzugen. Selbststeuerung bedeutet in der Regel: Befriedigung aufschieben zu können, etwa die
kurzdauernde Selbst-Befriedigung, die eine destruktiv-aggres-
sive Äußerung abgibt. Es bedeutet zu erkennen, daß der Verzicht auf die Momentanbefriedigung häufig ermöglicht, zwar
zeitlich verzögerte, dafür aber sehr gewichtige Verstärker zu bekommen. Das bedeutet letztlich: Kultivierung des Umgangs mit
sich selbst und des Verhaltens: dem Partner zuliebe und sich
selbst zuliebe. Im Gefolge zeigt sich eine ungleich höhere Selbst-

achtung und paradoxerweise ein Gefühl größerer, also nicht stärker eingeschränkter Freiheit.

Bewußtseinsbildung im Sinne einer realistischen Erwartung, einer brauchbaren Ehe-Philosophie beinhaltet eine Reihe weiterer Einsichten in unausweichliche Gesetzmäßigkeiten, die je nach neurosenspezifischer Problematik Voraussetzung für die Heilung bilden. Nicht selten wählen sich polare Persönlichkeitsstrukturen (sensu RIEMANN) als Partner. Der zu hysterischen Fehlhaltungen Tendierende wird erkennen müssen, daß ein Zusammenleben, gleich welcher Art, ohne jeden Zwang nicht einmal denkbar ist. Der Zwanghafte hingegen sollte verstehen, daß mit Druck, Bestrafung, negativer Verstärkung, Gängelung nichts zu erreichen ist, wenn man ein spontanes Gefühl vom andern erhofft. Der Depressive wird natürliche Rhythmen im zeitlichen Verlauf von Nähe und Distanz akzeptieren müssen und verstehen lernen, daß sein Anklammern etwas indirekt Aggressives, Gefühleblockierendes an sich hat, schließlich: daß Liebesgefühle nur durch Entbehrungen lebendig bleiben. Der Schizoide lernt fühlen, daß seine Reserve für den anderen quälend werden, indessen das Aufgeben dieser Haltung auch für ihn selbst erlösend wirken kann.

Tiefpunkt und Krisen in einer Beziehung können als unvermeidlich, als gleichsam natürlich erkannt und akzeptiert, somit aber weit besser verarbeitet werden.

Das Bedürfnis vieler Partner, aus der eigenen Lebensgeschichte sich selbst besser zu verstehen, entzündet sich an der Wahrnehmung dieser polaren Verschiedenheiten der Charakterstrukturen. Gegenseitiges Verstehen unterschiedlicher Erlebnisweisen ermöglicht jedem, den anderen nicht wegen seiner Andersartigkeit als boshaft oder verrückt anzusehen.

Einsicht muß sichtbar gemacht werden im Verhalten, sie muß ihren Sitz im Leben erhalten. In gewissem Umfang sind gerade auch hier gezielte Einübungen möglich: Die Klienten sollen zu Hause jede Reaktion vermerken, bei der sie ihrer problematischen neurosenspezifischen Motivation, ihrer stereotypen Leitlinie widerstanden und eine Alternativreaktion gezeigt haben. Sie beobachten die Rückwirkung dieser Steuerung auf sich selbst und auf den Partner. Überwiegend resultieren Gefühle der Befreiung, der eigenen Autonomie sowie vertieften Harmonie mit dem Partner. In diesem Ansatz sehen wir eine enge Verbindung psy-

choanalytischer und verhaltenstherapeutischer Methodik. Der
Schritt der Bewährung, der Inkarnation in GRAF DÜRCKHEIMS
Meditation hat manche Parallele dazu (vgl. Kap. 3).

Zur Ausgewogenheit mit sich selbst und mit dem Partner gehört
die Fähigkeit, im Wechselspiel und Zusammenspiel Geliebter,
Geliebte, Vater, Mutter und Kind füreinander zu sein. Das sind
Bilder für polyphone Ausdrucksgestalten, die durch ein solches
Wort besser erspürt werden als durch detaillierte Verhaltens-
schilderungen.

Die heilende Erkenntnis fundamentaler Daseinsstrukturen sollte
noch tiefer reichen, will man eine Behandlung abschließen. SIG-
MUND FREUD sagte einmal, die Analyse könne oft nicht mehr erreichen, als »hysterisches Elend in gemeines Unglück« zu verwandeln. Diese Grenze ist letztlich jeder Psychotherapie gesetzt.
Doch erlebt es der Patient als Befreiung, Wirklichkeiten jetzt ins
Auge zu sehen und mit ihnen zu leben. Auf Urfragen, die zeiten-
weise quälend werden können, gibt es auch in der Beziehung
zwischen Mann und Frau keine Antwort. Die Therapie ist unter
anderem dann beendet, wenn das realisiert ist. Der Mensch
kommt nicht zur Ruhe. Zufriedenheit heißt bestenfalls: seine
unabänderliche Unzufriedenheit nicht mehr ausagieren. Nicht
selten geschieht dann das Paradoxe: Wenn ich meinen Partner
nicht mehr verändern will, dann kommt plötzlich Änderung ins
Spiel. Vielleicht ist dies das anspruchsvollste Ziel der Verhaltensänderung in der Kommunikationstherapie für Partner: die
grundlegende Modifikation von Reaktionen, die den anderen
verändern wollen.

In »last analysis« erweist sich dieser Änderungswunsch als Rebellion gegen das Getrenntsein, symbolisiert in der zerrissenen
Dualunion von Mutter und Kind. Liebe will dauerndes Einssein,
seit ihren präödipalen Ursprüngen. Und da mache ich nun die
Erfahrung unüberbrückbarer Verschiedenheit, Fremdheit. Liebe
ist Trennung, sagt IGOR CARUSO. Diesen Schmerz zu agieren statt
anzunehmen, führt in tausend Schritten zum Zerwürfnis oder zu
tödlicher Gleichgültigkeit: Das Agieren stellt letztlich eben gerade den befürchteten Zustand her. In diesem unaufhebbaren
Schmerz erkenne ich, daß ich den Partner anspreche – und er
hört mich nicht. Ich zeige mich ihm – und er ist blind. Ich klam-

mere mich an ihn – und er fühlt mich gar nicht. In Bereichen, die mir sehr viel bedeuten, bleibt er mir immer fremd. Und ich ihm. Hinzu kommen Phasen der Fremdheit durch individuelle Entwicklungen, die nicht synchron laufen.

Sodann der ödipale Schmerz: ich bedeute ihm nicht ein und alles. Andere Menschen bringen wieder neue Saiten in ihm zum Klingen, bedeuten ihm in dieser und jener Hinsicht vielleicht mehr als ich.

Vielfältige Formen der Abwehr, der versteckten und unbewußten Rebellion gegen Getrenntsein, Unterlegensein und Tod können eine bestehende Beziehung zerstören und beginnen dann in der nächsten von neuem.

Das Sichausliefern an diesen Schmerz bis hinein ins Vegetativum ist ein Schritt, den wir immer häufiger in der Paartherapie praktizieren, in Form der kommunikationstherapeutischen Dekonditionierung, wie wir sie schon geschildert haben. Das Durchstehen einer tiefgreifenden seelischen und körperlichen Erschütterung führt durch ein Stadium fassungslosen langen Schluchzens, bei dem der Patient durch eine Hölle aus Einsamkeit geht, bis schließlich die Angst von ihm abfällt, weil er sie angenommen hat. Bis zu diesem Zeitpunkt muß der Therapeut den Patienten in dieser Angstüberflutung halten, sonst läßt er zu, daß das System körperlicher, seelischer und geistiger Fluchtreaktionen abermals verstärkt wird. Nur im Zuendeführen macht der Patient die Erfahrung, daß er sich ausliefern und diesen Schmerz bestehen, daß er überleben kann. Auf der kognitiven Ebene gewinnt er durch solche Erfahrungen letztlich eine andere Sicht des Lebens: daß er es gewinnt, wenn er bereit ist, es zu verlieren.

So elementar wie einerseits der Umgang mit dem eigenen Körper, die Entspannung und die sinnliche Konzentration ist, so fundierend und verhaltensträchtig erweist sich nun andererseits das geistige Konzept, die Partnerschafts- und Lebensphilosophie eines Menschen. Das heißt doch, daß man sich bestimmte Gedanken zu bestimmten Wahrnehmungen und Ereignissen macht, und daß diese vorausgehenden Gedanken bestimmen, welche Antwort auf eine Situation gegeben, welche Reaktion gezeigt wird.

In unserer Partnerschaftstherapie versuchen wir, grundlegende psychotherapeutische Prozesse zu vereinen: körperliche Entspannung, sinnliche Konzentration, Löschung konditionierter Ängste, übungsweise Erweiterung des kommunikativen Repertoires durch Verhaltensformung und Beobachtungslernen, letzteres vor allem in der Gruppe von Paaren, offener Ausdruck des ursprünglichen Gefühls durch schrittweise Aufhebung der Abwehr; metakommunikative Rückmeldung durch explizite Aussagen über die Beziehung, kathartische Aufarbeitung vergangener Ereignisse, Prophylaxe künftiger Konflikte; Bewußtseinsbildung in bezug auf Gesetzmäßigkeiten des Verhaltens, des Zusammenlebens, des Daseins und seiner Begrenzungen; Umsetzung in konkrete Selbststeuerung und Selbstgestaltung des Zusammenlebens. Die Partner liegen zeitweise in Entspannung, erdachte Dialoge für künftige Situationen entstehen, bestrafungsfreie Gespräche über gegenwärtige Spannungen verwandeln ihre Gestalt.

Lassen Sie mich zum Schluß wieder etwas veranschaulichen vom Denken und der Arbeitsweise der Kommunikationstherapie. Ich schildere Ihnen Phasen aus der Behandlung einer klassischen und häufigen Konstellation: ein Paar, bei dem der Mann sich schizoid, die Frau sich depressiv verhielt. Er war sehr distanziert, mit viel Eigenleben, sie klammerte sich in versteckt aggressiver, auffressender Form an ihn. Man kann den Teufelskreis, die Kollusion im Sinne von Jürg Willi, etwa wie folgt formulieren:
Er: Ich ersticke ja, du bindest mich fest, wenn ich mich dir überlasse. Um mich einigermaßen wohl zu fühlen, muß ich mich ja zurückziehen, distanziert verhalten. Du frißt mich ja sonst mit Haut und Haaren, ich hab dann kein Eigenleben mehr und kein Gefühl mehr für dich.
Sie: Ich muß dich ja festhalten, mich an dich anklammern, sonst bleibst du ja überhaupt nie da. Mir bleibt doch gar nichts anderes übrig. Du gibst mir allen Grund zu meiner Angst, dich zu verlieren. Nur deshalb such ich ständig deine Nähe.

Die quer- und längsschnittliche Problemanalyse zeigte folgendes: Beide Verhaltensweisen erwiesen sich als Vermeidungsreaktionen, die sich offensichtlich in der Kindheit ausgebildet hatten.

Die Frau hatte ihren Vater im Krieg verloren. Als sie fünf Jahre alt war, sah sie ihn zum letzten Mal. Dann wurde er als vermißt gemeldet. Sie hing sehr an ihm. Als sie mit ihrem Schmerz zur Mutter kam, wurde sie von ihr offensichtlich nicht angenommen, sie mußte allein damit fertig werden. Von den vier Geschwistern fühlte sie sich von der Mutter am wenigstens geliebt. Die Patientin ahnte schließlich, daß sie sich an ihren Mann wie an den verlorenen Vater anzulehnen suchte und darin immer wieder enttäuscht wurde. In einer Sitzung wurde ihr bewußt, daß sie insgeheim immer noch auf die Rückkehr des Vaters hoffte, daß sie den Schmerz des endgültigen Verlusts noch nie an sich herangelassen hatte. Wir überfluteten sie in entspanntem Zustand mit diesem Schmerz so lange, bis sie ihn ertragen konnte, bis sie innerlich nicht mehr fliehen mußte – das heißt, die Vermeidungsreaktion wurde durch Verhindern in Gegenwart des angstauslösenden (vorgestellten) Reizes gelöscht. Sie fühlte sich danach frei wie noch nie in ihrem Leben. Auch ihr Mann empfand das und berichtete von einem Rückgang ihrer kindlich-anklammernden Reaktionen, die als generalisiertes Vermeidungsverhalten zur symbolischen Leugnung des Vaterverlusts interpretiert werden können. Das veränderte Erleben und Verhalten gegenüber ihrem Mann nach der Durcharbeitung der Verlustangst validiert diese lerntheoretisch-psychoanalytische Hypothese.

Nun ein Tonbandausschnitt aus der ersten Überflutungs-Sitzung sowie aus der ihr folgenden Therapiestunde:

Sie: Woher rührt nun meine übertriebene Verlustangst? . . . . . .
Ich glaube fast, daß das von meiner Kindheit gekommen sein muß. Ich habe ja meinen Vater recht früh verloren
(*Th:* mhm) im Krieg (*Th:* ja) und ich glaube, daß ich . . .
im Verhältnis zu meiner Mutter, zu meinem Vater einen ausgesprochen kindlichen Kontakt hatte . . . daß ich »sein«
Kind gewesen bin (*Th:* ja) . . . . . . und . . . äh . . . wir waren
im KLV-Lager (Kinder-Landverschickung) in Oberbayern
(*Th:* ja), meine Mutter, meine Schester und . . . (?) (*Th:* ja)
und da hatte ich . . . in einer Nacht auch wieder einen Traum
(*Th:* ja) – wie alt war ich da, fünf Jahre alt (*Er:* fünf, sechs
Jahre) . . . und da erschien mir mein Vater, er rief mich . . .
(*Th:* ja) er rief mich ein paarmal und da setzte ich mich ganz
aufrecht im Bett hin und . . . sah ihn vor mir, und neben ihm
waren irgendwelche Gestalten, zwei Gestalten waren es,
zwei weibliche Gestalten . . . Engelsgestalten oder so was . . .
und da sagte er zu mir, er müßte jetzt . . . ganz weit fort . . .
(*Th:* ja) und er käme nicht wieder . . . und dann wurde
seine Stimme immer leiser und er ging so über meinen Kopf

hinweg und da drehte ich mich noch um und dann winkte er und winkte er ... bis ich ihn nicht mehr sehen konnte ... (*Th:* ja) ... und das war eigentlich das letzte, was ich von meinem Vater weiß (*Th:* ja) ... und da dachte ich so an, an, daß er tot wäre jetzt ... und da war er weg (*Th:* ja) ... ich hab eigentlich ... ahm ... diesen Vaterkomplex, den ich ... den ich wohl habe ... mm ... ich habe immer diese Geborgenheit gesucht, die mir mein Vater in diesen ersten Jahren geschenkt hat ... (*Th:* ja), obgleich ich ihn sehr wenig gesehen hab, ich bin 38 geboren und dann war er ja schon im Krieg, er ist also immer nur ... auf Urlaub zu uns gekommen (*Th:* ja) ... 38? ... 39! ja ... ... und ich hab das auch meiner Mutter erzählt (bewegte Stimme) ...

Th: Das geht Ihnen jetzt sehr nahe, gell?

Sie: Ja, ja (*Th:* ja), das habe ich immer noch nicht verkraftet ... (*Th:* ja).

Th: (an ihn gewandt): Haben Sie mal erlebt, wie Ihre Frau geweint hat? Bei dieser Erinnerung?

Er: Nein?! ... ... nein ... (*Sie:* ?)

Th: Sie haben jetzt Ihr Gesicht grad sehr ... verspannt, wie Sie das erzählt haben (*Sie:* ja) und das war nicht zu unterdrükken, ja? ... (*Sie:* ja ...) (*Th:* ja).

Sie: In dieser Nacht hab ich aber geweint, als ich diesen Traum hatte, und zwar erinnere ich mich noch, daß ich mit einem tränenüberströmten Gesicht im Bett gelegen war ... und auch die ganze Nacht nicht mehr geschlafen habe (*Th:* ja) danach ... ... und ich habe diese ... ahm ... Zuneigung, die ich zu meinem Vater hatte, immer versucht, bei meiner Mutter zu finden ... und ich hab sie nie gefunden ... ... und so ist es bis heute geblieben ...

Th: Warum soll das ein Komplex sein? Ist das nicht ein echter Schmerz?

Sie: Ja, es ist, das ist kein Komplex! ... Habe ich das gesagt? (*Th:* ja, Vaterkomplex) mhm ... (*Th:* mhm).

Th: Dieser Vater war ja 'ne Wirklichkeit für Sie (*Sie:* mhm) ... Lassen Sie das manchmal aufsteigen, diesen ... Schmerz? diese Erinnerung?

Sie: Ja?!

Th: Ja ... ... wie ... was geschieht dann, wenn Sie das aufsteigen lassen?

Sie: Trauer, spür ich (?)

Th: Was geschieht dann körperlich mit Ihnen? ... ...

Sie: Das weiß ich nicht ... ...

Th: Würden Sie sich trauen, das jetzt aufsteigen zu lassen? ...

Sie: (Seufzend) ... Ich glaube nicht ... ...

Th: Ja ... ... wovor haben Sie da Angst?

Sie: Das weiß ich nicht ... ..., daß es doch irgendwie leer ist, daß es das doch nicht gibt!

Th: Sie meinen, daß Sie sich ... diesem Verlust ... dann ... voll aussetzen würden? (*Sie:* mhm) ja? Daß der Vater weg ist? (*Sie:* ja), ja!

Sie: Ich verdränge das, glaub ich, noch, (*Th:* ja ... ja) ... so ungefähr: es hat ja doch keinen Zweck! (*Th:* ja)

Th: Sie spüren einerseits: er ist weg, andererseits wehren Sie sich dagegen (*Sie:* ja ...), ja?! (*Sie:* mhm) ... Sie haben vielleicht den Schmerz nie ganz an sich herangelassen?! (*Sie:* kann sein, eigentlich, ja ...)

Sie: Weil doch meine Mutter (bewegte Stimme) wenig über meinen Vater gesprochen hat (*Th:* ja) ... ... ahm ... ... also ich glaube fast, daß sie diese ... ah ... diesen Schmerz nicht so empfunden hat ... in den ersten Jahren schon, da hat sie immer noch gehofft, er käme wieder, aber ... (*Th:* ja) ... ah ... das schlief dann ein ...

Th: Sie hoffte, er käme wieder (*Sie:* ja) und Sie haben diese Hoffnung mit übernommen? (*Sie:* ja), aber nicht aufgegeben ...

Sie: Das kann sein ...

Th: Würden Sie sich mal auf die Couch legen?

Sie: (zu ihm): Kannst ruhig drin bleiben.

Th: Ja ... ... versuchen Sie sich daran zu erinnern, an diesen Traum ... ... sich da zurückversetzen ... in diese Situation ... wie Ihr Vater Ihnen langsam entschwindet und winkt ...

Sie: Ich hab' auch gewunken.

Th: Sie haben auch gewunken, ja ... ... (*Sie:* Schluchzen, Weinen) ja ... jetzt lassen S' den Schmerz zu ... Ihr Vater ist weg ... (Schluchzen) ... ... (Schluchzen) ... ... Lassen Sie's jetzt zu, daß er weg ist und nie mehr wiederkommt ... ...

Sie: (schluchzend): Es besteht aber doch noch eine Hoffnung, daß er lebt.

Th: Nein, er ist weg ... und kommt nie wieder ...

Sie: (schluchzend und schwer atmend): Das glaub ich nicht!

Th: Sie wehren sich dagegen, spüren Sie das?

Sie: Ich muß noch etwas erzählen (*Th:* ja?) ... mh ... es ist
schon mehrere Jahre her ... vielleicht ... fünf, sechs Jahre
... und da bin ich ... mit meiner jüngeren Schwester in H.
gewesen, in H. wohnt mein Bruder ... und ... und da haben meine jüngere Schwester und ich ... eine Postkarte
entdeckt, die, glaube ich, von meiner Schwägerin beschrieben war ... (*Th:* ja) »an Herrn F. J.« (*Th:* ja) ... das ist
mein Vater ... (*Th:* ja ja) ... und ... er ... wir konnten
also nur den Namen lesen ... und ich habe, glaub' ich, noch
erkannt, daß da noch »DDR« draufstand ... (*Th:* ja) ...
ah ... und dann kam sie und nachher war die Karte weg,
konnten wir's beide nicht lesen, in welchem, an ... also an
welchen Ort ... diese Karte gerichtet war (*Th:* ja) ... und
meine Schwester hat dann ... meinen Bruder daraufhin
nochmal angesprochen und er meinte, wir hätten uns geirrt ... aber ich hab das bestimmt gelesen und seitdem ...
habe ich natürlich die Hoffnung, daß mein Vater doch noch
lebt, daß er sich ...

Th: Ihr Vater lebt nicht ... er ist tot ...

Sie: Aber wie wissen Sie das?

Th: Sie wissen's selber, daß er tot ist, und Sie wehren sich mit
Händen und Füßen dagegen, daß er nie mehr wiederkommt!

Sie: Ja, das stimmt!

Th: Sie haben jetzt den Schmerz ... darüber, daß er endgültig
nicht mehr da ist, den haben Sie jetzt wieder abgewürgt,
weil Sie Angst haben, daß Sie den Schmerz nicht ertragen
können ... aber Sie können ihn ertragen ... vielleicht wären S' dann frei, wenn Sie jetzt Ihren Vater aufgeben würden ... würden Sie frei ...

Sie: Ja, vielleicht, vielleicht wär ich dann kein Kind mehr!

Th: Ja ... ja ... würden Sie sich da nochmal reinversetzen ...
in diesen Traum, den Sie mit sechs Jahren geträumt haben ... und den unbeschreiblichen Schmerz, den Sie damals
nicht verkraftet haben, weil Sie ... als Kind ... zu schwach
waren und zu allein waren ... (*Sie:* ja) ... den jetzt zuzulassen ... ... lassen Sie sich von dem Schmerz ganz
durchdringen ... ... versuchen Sie, Ihren Körper ganz los-
zulassen und sich dem Schmerz zu öffnen ... ...

Sie: Kann ich jetzt nicht.

Th: Können Sie jetzt nicht? ... (*Sie:* hm) ... Trauen Sie sich jetzt nicht, ja, Sie trauen sich's nicht (*Sie:* wahrscheinlich), ja ...

Sie: Vielleicht kann ich das wie in der Nacht noch machen? ...

Th: Versuchen Sie's jetzt! ... ... Ihr Vater existiert nicht mehr ... erinnern Sie sich an den Traum, wie er da winkt ... immer weiter weg ... geht, Sie winken ihm nach, er entschwindet ... Sie haben keine Hoffnung mehr, er lebt nicht mehr, er existiert nicht mehr, für Sie ... Sie haben ihn endgültig verloren ... ... lassen Sie das zu, daß Sie ihn verloren haben ... (Schluchzen und Weinen) ... ... lassen Sie das zu ... ... (Schluchzen) ... ... Ihr Vater ist weg ... ... (Schluchzen) ... Sie sehen ihn nie mehr wieder ... ... (Schluchzen) ... ... Jetzt beginnen Sie, sich dem Schmerz auszuliefern ... (Schluchzen) ... ... (Schluchzen) ... ... (Schluchzen) ... ... (Schluchzen) ... ... ja ... ... (Schluchzen) ... Sie spüren jetzt, wie entsetzlich das ist, ja ... ... (Schluchzen) ... ... (Schluchzen) ... ...

Sie: (schluchzend): Ich möcht ihn so gern wieder holen!

Th: Das geht nicht! ... Er lebt nicht mehr!

Sie: Er kommt ja auch nicht wieder! (Schluchzen)

Th: Er kommt nie mehr ... ... (Schluchzen) ... ... Ihr Vater ist weg ... für immer (*Sie:* ja) ... (Schluchzen) ... (*Sie:* ja) ... Sie müssen ohne ihn leben ... ... (*Sie:* ja) ... (Aufatmen) ... ...

Sie: Jetzt ist er weg ...

Th: Ja? Ist er weg?

Sie: Ja (*Th:* ja) ... jetzt ist er weg (*Th:* ja) mhm ... ... jetzt ist er weg! ... ... (Aufatmen) ... ... Ich kann wieder aufstehen! ... ... (Aufatmen) ... ... (Aufatmen) ... ich fühl' mich jetzt erleichtert! (*Th:* ja) ... mhm ... irgendwie befreit! (*Th:* mhm) ... ... so als wär' da irgendwie ein Druck genommen! (*Th:* ja)

Th: Wahrscheinlich werden wir das wiederholen müssen (*Sie:* mhm), Sie haben ihn noch nicht ganz aufgegeben ... wir müssen da wahrscheinlich noch einige Male (*Sie:* mhm) durch ... durch diesen Abgrund (*Sie:* ja) ... ...

(Drei Tage später:)

Sie: ... und ich habe jetzt ... ... in ... ah ... den letzten Tagen ... ah ... nach unserer letzten Sitzung habe ich mich ...

unwahrscheinlich wohl gefühlt und frei gefühlt, es dauerte ... ... anderthalb Tage ... (*Th:* mhm), hielt das an, da
war ich also wirklich nur erwachsen, und am Sonntagnach-
mittag ... ah ... merkte ich dann wieder diesen ... Zwie-
spalt, daß ich ... ahm ... schlich sich ... dieses Kind-sein-
Wollen wieder ein, und dann wurde ich innerlich sofort unruhig (*Th:* mhm) ... ich *wehrte* mich dagegen und konnte
ah ... doch nicht ... dagegen ankommen (*Th:* mhm), und
dann sagte A. mir ... ... er sagte mir das auf den Kopf zu,
und das hat mir ... in *dem* Moment geholfen, da war ich
wieder erwachsen! ... ... Immer, wenn dieses Kind-
sein bei mir da ... sich hineinschleicht ... dann ist es mit
meiner Ruhe dahin, und ich habe diese anderthalb Tage ...
... war ich innerlich ... ruhig, wie ich das in meinem ganzen Leben noch nie war ... also so eine Ausgeglichenheit,
die ... kannte ich überhaupt nicht!

Er: Ja, das war wirklich ... *ganz toll!*

Sie: ... Und das hat sich sofort auf A. übertragen ... wenn ich
innerlich ruhig bin, überträgt sich das auf A. ... ...

Während sie ihm nun etwas mehr Distanziertheit einräumen
konnte, sollte versucht werden, seine schizoid wirkende Reser-
viertheit ihr gegenüber aufzulockern. Die Analyse ergab auch bei
ihm massives Material aus der Lerngeschichte. Er wurde wohl
von seiner Mutter mit ausgesuchter Härte, ja Brutalität erzogen.
Sie verprügelte ihn anscheinend maßlos, ohne daß sein Vater je-
mals mildernd eingegriffen hätte. Lange und verzweifelt versuchte er trotzdem, die Zuneigung der Mutter zu gewinnen, die
von sich aus nach seiner Erinnerung nie zärtlich zu ihm war. Solche Verhaltensweisen wurden von der Mutter regelmäßig mit
Härte zurückgewiesen, bestenfalls ignoriert. Aufsteigende weiche Gefühle wurden nicht mehr gezeigt, lösten schließlich Beklemmung aus und wurden von ihm nach einigen Jahren anscheinend gar nicht mehr empfunden, so gut glückte ihm ihre
Unterdrückung. Es fand also eine klassische Konditionierung
statt: Zärtliches Verhalten, zärtliche Empfindungen lösten
Angst, Aggression aufgrund der Frustration, Beklemmung, innere Sperre, eine Art emotionalen Totstellreflex aus. Offensichtlich
eine Folge dieser aversiven Konditionierung und der in ihrem
Gefolge ausgebildeten Vermeidungsreaktionen war nun, daß er
sich noch nie von seiner Frau richtig streicheln lassen konnte.

Diese Keimsituation ihres Partnerkonflikts löste in ihr begreiflicherweise das Gefühl aus: »Er läßt mich nie an sich ran!«, was wiederum ihre Verlustangst und die sie phobisch vermeidenden Anklammerungsreaktionen verstärkte. Entweder er entwich ihr schon vorher, oder er schob sie dezent weg, oder aber er blieb innerlich starr, keine Gefühle wurden in ihm ausgelöst, was sie natürlich visuell und taktil wahrnahm. Auf der subjektiven Ebene empfand er es einfach unangenehm, besonders, wenn er sich ihren Liebkosungen pathisch überlassen sollte.

In einer sorgfältigen kommunikationstherapeutischen Dekonditionierung über die Vorstellung gelang es, die konditionierten aversiven Gefühle praktisch völlig zu löschen und die jahrzehntelang blockierten angenehmen Gefühle freizulegen. Erfahrungen zu Hause validierten dann die Generalisierung auf die Realsituation bzw. die wahrscheinliche Richtigkeit der vorhin genannten Hypothese, daß es sich um eine konditionierte Gefühls- und Vermeidungsreaktion aus der Erfahrung mit der Mutter handelte. Der Patient konnte jetzt die Zärtlichkeit seiner Frau passiv hingegeben genießen, ja er empfand sogar ein spontanes Bedürfnis danach.

Dies ist ein Beispiel relativ einfacher Auflösung einer Kollusion, die aber im Lauf von zehn Ehejahren bereits hochdramatische Konsequenzen wie Selbstmordversuche und Scheidungspläne gezeitigt hatte. Erstaunlich war auch, daß überlagernde aversive Konditionierungen aus der Zeit der Partnerbeziehung offenbar durch die genannten therapeutischen Prozesse ebenfalls mitgelöscht wurden.

In der Liebe zwischen Mann und Frau wird die Erfahrung des Schmerzes unumgänglich:
- wir können nicht einssein,
- wir können füreinander nicht ein und alles sein,
- Augenblicke des Glücks gehen zu Ende, wir sterben.

Im Blick auf diese menschlichen Grundkonflikte, die in der individuellen oder ehelichen Neurose lediglich verschärft, unglücklich angegangen sind, fragt man sich, ob das Leben so ganz ohne Weisheit überhaupt befriedigend gelebt werden kann. In manchen Erfahrungsgruppen, wie sie jetzt Mode werden, glaubt man, Partnerbeziehungen mit ein paar psychologischen Turnübungen sanieren zu können, mit ein paar Vereinbarungen das

Eheglück zu managen. Der Alltag back at home macht diesen
lächerlichen Pragmatismus zur Eintagsfliege.
Eine ganzheitliche und anthropologisch fundierte Psychotherapie vermag solches Scheitern vorauszusagen. Sie weiß um das
Spannungsfeld, in dem jede therapeutische Intervention stattfindet. Hilfesuchende Partner spüren sehr rasch, vor welchem gei-
stig-seelischen Hintergrund ein Therapeut handelt. Ich persönlich
liebe ein orientierendes Wort von KARL RAHNER, das ich Ihnen
zum Schluß vorlese: »Wer den Tod nicht fürchtet, besser: wer
die bleibende Todesangst annimmt, kann das einzelne Gute des
Lebens, das auf ihn zukommt, genießen, weil es eine wahre Verheißung der absoluten Zukunft ist. Er kann sich ganz wagen. Er
ist frei zu lieben, ohne sich sparen zu müssen. Er braucht das
Glück dieses Lebens nicht zu überanstrengen und es so zu verderben.«

LITERATUR

CARUSO, I. A.: Die Trennung der Liebenden, Bern 1968 (Huber)
DÜRCKHEIM, K. GRAF: Die heilende Kraft der reinen Gebärde, in:
    BITTER, W. (Hrsg.): Meditation in Religion und Psychothera-
    pie, Stuttgart 1958 (Klett)
HOLLAND, J. G. und SKINNER, B. F.: Analyse des Verhaltens (aus
    dem Amerikanischen übersetzt), München 1971 (Urban &
    Schwarzenberg)
MASTERS, W. H. und JOHNSON, V. E.: Human sexual inadequa-
    cy, Boston 1970 (Little, Brown & Co.) (Deutsch: Impotenz
    und Anorgasmie. Zur Therapie funktioneller Sexualstörun-
    gen, 1973)
RAHNER, K.: Das Opfer in der Selbstwerdung, in: Dialog über
    den Menschen – eine Festschrift für Wilhelm Bitter, Stuttgart
    1968 (Klett)
REICH, W.: Charakteranalyse, Köln 1970 (Kiepenheuer &
    Witsch)
RIEMANN, F.: Grundformen der Angst, München 1961 (Rein-
    hardt), 9. Auflage 1975
TRÜB, H.: Heilung aus der Begegnung, Stuttgart 1951 (Klett)

TUNNER, W. und BIRBAUMER, N.: Experimente zur Behandlung von Ängsten, unveröff. Arbeiten an den Universitäten München und Wien, 1973

WILLI, J.: Kollusionstherapie, Vortrag beim Dritten Internationalen Gamologischen Symposium, Zürich 1973

12.

System der Kommunikationstherapie als Synthese psychotherapeutischer Schulrichtungen (1974)*

Je länger man in der Praxis der Partnertherapie arbeitet, um so häufiger wird die Erfahrung, daß man mit den Methoden nur einer Psychotherapie-Form, gleich welcher, nicht genügend Erfolg hat. Der Dogmatismus therapeutischer Schulrichtungen verhindert noch immer, daß wir mehr voneinander lernen, um unseren Patienten besser helfen zu können. Verbotszäune, auf denen entweder das Warnschild »subhuman« oder aber »spekulativ und unwissenschaftlich« steht, verunmöglichen bei ängstlichen Kollegen die Einsicht und die Erfahrung, daß der Praktiker sehr wohl zugunsten des Heilungsprozesses zu verbinden weiß, was von Theoretikern, manchmal fast triumphierend, als unvereinbar deklariert worden ist.

Bis vor wenigen Jahren war in Deutschland als Psychotherapie mehr oder weniger nur die Psychoanalyse bekannt und etabliert. Das hat sich seit dem Einzug der Verhaltenstherapie erheblich geändert. In den USA muß die Psychoanalyse bereits einen Rückgang an Patienten verzeichnen, der inzwischen anscheinend katastrophale Ausmaße angenommen hat. Dieses Problem war ein Generalthema auf dem Jahreskongreß 1973 der American Psychiatric Association. Auch THOMAE (1974) hat es kürzlich hier in München beim Psychoanalytiker-Kongreß intern zur Sprache gebracht. Sicher haben auch zahlreiche Erfolgsuntersuchungen der letzten zwanzig Jahre zu dieser Entwicklung beigetragen, bei denen gerade die Psychoanalyse herkömmlicher Form trotz ihrer langen Behandlungsdauer und ihrer elitären Patientenselektion gar nicht gut abschneidet. RACHMAN (1974) hat diese Un-

---

* Vortrag bei der Tagung »Psychotherapie bei Partnerkonflikten« in München. 29./30. 11. 74. Text ergänzt.

tersuchungen zusammengestellt und analysiert.

Führende Analytiker im deutschsprachigen Raum beginnen daraus Konsequenzen zu ziehen. So arbeiten etwa in STROTZKAS Universitätsinstitut in Wien Psychoanalytiker und Verhaltenstherapeuten vorbildlich zusammen (vgl. STROTZKA 1973).

RICHTER kämpft gegen das »Denkverbot in der Psychoanalyse« und fragte neulich beim Münchner Kongreß (1974): »Warum überwinden wir als Psychoanalytiker nicht die Angst, andere Verfahren zu integrieren?« Sein Schüler FÜRSTENAU meinte (und niemand widersprach ihm dabei): »*Inoffiziell* tun wir es ja alle!« In seinem Arbeitskreis war daraufhin viel von befürchteten berufspolitischen Sanktionen (vgl. Kap. 10), aber auch von Unsicherheiten in der praktischen Arbeit mit neuen Ansätzen die Rede, etwa in Form der sehr häufig wiederholten, besorgten Frage: »Ist das dann noch Psychoanalyse?« Die Überlegung: »Was nützt unseren Patienten?« wurde von dieser Sorge anscheinend in den Hintergrund gedrängt.

FÜRSTENAU bekannte sich in einer These zu den folgenden Interventionen in seiner analytisch-therapeutischen Praxis (ich zitiere wörtlich): »Stärkung der Fähigkeit des Patienten zur Antizipation von Gefahren und zu bearbeitenden Aufgaben, Stärkung des Selbstwertgefühls des Patienten, seiner Fähigkeit zum Standhalten und zu konsistentem Verhalten, zur Wahrnehmung und Befriedigung von Bedürfnissen, Stärkung der Sensibilität für (adäquates) Fühlen, der Wahrnehmung für die emotionalen Folgen des Verhaltens des Patienten gegenüber Partnern . . .« – Diese erfreuliche Öffnung der Psychoanalyse deckt sich in der Sache völlig mit Hauptzielen kommunikationstherapeutischer Methodik, wie wir sie in »Einübung in Partnerschaft« 1971 dargelegt haben. – Es ist sicherlich kein Zufall, daß sich diese drei Avantgardisten der Psychoanalyse mit Familien- und Ehetherapie befassen.

In der Psychoanalyse wie in der Verhaltenstherapie, in der Gesprächspsychotherapie wie in der Kommunikationstheorie WATZLAWICKS und seiner Mitarbeiter gibt es Denkansätze und Techniken, auf die wir bei der Psychotherapie schwerer Ehekonflikte unseres Erachtens nicht verzichten können. Je nach Fall und Behandlungsphase liegt der Akzent beim kommunikationstherapeutischen Handeln auf recht verschiedenen Elementen und Kombinationsformen dieser Richtungen. Unser Ziel ist jedoch,

diese Ansätze, soweit möglich, in wissenschaftliche Denkweisen
und Operationen zu integrieren, um sie damit schließlich einer
besseren Überprüfung zugänglich zu machen. Was ich Ihnen
jetzt vortrage, ist freilich noch kein abgerundetes, theoretisch befriedigendes System einer Synthese, zumal es aus der Praxis her-
vorgegangen ist.

Zuvor noch eine Bemerkung zur Frage: Warum eine eigene Psychotherapie für Paare? Ganz einfach deshalb, weil einen nichts
auf der Welt so krank und damit auch so gesund machen kann,
wie die Beziehung zum Ehe- oder Lebenspartner. International
führende Psychosomatiker wie LUBAN-PLOZZA (z. B. 1972) und
RICHTER (z. B. 1970) stellen solche Erkenntnisse unter den Gesichtspunkt einer zentralen Präventivmedizin für Neurosen und
psychosomatische Erkrankungen.

Unser Entwurf ist hierarchisch gegliedert: D. h., die jeweils zuerst genannten Gesichtspunkte und Sachverhalte sind nach unserer Auffassung im allgemeinen grundlegend für die nachfolgenden.

So beginnen wir mit der inhaltlichen Frage der möglichen Lernziele einer Partnertherapie, fragen dann nach den grundlegenden Veränderungsprozessen, also kognitiven Umorientierungen
und Lernvorgängen, betrachten drittens die Interventionen des
Therapeuten hinsichtlich ihrer Basis wie einzelner Reaktions-
klassen und führen schließlich die technischen Verfahrensmög-
lichkeiten in ihrer therapeutisch ergiebigsten Reihenfolge auf.

ÜBERSICHT

1. INHALTE (LERNZIELE)

Gegenstand der Partnertherapie sind die Bedürfnisse, Ängste und Agressionen, die in einer bestehenden Beziehung zu Konflikten geführt haben und meist in Form eines Regelkreises ineinander zu einem System verschränkt sind. Durch die Behandlung müssen beide Partner lernen, abgewehrte Persönlichkeitsanteile bzw. Fehlhaltungen als eigene zu erkennen und neue Möglichkeiten des Verstehens und des Umgangs miteinander zu entwikkeln. Beide sollen schließlich ihre eigenen Therapeuten werden, sowohl für sich als Individuen, als auch für ihre Beziehung zueinander.

1.1. ERKENNEN UND VERSTEHEN

Ein erster Schritt, der im allgemeinen unverzichtbar ist, besteht im Erkennen und Verstehen psychosozialer Gegebenheiten. Denn zunächst wird noch gar nicht begriffen, was sich im Konflikt eigentlich abspielt. Die Polemik mancher Verhaltenstherapeuten gegen jede Psychotherapie durch Einsicht ist recht kurzsichtig: sie übersieht, daß das Erkennen Handlungsentwürfe enthält und neue Verhaltensweisen oft erst ermöglicht – eine Grundtatsache empirisch fundierter Allgemeiner Psychologie. Dieses einsichtige Erkennen und Verstehen gelingt meist nur gegen große Widerstände.

1.1.1. SICH SELBST

Es muß zunächst bei jedem Partner in der Rückwendung auf ihn selbst ansetzen, auf seine kindhaften Ansprüche oder seine elternhafte Dominanz wie auf seine individuellen Eigentümlichkeiten, die wir als »Persönlichkeitsstruktur« zusammenschauen können.

1.1.2. DEN ANDEREN

Erst auf diesem Hintergrund der Selbsterkenntnis und eines durch Einsichten in biographische Bedingungen vertieften Verstehens meiner eigenen Person begreife ich den Partner in seiner individuellen Andersartigkeit, all das, was ich aus meiner Wahrnehmung bis dahin ausgeklammert habe.

1.1.3. DIE BEZIEHUNG

Und jetzt erst haben die Partner eine Erkenntnisgrundlage, die sie erleben läßt, wie aus der Verschiedenheit ihrer Bedürfnisse und Frustrationen bzw. deren lebensgeschichtlich bedingten unterschiedlichen Signal-Werten dann Konflikte resultieren; sie verstehen, wie es zu dieser Partnerwahl kam und wie sich die Beziehung in bestimmter Weise entwickelt bzw. festgefahren hat.

1.1.4. GESETZMÄSSIGKEITEN VON PARTNERSCHAFTSFORMEN

Eine Unsicherheit bzw. Selbstwertproblematik bleibt bei vielen: haben nicht gerade wir eine besonders schwierige Beziehung? Hier wirkt entlastend, im Gespräch herauszuarbeiten, nach welchen erkennbaren Gesetzmäßigkeiten bzw. gleichsam »naturalen« Regeln Partnerschaft im allgemeinen wie im Einzelfall zu verlaufen pflegt, etwa hinsichtlich der Unvermeidbarkeit von Krisen, aber auch faßbaren Bedingungen von deren recht unterschiedlichen Verlaufsformen.

1.1.5. BEGRENZTHEITEN UND GRUNDKONFLIKTE MENSCHLICHEN DASEINS

Wird das alles darüber hinaus in einem größeren Bezugsrahmen begriffen, der unentrinnbare Begrenztheiten und Grundkonflikte menschlichen Daseins aufzeigt, dann wird dieses erweiterte Bewußtsein eine Hilfe, Spannungen mit dem Partner nicht immer gleich der Lebensform »Ehe« oder dem anderen anzulasten, sondern auch als Besonderung der Conditio humana zu erkennen. Die Partner sollen lernen zu fragen: Wie gehen wir um mit den menschlichen Grundsituationen des Getrenntseins, des Unterlegenseins und des Todes? Protestiere ich unbewußt gegen unabänderliche Grenzen, indem ich das Leiden daran meinem Partner anlaste und aufbürde?

Zu diesen Sachverhalten ein Wort von PHILIPP DESSAUER (1966, S. 256): »Der Mensch muß wissen, daß sein Leben mißglückt und daß er seine Existenz nicht finden kann, wenn er nicht versteht, wovon er sich enthalten muß.«

1.2. AKZEPTIEREN

Erkennen und Verstehen genügen jedoch nicht als Lernziel in der Psychotherapie. Ein notwendiger nächster Schritt besteht in der Annahme der erkannten Gegebenheiten. Das heißt jedoch nicht, alles hinzunehmen, sondern unterscheiden zu lernen: was läßt sich ändern und was nicht. Das erfordert, nicht alles hinzuschmeißen, nicht in eine infantile Alles-oder-Nichts-Reaktion zu verfallen, wenn mir das Veränderbare allzu gering erscheint. Es bedeutet aber auch, zu akzeptieren und sich darauf einzustellen, daß man immer wieder einmal an einen Krisenpunkt gelangt, an dem man Unveränderbares nicht akzeptiert bzw. glaubt, nicht mehr mitspielen zu können.

1.3. GEMEINSAME LEBENSGESTALTUNG (ODER TRENNUNG)

Auf der beschriebenen Basis des Verstehens und Akzeptierens kann das Paar besser als vorher entscheiden, ob es sich um den erträglichen Verlauf einer Trennung bemühen oder ob es die befriedigende Führung eines gemeinsamen Lebens in Angriff nehmen will. Die Gestaltung des einen wie des anderen Ziels bildet die (meist notwendige) Abschlußphase der Partnertherapie, weil sich dieser Weg aus dem Verstehen und Akzeptieren noch nicht von alleine ergibt.

Freilich ist die Grundlage für eine Entscheidung zur Trennung noch wesentlich sicherer, wenn das Paar zuerst nochmal einige Zeit versucht hat, anders als bisher zusammenzuleben. Denn die Therapie kann neue Erfahrungen erschließen, die dann eine zuerst intendierte Trennung überflüssig machen.

Es gibt eine bedeutsame Gegenposition zu der hier dargelegten Zielhierarchie für Partnertherapien: WATZLAWICK und seine Mitarbeiter (1974) wie auch einige Verhaltenstherapeuten betonen mit Recht, daß so mancher gerade recht schwierige Behandlungsfall besser zu therapieren ist, wenn man – nach einer Formulierung von STADTER (vgl. Band I »Einübung in Partnerschaft«) – die Einsicht erst auf dem Rücken neuer Erfahrungen gewinnen läßt. Gerade in dramatischen Krisensituationen ist die rasche Induktion einer neuen Erfahrung durch den Therapeuten oft der einzige Weg. Jedoch scheint uns bei solchen Fällen meist eine anschließende Bewußtseinsarbeit notwendig, will man bessere Beziehungsformen stabilisieren.

2. Grundlegende Veränderungsprozesse:
kognitive Umstrukturierung und Lernvorgänge

Ganz unabhängig von den Begriffen und bevorzugten Denkmodellen einer Schulrichtung ist jegliche therapeutische Technik, will sie etwas verändern, davon abhängig, daß sie Umorientierungen im Denken und Wahrnehmen sowie Lernprozesse beim Patienten in Gang setzt. Diese Vorgänge sind selbstverständlich auch dann aufweisbar, wenn sie von einem Denksystem nicht reflektiert oder gar verleugnet werden.

2.1. Kognitive Umstrukturierungen

Wahrnehmungen und Gedanken z. B. hinsichtlich der eigenen Person und des Partners können durch Reaktionen des Therapeuten wie Deutungen bzw. Umdeutungen erheblich beeinflußt werden. Untersuchungen und Beobachtungen zur extraverbalen Kommunikation (Watzlawick et alii 1974) haben gezeigt, daß jene Änderungen auch schon unbewußt ein anderes Ausdrucksverhalten bewirken. Dieses aber wirkt viel stärker auf den Partner als Worte, wie Experimente bewiesen haben (Argyle 1972). Modifiziert nun auch der andere seine Reaktionen, dann bleiben die durch jene kognitiven Umstrukturierungen eingeleiteten Veränderungen durch neue Verstärkungsverhältnisse im Regelkreis der beiden Partner aufrecht, d. h. ein Lernprozeß schließt sich an.

2.2. Lernvorgänge

Fast immer gehen notwendigerweise in der Partnertherapie kognitive Veränderungen den eigentlichen Lernvorgängen einleitend voraus. Doch hängt die Therapie bzw. die Dauerhaftigkeit ihres Erfolgs letztlich ab von einer Änderung bestehender Verstärkungs-Verhältnisse, wie soeben bei der Frage der kognitiven Umstrukturierung aufgezeigt wurde. Und veränderte Verstärkungskontingenzen bilden überdies den zentralen Motivierungsprozeß für weitere Veränderungen.

2.2.1. LÖSCHUNG VON VERMEIDUNGSVERHALTEN

Partnertherapie beginnt am besten bei der Kommunikation jedes Klienten mit sich selbst. In einem schrittweisen Interaktionsprozeß sozialen Lernens muß der Therapeut erreichen, daß Abwehrsysteme aufgegeben werden, lerntheoretisch gesprochen: daß Vermeidungsverhalten durch Löschung konditionierter, also früher erworbener sozialer Ängste in seiner Häufigkeit abnimmt.

2.2.1.1. BEWUSSTSEINSWIDERSTÄNDE

Häufig müssen zuerst in Einzelsitzungen Bewußtseinswiderstände in bezug auf eigene innere und äußere Reaktionen abgebaut werden.

2.2.1.2. MITTEILUNGSWIDERSTÄNDE

Widerstände, sich mit diesen Inhalten auch dem Partner mitzuteilen, können erst in einem nächsten Schritt aufgearbeitet werden. Der Partner muß aber seinerseits schon so weit therapiert sein, daß er solche Mitteilungen, die ja mehr den »Schatten« (im JUNGschen Sinn) betreffen, bestrafungsfrei annehmen kann.

2.2.2. MINDERUNG VON BESTRAFUNGS-MECHANISMEN

Wenn aber erst einmal das (meist auf den Partner projizierte) »Negative« durch Auflösung der Verdrängung zurückgenommen, d. h. von jedem Partner selbst und im gemeinsamen Gespräch auch beiderseitig angenommen worden ist, wird damit der Weg frei, gegenseitige Bestrafungsreaktionen gezielt abzubauen. Denn diese bleiben oft, als eingeschliffene Gewohnheit, auch noch nach Wegfall jenes dynamischen Hintergrunds bestehen bzw. erhalten sich durch Gegenseitigkeit am Leben.

2.2.3. ZUNAHME POSITIVER VERSTÄRKUNGEN

Jetzt kann die Kommunikation mit dem Partner wieder bereichert werden, gegenseitige Wertschätzung und Bestätigung, d. h. positive Verstärkung kann wieder zunehmen, wenn man nicht mehr so viel gegen den anderen hat, weil er nun seinen Anteil sieht und auch weniger Strafreize von ihm ausgehen. Ohne jene Voraussetzungen sind Partner meist noch zuwenig motiviert, füreinander etwas positiv zu tun.

Freilich gehen in der therapeutischen Praxis diese verschiedenen Strukturierungs- und Lernprozesse ineinander über, doch scheint uns der beschriebene Verlauf für eine erfolgreiche Partnertherapie typisch, ganz gleich aus welcher schulischen Bewußtseins-Perspektive man ansetzt.

3. INTERVENTIONEN DES THERAPEUTEN

Nun zu den Interventionen des Therapeuten. Sein Einfluß ist in der Partnertherapie zweifellos schwerwiegender als etwa in der Einzelbehandlung von Störungen, die nicht unmittelbar psychosozialer Natur sind.

3.1. BASIS

Jeder Reaktion des Therapeuten sind grundlegende Prozesse vorgeordnet, auf denen die einzelne Intervention aufbaut bzw. die in ihr enthalten sind.

3.1.1. IMPLIZITE MODELL-WIRKUNG

So wirkt der Therapeut unweigerlich mit seinem Ausdrucks- und Verbalverhalten als günstiges oder weniger günstiges Modell. Je nach Ausmaß der Identifikation mit ihm fördert oder hemmt das den Lernprozeß. Wahrscheinlich kann der Therapeut gerade in diesem Anwendungsfeld der Partnerbehandlung auf die Dauer nur glaubhaft machen, was er selbst lebt. Echtheit bzw. Selbstkongruenz sind in der Gesprächspsychotherapie als sehr einflußreich nachgewiesen (TAUSCH 1968). Und der Psychoanalytiker RIEMANN (1974, b) nennt den Mut des Therapeuten zur Wahrhaftigkeit das wichtigste und unersetzbarste therapeutische Mittel.

3.1.2. GEGENÜBERTRAGUNG

Teilweise hängt vom selbst Gelebten auch die Gegenübertragung des Therapeuten ab, d. h. seine emotionalen Reaktionen auf die

Partner und ihre Beziehung. Er muß sie sich bewußtmachen und seine strukturbedingten Schwächen handhaben lernen, will er schwerwiegende Wahrnehmungs- und Verhaltensfehler vermeiden. FRITZ RIEMANN (1974, a) hat in seinen Aufsätzen zur Gegenübertragung sehr wertvolle Erkenntnishilfen hierfür gegeben.

3.1.3. DIFFERENTIELLE POSITIVE VERSTÄRKUNG

Ein drittes übergeordnetes Geschehen besteht schließlich in der differentiellen positiven Verstärkung, d. h., jede Einzelreaktion des Therapeuten selegiert bestärkend solche Reaktionen der Partner, die als förderlich für die Erreichung der Lernziele eingeschätzt werden. Verstärkung liegt vor allem im Basisverhalten der Wertschätzung und emotionalen Wärme, die freilich mehr extraverbal als nur durch Worte zum Ausdruck kommen sollte.

3.2. EINZELNE REAKTIONSKLASSEN

BASTINE (1974) beschreibt für ein allgemeines Psychotherapie-Modell eine Reihe prinzipieller Interventionsstrategien, die wir im folgenden wörtlich zitieren:

»– Amplifizieren: Erweitern des Problembewußtseins, der Definition und der Bewältigung der Probleme, z. B. durch Entwickeln von alternativen Zielen, Rollenspiel und -tausch;

– Unterbrechen: Anhalten und Verändern von gewohnten Handlungs- und Gedankenmustern, z. B. durch Konkretisierung eines Gedankens oder einer Handlung, Setzen von Orientierungssignalen;

– Vereinfachen: Reduzieren von komplexen Situationen und Erlebnissen auf einfache (übersehbare/lösbare) Weise;

– Konfrontieren: Begegnen mit den Schwierigkeiten ohne Möglichkeiten des Vermeidens,
z. B. durch Verhindern von Vermeidungsverhalten,
direktes Ansprechen oder Ausüben der Schwierigkeiten;

– Selbstaktivieren: Erhöhen der Eigenbeteiligung bei der Analyse und der Bewältigung der Schwierigkeiten, z. B. durch Beobachten und Registrieren des eigenen Verhaltens, Selbstbeteiligung bei Problemanalyse/Zieldefinition;

- Modellieren: Beeinflussendes Aktivieren durch andere Personen, Normen und Vorbilder,
  z. B. durch Belohnung erwünschten Verhaltens, Einsetzen von therapeutischen Modellen, Verhaltensinstruktionen, Rollenspielen;

- Attribuieren: Zuweisen der Erklärungen über die Entstehung und der Veränderung von Schwierigkeiten, z. B.
  durch Bezeichnung von Fremd- oder Selbstverantwortung, Vergangenheits- oder Gegenwartsorientierung;

- Rückmelden: Vermitteln von Informationen über das eigene Verhalten und dessen Bewertung,
  z. B. durch Reflektieren von verbalen Äußerungen, Einführen bewertender Stellungnahmen anderer Personen;

- Akzentuieren: Schwerpunktmäßiges Auswählen verschiedener Verhaltensaspekte (des beobachtbaren Verhaltens, subjektiver Erlebnisse und situativer Merkmale) in der Analyse und der Bewältigung von Schwierigkeiten, z. B. durch Lenkung der Gesprächsinhalte, Auswahl des Therapiemediums.«

Soweit BASTINE.

Wir möchten noch ergänzen durch drei Kategorien, die uns besonders in der Partnertherapie unentbehrlich scheinen:

- Paradoxes Kommunizieren: Bringt man jemand dazu, die Problemlösung in der entgegengesetzten Richtung zu suchen, also beispielsweise durch Nicht-Lösung, so erscheint das zunächst widersinnig, eröffnet aber nicht selten den einzigen Weg zur Entwirrung von Schwierigkeiten;

- Explizite Modellbildung: Veranschaulicht der Therapeut einen Sachverhalt durch ein Beispiel aus seiner eigenen Partnerbeziehung, erweist sich das emotional wie kognitiv als sehr hilfreich und ermutigend, wenn er sich als ein vom Klienten »erreichbares« Modell zu erkennen gibt, indem er beispielsweise eher seine eigenen Probleme schildert und seine eigenen Fehlreaktionen, für die er gegebenenfalls dann aber auch gelungene Lösungswege aufzeigen kann;

- Übertragungsdeutung: Diese Kategorie ist besonders wichtig, denn anhand irrealer Erwartungen oder Befürchtungen gegenüber dem Therapeuten kann Fehlverhalten gegenüber dem

Partner besser verstehbar und in seinen lebensgeschichtlichen
Hintergründen aufgezeigt werden.

4. Techniken in der Kommunikationstherapie

Ich werde jetzt noch einen Überblick geben zu den technischen
Verfahren im einzelnen, wie wir sie in der Kommunikationstherapie vorzugsweise anwenden, und in welcher Reihenfolge sie
sich nach unserer Erfahrung therapeutisch am ergiebigsten auf-
bauen, wenn man absieht von vorübergehenden Entlastungs-
Strategien, die als Krisenintervention notwendig werden können. Die vielen Fragen zur Indikation, zu Kriterien optimalen
Einsatzes im Therapieverlauf, Instruktionsdetails, Wirkungs-
weisen und theoretischen Grundlagen können in diesem Rahmen
hier nicht mehr beantwortet werden, sie sind aber andernorts
ausführlich diskutiert (vgl. einige Kapitel in Band 1 und im vorliegenden Band). Außerdem finden sich dort auch theoretische
Ableitungen und experimentelle Analogie-Begründungen für
unsere kommunikationstherapeutischen Übungen, worauf wir
hier nicht mehr eingehen.

Partnertherapie geschieht in Einzel-, Paar- und Gruppengesprä-
chen; sie verlagert sich im Verlauf der Behandlung zunehmend
von den Sitzungen weg auf die Interaktionen der Partner außerhalb derselben.
Fundierend sind Um-Motivierungen, beginnend mit der Konfliktanalyse; ihren Abschluß findet die Therapie im Lernen und
Einüben neuer Einstellungen und Reaktionen, also innerer und
äußerer Verhaltensweisen. Dabei spielt die Um-Konditionierung
eine technisch wichtige Rolle.
Im Dreischritt Diagnostik – Motivierung – Behandlung spielen
Beiträge der vier Schulrichtungen eine unterschiedliche Rolle.
Uns erscheint, mit großen Einschränkungen, folgende grobe Ak-
zentsetzung (nicht Determinierung!) für eine integrative Partnertherapie möglich:

Diagnostik	– Tiefenpsychologie, besonders Psychoanalyse (inhaltlich), Kommunikationstheorie (formal) und Verhaltensanalyse (funktional)
Motivierung	– Gesprächspsychotherapie und Kommunikationstherapie im engeren Sinne
Behandlung	– Kommunikationstherapie und Verhaltenstherapie

Wenn hier im Unterschied zur üblichen Zweiteilung Diagnostik – Therapie noch die Motivierung als eigener Bereich eingefügt ist, so deshalb, weil ihre Rolle bei keinem Anwendungsfeld der Psychotherapie so überragend und konstitutiv sein dürfte wie eben in der Partnertherapie. In vielen Fällen ist eben zu Beginn ein Partner bzw. sind oft auch beide im Grunde gar nicht bereit, sich behandeln zu lassen.

Die hier getroffene Zuordnung der Psychoanalyse zur Diagnostik entspricht übrigens auch neuesten Thesen des Psychoanalytikers Fürstenau (1974), der betont, daß die psychoanalytisch-diagnostische Einsicht noch längst keine Interventionstechnik sei, zumal in einem Feld wie beispielsweise der Ehetherapie.

Freilich gehen Diagnostik, Motivierung und Behandlung sehr oft ineinander über, dennoch lassen sich von den technischen Ansätzen her gewisse Schwerpunkte bezeichnen.

4.1. Diagnostik (Konfliktanalyse)

Die Diagnostik besteht im wesentlichen in einer umfassenden Konfliktanalyse, unterstützt durch systematische Selbstbeobachtungsübungen der Partner, aber auch beispielsweise durch die psychoanalytische Methode der freien oder der gebundenen, also themenzentrierten Assoziation. Sie nimmt zeitlich den weitaus größten Raum in der Behandlung ein, da auch noch bei therapeutischen Übungen das analysierende Verstehen überwiegt. Meist enthält die Konfliktanalyse bereits wichtige motivierende Prozesse.

Als funktionelle Verhaltensanalyse erfaßt sie die Antezedenten und Konsequenzen im Konfliktverlauf, hemmende und fördernde Reiz- bzw. Situationsbedingungen sowie Verstärkungskonsequenzen. Dabei darf nicht versäumt werden, auch sehr langfristige Verhaltensketten zu erfassen, die durch Gedanken, Vorstellungen, Aussagen vermittelt bzw. gesteuert sind. Denn oftmals enthalten längerfristige Folgen den Krankheitsgewinn, der bei Analyse der sofortigen, also zeitlich unmittelbaren Konsequenzen eines störenden Verhaltens nicht immer sichtbar wird.

Konfliktanalysen erfassen selbstverständlich das Innen wie das Außen, also nicht nur extraverbales und verbales Beobachtungsmaterial, sondern auch Gedanken, Selbstgespräche, Vorstellungen, bewußte und unbewußte Phantasien sowie Emotionen, Affekte, Stimmungen, Ambivalenzen und motivationale Zustände (z. B. Streß und Confinement, d. h. physische und psychische Einengung bzw. deren Folgen). In Partnerbeziehungen werden Diskrepanzen zwischen innen und außen, zwischen Erleben und Verhalten leicht konfliktträchtig, deshalb ist darauf besonders zu achten.

Schließlich analysiert der Kommunikationstherapeut natürlich nicht nur die Gegenwart, sondern auch die Lebensgeschichte, beginnend bei der Geschichte der Partnerbeziehung, fortschreitend zur globalen Biographie wie zur spezifischen Lerngeschichte einzelner Verhaltens- und Erlebnismuster. Hier hat sich eine Form gezielter Anamnese und die Verknüpfung derselben mit therapeutischen Änderungs-Prozessen bewährt, die ANITA MANDEL als »motivierende biographische Analysen« bezeichnet und dargestellt hat.

Ein kurzes Beispiel hierzu aus der Therapie einer Dyspareunie: Obwohl die Patientin rational einsah, daß sie ihrem lernbereiten Partner am besten ein Zeichen geben würde, wenn sie Schmerzen beim Eindringen seines Glieds hatte, verstand sie doch nicht, warum sie dies immer wieder unterließ, obwohl er es wünschte, um sich entsprechend behutsam verhalten zu können. Die biographische Analyse ergab sehr rasch, daß sie im Elternhaus, einer Arbeiterfamilie mit sechs Kindern, anscheinend so gut wie nie ein Lob bekommen hatte, als ältestes Kind im Haushalt ausgebeutet worden war und jeden eigenen Genuß mit einem anerzogenen schlechten Gewissen zu beantworten gelernt hatte. Ihre daraus folgenden Gefühle eigenen Unwerts sagten ihr vorbewußt: »Zeig bloß nicht, daß du Schmerzen hast, sonst bist du eine miserable Geliebte und in den Augen deines Mannes nichts wert!« Ihre Neigung, sich für eigenen Genuß zu bestrafen, gab ihr ein: »Ganz recht, wenn du dabei Schmerzen hast, dann

büßt du gleich wieder ab, wenn du es schön findest!« Erst die Bewußtmachung dieser Ambivalenz bzw. jener Übertragung ihrer
Eltern auf ihren Mann, der eigentlich recht anders war, moti-
vierten sie, die sexuelle Interaktion günstiger zu gestalten. Bezeichnenderweise hatte die Patientin längere Zeit jene Momente
verschwiegen, die ihr Selbstwertgefühl verletzten, die aber für
das Verständnis ihrer Beziehungsstörung unentbehrlich waren.
Erst ein gezieltes Ansprechen in Form von Übertragungsdeutun-
gen löste den Bewußtseins- und den Mitteilungswiderstand auf.

Meistens lassen wir beide Partner vor der ersten Sitzung unseren Fragebogen zur Partnerschaftstherapie (siehe Kapitel I) ausfüllen, der nicht nur diagnostische Funktion haben soll. Wie wir
immer wieder erleben, wirkt er bereits in Ansätzen motivierend
und verändernd in Richtung auf ein besseres Selbst- und Part-
ner-Verständnis, bringt manchmal auch schon Verhaltensände-
rungen in Gang.
Wichtige Konzepte für die Konfliktanalyse bzw. -diagnostik
findet der Kommunikationstherapeut neben der Verhaltensdia-
gnostik (SCHULTE 1974) vor allem in der speziellen Neurosenlehre mit ihren Persönlichkeitsstrukturen sowie in Ergebnissen
der experimentellen Persönlichkeitsforschung, eventuell auch der
Biorhythmik. Vielleicht werden eines Tages sogar die hochdiffe-
renzierten charakterologischen Bilder, wie sie eine qualifizierte
Astrologie zu beschreiben vermag, zum verbreiteten, heuristisch
gehandhabten Hilfsmittel.

4.2. MOTIVIERUNG

Hinsichtlich der Motivierung kommen nun noch weitere spezielle
Ansätze ergänzend zur Wirkung der Konfliktanalyse hinzu: die
Vermittlung alternativer Partnerschaftskonzepte und Daseins-
entwürfe zur Korrektur unrealistischer positiver oder negativer
Erwartungen, wie sie bei der Konfliktanalyse sichtbar geworden
sind; ferner alle mehr oder weniger auf Paradoxien beruhenden
Kommunikationstechniken, wie sie WATZLAWICK und seine Mitarbeiter (1974) entwickelt haben. Es geht also insgesamt bei der
expliziten Motivierung um kognitive Umstrukturierungen. Dabei ist im Unterschied zu psychoanalytischen Meinungen zu beachten, daß Deutungen hinsichtlich ihres Inhalts nur selten veri-

fiziert, wohl aber aufgrund ihrer Auswirkungen als brauchbar oder unbrauchbar ausgewiesen werden können (WATZLAWICK et alii 1974).

Kognitive Motivierung ist jedoch nur eine zeitlich begrenzt wirkende Intervention. Wie schon ausgeführt, wird sie nur dann zu dauerhaften Veränderungen führen, wenn sich in ihrem Gefolge die Verstärkungs-Verhältnisse wandeln. Reale soziale und evtl. auch materielle Verstärker werden dann zu den eigentlichen Motivatoren, die freilich bei der kognitiven Motivierung gedanklich antizipiert worden sind, folglich in dieser sekundären Verstärkerform bereits gewirkt haben.

4.3. BEHANDLUNG (im engeren Sinn)

Partnertherapie ist in erster Linie indiziert bei solchen Störungen, die beide Partner in ihrer Neurose fast untrennbar miteinander verzahnen. Wenn jeder der beiden unbewußt oder heimlich die Störung aufrechterhält, ist die Beziehung als solche der Patient. Der Analytiker PREUSS (1973) hat das sehr schön herausgearbeitet.

Partnertherapie im weiteren Sinne ist jedoch auch bei Störungen angezeigt, die mehr individuell, also relativ partnerunabhängig bestehen, sich aber in der Ehe so sehr belastend auswirken, daß diese daran zu scheitern droht bzw. auch der andere Partner infolge dieser Belastung erkrankt ist.

4.3.1. INDIVIDUAL-THERAPEUTISCHE TECHNIKEN

Dann sind vorrangig mehr individual-therapeutische Techniken der Verhaltenstherapie angebracht wie Desensibilisierung, Reizüberflutung, aversive Konditionierung, Selbstsicherheitstraining und eine Vielzahl von Selbstkontrollverfahren (KRAIKER 1974; WATSON und THARP 1975).

4.3.2. INTERAKTIONALE TECHNIKEN

Techniken, die entweder Interaktionen mit dem Partner im Blickfeld haben oder die unmittelbar in extraverbalen und verbalen Interaktionen der beiden Partner bestehen, sind vor allem

dann angebracht, wenn sich die Störungen der beiden Partner verschränken, also wechselseitig aufrechterhalten werden.
Entspannungstechniken und Bandaufzeichnungen sind bei den meisten Übungen ein wichtiger Baustein (vgl. Kap. 11 und Band I).

4.3.2.1. GEFÜHLE
Grundlegend für die Erneuerung einer Partnerbeziehung ist häufig die Löschung hinderlicher Ängste und Aggressionen bzw. die Befreiung positiver Gefühle.

4.3.2.1.1. ANGSTÜBERFLUTUNG
Eine für Partnerbeziehungen und deren Störungen sehr wichtige Vermeidungsreaktion besteht aus Abwehr von seelischem Schmerz, gewissermaßen die Flucht vor einem inneren Reiz. Dies kann ein behandlungsbedürftiges Ausmaß annehmen. Dann muß der Patient vom Therapeuten angeleitet werden, sich ähnlich wie in der verhaltenstherapeutischen Angstüberflutung dieser Leiderfahrung auszuliefern, nicht selten bis in eine vegetative Erschütterung hinein. Er muß lernen, nicht mehr zu fliehen. Meist betrifft das den Bereich menschlicher Grundkonflikte, also die Annahme von Getrenntsein, Unterlegensein oder Tod. (Wir haben diesen wichtigen Ansatz an anderer Stelle erörtert und mit einer Tonbandabschrift veranschaulicht: siehe Kapitel 11.) Wahrscheinlich ergeben sich von hier aus wichtige Verbindungen zur Gestalttherapie (PERLS 1974), die zunehmendes Interesse findet.
Wem sich diese Fähigkeit zu trauern erschlossen hat, wem diese innere Dimension wieder eröffnet worden ist, bei dem wandeln sich Verdrossenheit, Gereiztheit und Angst in Schwermut. Wer diese Erfahrung nicht hat, der könnte nun meinen, hier wird ja doch nur ein Leiden durch ein anderes ersetzt, wird lediglich ein Symptom verschoben. Das ist ein gewaltiger Irrtum. Es zeigt sich nämlich, daß die Auflösung jener Abwehr zu seelischer Bereicherung führt. In seinem genialen Essay über die Schwermut sagt ROMANO GUARDINI: »Der schwermütige Mensch hat wohl die tiefste Beziehung zur Fülle des Daseins. Ihm leuchtet heller die Farbigkeit der Welt; ihm tönt inniger die Süßigkeit des inneren Klanges ... Der Schwermütige ist es, aus dessen Wesen das Übermaß der Lebensflut bricht und der die Unbändigkeit alles Daseins zu erfahren vermag ... Die Herzkraft der Schwer-

mut ist der Eros; das Verlangen nach Liebe und nach Schönheit«
(S. 45 f.).

4.3.2.1.2. MEDITIEREN DES PARTNERS

Das längere Zusammenleben von Partnern bringt fast zwangs-
läufig aversive Reize und Reaktionen mit sich, durch die die
positiven Gefühle oftmals auch dann blockiert werden, wenn
sie vom Verhalten des Paares aus eigentlich überwiegen könnten. Durch Löschungsprozesse hinsichtlich dieser aversiven Konditionierungen kann es gelingen, positive Gefühle füreinander
wieder freizulegen. Nicht nur durch ein verändertes Verhalten
und veränderte Einstellungen, sondern auch unmittelbar, nämlich durch meditative Vorstellungen, scheint dies möglich zu sein
(vgl. Kap. 11). Inhalt der Imaginationen, auf die sich Partner in
entspanntem Zustand konzentrieren, sind etwa schöne Erinnerungen aus der ersten und auch aus der letzten oder vorletzten
Zeit, Erlebnisse, bei denen vom Partner eine starke Bild-Wir-
kung ausgegangen ist, Stimmungs-Erfahrungen seiner individuellen Schönheit. (Die JUNGsche Tiefenpsychologie hat die Bild-
projektionen auf den Partner nach unserem Eindruck überwiegend negativ gesehen und zuwenig in ihren positiven therapeutischen Möglichkeiten auszuschöpfen versucht.)
WATZLAWICK und seine Mitarbeiter (1974) haben in einem anderen Zusammenhang aufgezeigt, welch ungeheure Beziehungswir-
kung es, via extraverbaler Kommunikation, haben kann, wenn
man etwas am Partner »schön« findet, sofern man dieses Erleben
gegenwärtig setzen kann bzw. wenn man zur unmittelbaren An-
schauung des Partners durchdringt.
DESSAUER (1961, S. 50 f.) umschreibt in vorzüglicher Weise das
Ziel der Partner-Meditation: »Immer wieder muß der optimale
Abstand des inneren Auges hergestellt werden, und man muß
von neuem gewahr werden, wer der andere ist, der geliebt wird
und wirklich geliebt werden kann; der nicht nur der ist, der er
im Augenblick erscheint, in dieser Ermüdung, in dieser Stimmung oder in diesen Sorgen oder in dieser Verschlossenheit.«

4.3.2.2. SPRACHLICHER KONTAKT

Übungen zur unmittelbaren Verbesserung des sprachlichen Kontakts verwenden wir vor allem in zwei Grundformen. Beide
streben vor allem gegenseitiges Akzeptieren, Wärme und Echtheit an, also jene hilfreichen Verhaltensweisen, wie sie in der Ge-

sprächspsychotherapie praktiziert werden (vgl. TAUSCH 1968).
Als günstig, ja bisweilen notwendig erweist es sich, wenn sich
beide Partner unmittelbar vor Beginn solcher Übungen im
Sinne des mentalen Trainings vorbereiten, d. h. sich in ihrer
Vorstellung bzw. Phantasie positiv aufeinander einstellen (vgl.
Kap. 11).

4.3.2.2.1. STANDARDÜBUNG
Bei der kommunikationstherapeutischen Standardübung (die wir
in Band I mit zahlreichen Beispielen beschrieben haben) formen
beide Parnter bessere Alternativen für ein Konfliktgespräch, wobei sie sich Rückmeldungen vor allem zur Metakommunikation,
also zur Beziehungs-Wirkung ihrer verbalen und extraverbalen
Verhaltensweisen geben, um herauszufinden, wie sie mit ihrem
inneren Gefühl auf verschiedene Äußerungen reagieren, sowohl
auf die des Partners wie auf die eigenen Aussagen.

4.3.2.2.2. PARADOXES ROLLENSPIEL
Im paradoxen Rollenspiel (siehe Kapitel 2) soll jeder den anderen spielen in bezug auf eine schwierige Situation, aber so, wie er
ihn einerseits gerne hätte, andererseits gleichermaßen so, wie er
glaubt, der andere könne sich in dieser vorgeschlagenen Weise
verhalten, ohne seine Bedürfnisse und seinen Ärger zu verleugnen.

4.3.2.3. KÖRPERLICHER KONTAKT
Der direkte körperliche Kontakt zwischen den Partnern betrifft
wesentlich die Tiefensensibilität und die Oberflächensensibilität,
also Muskel- und Hautkontakt.
Auch bei den Übungen hierzu kann eine Vorausübung in der
Vorstellung, nach Art des mentalen Trainings, sehr günstige
Lerneffekte zeitigen.

4.3.2.3.1. MUSKELKONTAKTÜBUNGEN
Eine Folge von Muskelkontaktübungen (siehe Kapitel 4) dient
einerseits der Reduktion zwar leichterer, aber doch störender
Spannungen, bzw. sie soll fruchtloses Gezänk überflüssig ma-
chen. Darüber hinaus dient sie bei Störungen der aggressiven
Komponente sexuellen Kontakts als therapeutischer Baustein.

4.3.2.3.2. HAUTKONTAKTÜBUNG

Ein weiterer Baustein für die Behandlung bestimmter sexueller
Probleme besteht in einer Hautkontaktübung (siehe Kapitel 5),
die gegenüber der bekannten Streichel-Technik von MASTERS und
JOHNSON erheblich modifiziert und erweitert ist, um äußere und
innere Abwehrreaktionen besser auflösen zu können.

4.3.2.4. INNERES UND ÄUSSERES HANDELN

Therapeutische Übungen gipfeln in der Veränderung inneren
und äußeren Handelns.

4.3.2.4.1. INTEGRATIONSÜBUNG

Die unseres Erachtens wichtigste Übung, die wir bisher in der
Kommunikationstherapie entwickelt haben, besteht in einer speziellen Verbindung von Psychoanalyse und Verhaltenstherapie
(siehe Kapitel 3). Wir nennen sie Integrationsübung. Was jedem
der beiden Partner in der Konfliktanalyse als Keimsituation ihrer Beziehungskonflikte bewußt geworden ist und durch den
Motivierungsprozeß als änderungsbedürftig erlebt wird, macht
diese Übung zum Gegenstand systematischen Umlernens. Inhaltlich werden dabei vorzugsweise infantile Anspruchshaltungen und strukturspezifische, also schizoide, depressive, zwanghafte, hysterische und phobische Fehlreaktionen zum Gegenstand systematischer Selbstwahrnehmung und verhaltenstherapeutischer Selbstregulation, die im konkreten Einzel-Ereignis des
psychischen Manifestwerdens bereits auf der inneren Ebene ansetzt, also bevor etwas davon im Verhalten erscheint.

4.3.2.4.2. INTERAKTIONSPROGRAMME

Manche Paare ziehen großen Gewinn aus vertragsähnlichen
Interaktionsprogrammen, die beispielsweise das persönliche Ta-
schengeld abhängig machen von bestimmten Häufigkeiten gegenseitig erwünschter Verhaltensweisen (die vielschichtige Problematik solcher Kontingenzverträge haben wir andernorts diskutiert, vgl. Band I).

Wir weisen nochmals darauf hin, daß alle diese Übungen sorg-
fältiger Indikationsstellung sowie optimaler Vorbereitung und
optimalen Timings im Therapieverlauf bedürfen, sollen sie nicht
wirkungslos verpuffen oder gar schaden. Außerdem verwenden

wir sie im konkreten Einzelfall in vielfältigen Abwandlungs-
und Kombinationsformen ihrer Elemente.

Zum Schluß noch ein Wort darüber, warum wir unser Konzept
der Partnertherapie als »Kommunikationstherapie« bezeichnen.
Zunächst, weil wir in den Kommunikations-Theoremen der Pa-
lo-Alto-Gruppe (also von WATZLAWICK und seinen Mitarbeitern) das wichtigste Konzept für das psychologische Verständnis
von Partnerbeziehungen sehen. Sodann, weil wir die Kommunikation für den wichtigsten Gegenstand der Humanwissenschaf-
ten wie auch den besten therapeutischen Ansatzpunkt für die
Linderung menschlichen Leids halten. Wenn wir dabei phasenweise beim Individuum ansetzen, geschieht das doch im Blick auf
die Beziehung zum Partner. Schließlich sind unseres Erachtens
Veränderungen der Art und Weise wie des Inhalts der Kommunikation mit den nächsten Bezugspersonen eines Klienten die
besten und wichtigsten Kriterien, ja der unumgängliche Prüf-
stein, an dem sich Psychotherapie als sozial bedeutsam auswei-
sen muß.

LITERATUR

American Psychiatric Association: Bericht über den Jahreskongreß 1973, in Selecta 45, Nov. 73, 4248–4253

ARGYLE, M.: Soziale Interaktion (aus dem Englischen übersetzt)
Köln 1972 (Kiepenheuer & Witsch)

BASTINE, R.: Prinzipien psychotherapeutischer Interventionsstrategien, Vortrag beim 1. Europäischen Kongreß für Gesprächspsychotherapie, Würzburg 1974

DESSAUER, PH.: Die naturale Meditation, München 1961 (Kösel)

DESSAUER, PH.: Über die Dringlichkeit des philosophischen
Aspekts in der Psychotherapie, in: Die Frage nach dem Menschen. Festschrift für MAX MÜLLER zum 60. Geburtstag, Freiburg 1966

FÜRSTENAU, P.: Thesen zur Weiterentwicklung analytischer
Therapiemethoden; Referat beim 25. Kongreß der Deutschen

Gesellschaft für Psychotherapie und Tiefenpsychologie, München 1974.

GUARDINI, R.: Vom Sinn der Schwermut, Zürich 1949 (Arche)

LUBAN-PLOZZA, B.: Soziodynamik der Familie als medizinisches Problem, Zeitschrift für Präventivmedizin, 1972, 17, 319 bis 329

KRAIKER, C.: (Hrsg.): Handbuch der Verhaltenstherapie, München 1974 (Kindler)

PERLS, F.: Gestalt-Therapie in Aktion (aus dem Amerikanischen übersetzt), Stuttgart 1974 (Klett)

PREUSS, H. G.: Ehepaartherapie, München 1973 (Kindler)

RACHMAN, S.: Wirkungen der Psychotherapie (aus dem Englischen übersetzt) Darmstadt 1974 (Steinkopff)

RICHTER, H. E.: Diskussionsbeiträge in der Arbeitsgruppe Weiterentwicklung analytischer Therapiemethoden, beim 25. Kongreß der Deutschen Gesellschaft für Psychotherapie und Tiefenpsychologie, München 1974

RICHTER, H. E.: Patient Familie. Entstehung, Struktur und Therapie von Konflikten in Ehe und Familie, Hamburg 1970 (Rowohlt)

RIEMANN, F.: (a) Grundformen helfender Partnerschaft. Ausgewählte Aufsätze, herausgegeben und eingeleitet von K.H. MANDEL, München 1974 (Pfeiffer)

RIEMANN, F.: (b) Gedanken zum Selbstverständnis des Psychoanalytikers; Vortrag beim 25. Kongreß der Deutschen Gesellschaft für Psychotherapie und Tiefenpsychologie, München 1974

SCHULTE, D. (Hrsg): Diagnostik in der Verhaltenstherapie, München 1974 (Urban & Schwarzenberg)

STROTZKA, H. et alii: Neurose, Charakter, soziale Umwelt. München 1973 (Kindler)

TAUSCH, R.: Gesprächspsychotherapie, Göttingen 1968 (Hogrefe)

THOMAE, H.: Wandel neurotischer Krankheitsbilder; Referat beim 25. Kongreß der Deutschen Gesellschaft für Psychotherapie und Tiefenpsychologie, München 1974

WATSON, D. und THARP, R.: Einübung in Selbstkontrolle (amerik.: Self-directed Behavior, Monterey 1972) München 1975 (Pfeiffer)

Watzlawick, P., Weakland, J. H. und Fisch, R.: Lösungen.
Zur Theorie und Praxis menschlichen Wandels (aus dem Amerikanischen übersetzt), Bern 1974 (Huber)